博学之，审问之，慎思之，明辨之，笃行之。有弗学，学之弗能，弗措也；有弗问，问之弗知，弗措也；有弗思，思之弗得，弗措也；有弗辨，辨之弗明，弗措也；有弗行，行之弗笃，弗措也。人一能之，己百之；人十能之，己千之。果能此道矣，虽愚必明，虽柔必强。

——《中庸》

华夏道善人与经典文库

易经日讲

爱新觉罗·毓鋆 口述

陈䌹 整理

下

图书在版编目（CIP）数据

易经日讲．下 / 爱新觉罗·毓鋆口述；陈䌹整理．-- 北京：华夏出版社有限公司，2024.1
ISBN 978-7-5222-0508-3

Ⅰ．①易… Ⅱ．①爱… ②陈… Ⅲ．①《周易》—研究 Ⅳ．①B221.5

中国国家版本馆CIP数据核字（2023）第072709号

凡例

一、《易经》下经三十四卦，依据师尊于1994—1999年在台北奉元书院讲授内容整理而成，其中阙如者渐、归妹、丰、旅及涣诸卦，则依1994年之前编者在"天德黉舍"上课笔记整理而成。限于学养，容有阙漏、讹误者，尚祈方家惠予指正，并俟来日其他同门补苴罅漏。

二、师尊讲授教本采用来知德《周易集注》、王夫之《船山易传》及朱熹《周易本义》等书，讲述内容则自成一家。

三、文本以宋三体呈现如"**咸，亨，利贞，取女吉**"；师尊讲述以宋一体呈现，如"人一己百，人十己千"；字词解释、引文出处均以括号内楷体表示，如"(《论语·述而》)"。

四、为助大众深入阅读，文中有关背景及说明，以仿宋体呈现(如"《汉魏丛书》为明代新安人程荣所编辑")，略交代出处。如有疏漏之处，尚祈指正。

目录

䷞咸卦第三十一　933

䷟恒卦第三十二　957

䷠遁卦第三十三　979

䷡大壮卦第三十四　989

䷢晋卦第三十五　999

䷣明夷卦第三十六　1019

䷤家人卦第三十七　1031

䷥睽卦第三十八　1047

䷦蹇卦第三十九　1063

䷧解卦第四十　1077

䷨损卦第四十一　1097

䷩益卦第四十二　1109

䷪夬卦第四十三　1129

☰☴ 姤卦第四十四　　1141

☱☷ 萃卦第四十五　　1157

☷☴ 升卦第四十六　　1181

☱☵ 困卦第四十七　　1193

☵☴ 井卦第四十八　　1207

☱☲ 革卦第四十九　　1227

☲☴ 鼎卦第五十　　1239

☳☳ 震卦第五十一　　1255

☶☶ 艮卦第五十二　　1267

☴☶ 渐卦第五十三　　1283

☳☱ 归妹卦第五十四　　1297

☳☲ 丰卦第五十五　　1309

☲☶ 旅卦第五十六　　1323

☴☴ 巽卦第五十七　　1335

☱☱ 兑卦第五十八　　1347

☴☵ 涣卦第五十九　　1359

☵☱ 节卦第六十　　1375

☴☱ 中孚卦第六十一　　1391

☳☶ 小过卦第六十二　　1405

☵☲ 既济卦第六十三　　1417

☲☵ 未济卦第六十四　　1435

咸卦第三十一

（泽山咸 兑上艮下）

《说卦》云："天地定位，山泽通气，雷风相薄，水火不相射。"八卦正位，山泽通气，化生之资，所以咸。

咸卦卦体：兑为泽，艮为山，山泽通气，泽山咸。咸，皆也。

卦德：咸，感也，"初六"与"九四"、"六二"与"九五"、"九三"与"上六"，皆阴阳相感相与，天地感，而万物化生。

《序卦》："男女之道，不能无感也，故受之以咸。咸者，感也。"

"男女"，指两性，男女交相感，皆主动。"咸，感也"，无心之感才真诚，故用"咸"字。感，非单方面的，来子注（"来注"或"来子注"指来知德《周易集注》，下同）："咸，有皆义。"

戏台上想媳妇，非咸，得双方都感，皆主动。一头愿意，没用！两相情愿，即咸，是第一步；而后"阴阳合德，而刚柔有体"（《系辞传下·第六章》），生生不息。

《杂卦》："咸，速也；恒，久也。"

"咸，速也"，无心之感，故速也。"恒，久也"，"君子之道，造端乎夫妇"（《中庸》），夫妇之道在久，故继之以恒。

《易经》分上、下经，上经首乾、坤，代表天地，天地为万物之始，是道之本，为体；下经首咸、恒，指男女，有男女然后有夫妇，讲君子之道、人之道，为用。咸、恒二卦互综，男女感应以相与。夫妇之道，以悦为主，以恒为常，历久而弥新。

咸，亨，利贞，取（娶）女吉。

咸，有亨之道，但得有条件：其利在于贞，才能娶女吉。缺一都不吉，大标准。罗振玉（1866—1940）号贞松老人，有贞松堂。"利贞"，利于正固，以正为固。男女都得贞，男女之道通而正，则吉。贞，就是节。

读《易》，练习如何用脑。注非金科玉律，有智慧则可以解读。

"《易》以道阴阳"（《庄子·天下》），阴阳，即公母、两性，有两性才能生生不息。社会有好就有坏，有成败、生死、存亡，没办法改变。想躲开必然、求长生不老的，绝对自私。

"是兴神物，以前民用"（《系辞传上·第十一章》），发明家发明东西，叫人取之不尽、用之不竭。有些人活着就等死，何以活生生的人要天天做等死的事？活着，为"以前民用"。熊十力重视中国文化，大声疾呼，要人重视中国文化"知耻近乎勇"(《中庸》)，有人瞪眼净说假话，说人是"混凝土"。

万物，就两性，没有两性，就不生生，"生生之谓易"。"《易》与天地准"(《系辞传上·第四章》)，天地有什么，《易》就有什么。此天地，非指宇宙，乃大自然的整体。慢慢玩味，善用脑子。不真懂，但摸到点边了，就有点成就。都懂，那还得了！对待，有黑就有白，有是就有非。六祖如何传经？就知对待，根据这个去想。

这盘棋就看我们怎么摆，眼前有诸葛亮，后面有刘伯温，今天世事多变，何不演活这盘棋？如能，就"时乘六龙以御天"。天下无论怎么变，都离不开天、地、人三个圈。功满全期一般同。不是谁骂谁，而是谁结束，视才智如何。

孟子说"君子远庖厨"，隔山听不见野猪叫，照吃不误。诸葛亮骗刘备说"天下三分有其一"，但刘备想"光复汉室"。宇宙是一盘棋，就看怎么摆棋谱。得有应乱之智，天下没有太平。

《杂卦》云："否泰，反其类也。"否和泰，没有距离，转弯的空间都没有。有泰必有否，就是两个观点。如有成事的能力即泰。无否无泰，非《易》也。有兴必有衰，乃必然的。人的欲望无穷，有泰就不想否。"保合太和，乃利贞"为药方，但持之以恒难。药方出了等于无，"犹天之不可阶而升也"(《论语·子张》)。

《易》终于未济，总不叫人绝望。社会的不平，不必担忧，历史就是兴衰。有人用数学推《易》，无误。乾、坤，阴阳之定位；咸、恒，阴阳之交感。

《易》读一辈子都不懂，如大海水，肚子能装多少就多少，皆自得也。许多人喜望汪洋，应反求诸己，试问自己能装多少，自试，自明，自得也。

希望有几个发心的持之以恒，从头至尾学。要脚踏实地，不怕吃苦，按部就班学。三年入门，可以读一辈子。得经常写读书报告。宋末出理学，21世纪焉知不出毓子？士尚志，赶上好时代，可以正视中国文化。

我"长白又一村"，接着熊十力跑第二棒，来台办山地学校。应正视国家、民族问题，我每天推演，有自己的构想。人类是生生不息的，也应留点东西"以前民用"。熊先生一辈子的境界高，但其影响力不如电灯普遍。

不等死，要拼命。人愈忙，活得愈有劲。前途如何，完全在于自励。中国一百多年，你们才刚好交运，不要变成否运。

《象》曰：咸，感也。

《象传》解得特别好，有一番功夫。

少男、少女的感是无心之感，所以用咸，因"感之专，应之至"。年纪大了，就有心而感。

中国造字有深意。咸，感，都也，男女皆相感。少男、少女、少年往往缺理智。以前结婚，可以相差十岁。恒，长男长女，用理智行事。

交感，一个物的乾坤。交往半年，吹了，因为"咸"没有"心"，所以要加"心"，变成"感"了，才不会吹。

柔上而刚下，二气感应以相与（亲）。

"柔上而刚下"，阴阳相感应以相与。气数之所感，而生了那么多的浑蛋。

昔日女子结婚时，要开脸，眉清目秀。

开脸，是中国旧时女子嫁人的标志之一。去除面部的汗毛，剪齐额发，开脸一次，表示已婚。多由公婆、丈夫、子女俱全的所谓"全福"妇女进行操作，在上轿前于女家进行，也有到男家后进行。用具有新镊子、五色丝线或钱币等。开脸后，要给开脸人赏封。

何以在古代，中国人的头脑即如此致密？什么都不可怕，最可怕的是人。中国有许多治事的成方，如《战国策》，何不另整理成一治天下之策？整理，有才智，也必须有耐力。诸子百家，各家均有所长，以时事印证各家之长处，将成果留给后人。诸子都能强一时，但不能自保。一个人不能自保，乃最大的失策。

就为了写论文？何不自辟战场，走智慧之路？中国有无尽藏，就看自己如何去开辟。如将天下事看准了，岂不百发百中？21世纪是中国人的世纪，必须拿出一套属于21世纪的、无人超过的代表物。20世纪的代表物是什么？

如没有绝招，能够求胜？要以智取，不以力敌。有些人不笨，就是精神散漫，乃用不上。遇上一个精神集中者，一致百虑，你准吃大亏。

重视"华夏思想"是什么？中国的思想——"不患寡而患不均"（《论语·季氏》），尚公。中国文化的基础：均平、无私。均平，是自消长、进退、存亡来的，不经这几个阶段，均平如何来？"盈科而后进"（《孟子·离娄下》），即消长、进退、存亡。

史上几大名序，如《说文解字·序》《文献通考·序》《史记·太史公自序》，必须仔细读。

许慎之所以作《说文解字》，于序中自谓："盖文字者，经艺之本，王政之始。前人所以垂后，后人所以识古。"

马端临在《文献通考·序》中谓："引古今谓之文，参以唐宋以来诸臣之奏疏、诸儒之议论谓之献，故名《文献通考》。"

司马迁于自序中述其作书之本旨，概述各篇之旨趣：第一，助读者，使易得其端绪；第二，序者，次也，所以明篇次先后之义也。全书纲领体例，莫不灿然明白，如《周易》之《系辞传》，《毛诗》之《小序》，皆关系一书之体要。在读《史记》之前，须将《自序》熟读，深沉有得，然后可读纪、传、世家；读纪、传、世家若不得其解，仍须从《自序》中求得。

止而说（悦），男下女，是以亨利贞，取（娶）女吉也。

泽山咸，上兑下艮，兑为悦，艮为止，止而悦，止才能悦、能成。

止而悦，有所止，感之专，应之至。男女交相感，首重相悦，大家有同一个目标，"知止而后有定"（《大学》），才能悦。

无心之感，咸；有心之感，私。吵架得有分寸，材料不足怎么吵？没有原则，就不舒服。

"男下女"，男的得主动，对女性尊重。"是以亨利贞"，亲迎之礼，乃重始也，"续莫大焉"（《孝经》），延续香火，故娶女吉。

《序卦》说："有天地然后有万物，有万物然后有男女，有男女然后有夫妇。"男女，人伦之始。人类为万物之灵，所以知有夫妇之礼，"有夫妇然后有父子，有父子然后有君臣，有君臣然后有上下，有上下然后礼义有所错"。秦汉以前，父子在君臣前。有了父子、君臣、上下等人伦关系，"然后礼义有所错"，错，置也，礼义由此而生，"君子之道，造端乎夫妇"。

重视两性，否则社会就没了。原则：男下女。中国人结婚必亲迎，即男下于女。今天结婚简单，所以离婚率高；以前人结婚，简直是遭罪。

结婚必得亲迎，到女方家庙迎娶，岳母亲手将女儿交给女婿。中国非封建，而是太懂得礼，亲迎，"续莫大焉"，延续家族的生命，此乃人类最重要的事。祖宗留下的文化不能糟蹋。

娶时，男的到人家家庙磕头，感谢人家，所以，以前人离婚不易。京剧中夫妇动身时，男方说"夫人请"，让夫人走在前头。现在婚姻来得容易，离婚岂能不容易？

我以前教外国学生，最好程度到硕士，但没有中国人之性情，难懂中国之微妙。从有毛到无毛，至少几千年。千万不能祖宗作孽，儿孙做贼。

中国人何以"尊生"？物物都有一太极，即乾元，都是第一代，所以说"民吾同胞，物吾与也"（张载《西铭》），同一个

咸卦第三十一

公司出品的。可能各家派系不同，用词乃有别。

男女与乾坤，有何区别？要知其所以然。孤阴不生，独阳不长。"元者，善之长也"，"继之者善也，成之者性也"（《系辞传上·第五章》），做恶人，但仍有"善"的种子，改了即"金不换"。所以，儒家称"以人治人，改而止"（《中庸》），改了，就止于至善。治国、平天下，不可以一尺量尽天下人。

"亨利贞"，大小事想亨，不守贞，绝对办不到。是邪门的，无不垮，看历史可知。讲人权的外国，何以侵略中国？不正，就没法亨。亨，乃通行无阻，信义才可通行无阻，"民无信不立"（《论语·颜渊》）。每个人都说自己对，事实上愈描愈黑。是非自有公论，聪明人就不描了。

有智慧捣蛋？1946 年，有人背后骂我，我画给他，盖上此章："残翁无颜面苍生，留得背影俟后评。"

自己要下功夫，天天弄，也不过一家之言。说话要特加小心，不要失了分寸。朱子称《周易本义》，本义如此乎？来子（来知德）按自己对《易经》的了悟作《周易集注》，可以不中汉《易》、宋《易》之毒。

了解多少是多少，智慧产物是公产，有益于我们就读。"己欲立而立人"（《论语·雍也》），自己还未立，何必去立人？"有德者必有言，有言者不必有德"（《论语·宪问》），有言者可能缺德，不必有德。知道自己为什么要读书，是在培养自己。性无量，在于自己去发掘，有如探深山的宝藏。

天地感而万物化生，圣人感人心而天下和平。

"天地感而万物化生"，此非空话，观万物之所感，就知万物之情。研究蜜蜂、苍蝇，可知它们也有情，会谈恋爱。

汉儒强调阴阳气。"天地感"，"《易》，无思也，无为也，寂然不动，感而遂通天下之故。非天下之至神，其孰能与于此"（《系辞传上·第十章》），"民咸用之谓之神"（《系辞传上·第十一章》）。"天何言哉"，就感而化之，"四时行焉，百物生焉"（《论语·阳货》），天地不言，四时之运，万物化生。天地相交，万物资始、资生，乾"云行雨施，品物流形"，坤"含弘光大，品物咸亨"，"阴阳合德，而刚柔有体"，生生不息。

天地之感，"显诸（语气助词）仁，藏诸用，鼓万物而不与圣人同忧"（《系辞传上·第五章》），天地不言，无忧；"圣人感人心"，有所忧，"先天下之忧而忧"，忧天下之不和平。

"圣人感人心而天下和平"，圣人"拟之而后言，议之而后动，拟议以成其变化"，"言出乎身，加乎民；行发乎迩，见乎远。言行，君子之枢机；枢机之发，荣辱之主也。言行，君子所以动天地也"（《系辞传上·第八章》）。圣人贵通天下之志，"以通天下之志，以定天下之业，以断天下之疑"（《系辞传上·第十一章》），故能感人心而天下和平。

"远人不服，则修文德以来之"（《论语·季氏》），以文化天下，故"君子笃恭而天下平"（《中庸》），"人人亲其亲、长其长，而天下平"（《孟子·离娄上》），而天下和平。

六爻，每一爻皆有应与，一阴一阳。有目的相感就完了！真相感，如卓文君与司马相如，就一曲《凤求凰》。

读完咸卦，应知怎么养群德。不感人心，能够和平相处？政治之道术，在咸、恒、萃三卦。

来子重"错综其数，非其中爻不备"。宋儒讲"消息盈虚"。

咸卦第三十一

致曲，"曲能有诚，诚则形，形则著，著则明，明则动，动则变，变则化。唯天下至诚为能化"(《中庸》)。无论怎么讲，都是个人的了悟。宇宙的智慧，利用其原理，还原都对了，此即自然现象。

文王何以要演伏羲之《易》？孔子何以又演《周易》？盖有所不足也，所以来个"十翼"。但后无来者，故两千多年乱哄哄。

我第一次到山东，骄傲。老了再回去，慢慢看山水，在孔林坐了一上午，想：何以会出这么一个人物？从刘邦以来，帝王祭孔年年增加，始终没有断。孔子埋在泗水，桥下没水。（洙泗）河一干，必有大变。

又到泰山，看一看何以出那么多人才。管仲，集大成的人物。发源则在甘肃、山西、陕西。人的智慧不一样，要多发现。

人世之无常，细想就冷静。师心自用，绝对感动不了任何人。你们要奋斗，但必须有目标，要客观研究才可以。想法不适今，但可能是先于时。干，未抓到痒处，还不知检讨。没有师心自用，何以没有反应？冷眼旁观，可以知民心之向背。

你做的事有没有人应与？必好好检讨。每个人都认为自己有号召力，但何以百姓没有反应？以此了解百姓的趋向，此即"通天下之志"。一潭死水，就扔下一粒小石子也会起波澜。研究明白，则知民心之向背，知道怎么做是智慧。圣人贵通天下之志，才能除天下之患，必须投民之所需。

做事，要一步一步做。下棋，一子就定江山。读多少书，自己用不上，就没用。必须自知。

看百姓真正的动向，一失策，成功都得失败。动不好，一家做买卖，许多事不要盲动，绝非善策。战争就看斗志，民心一散乱就坏。发挥作用，要懂环境。

不要多，而要恰到好处。胜一盘棋，往往是一子之功。漫观天下事，演一演。必须做事，但要懂得做法。不知百姓所想、所需，早晚成死棋。

动的范围一定。有爱国的热忱，还得有智慧。许多事必自根上了悟。想容易，做可不易，必具备胆、量、识。

小孩是你们未来的生命。崇德，即积德；辨惑，惑不辨，惑永存。

世态，即由人的表态来的。有事都得参与，否则不了解。

圣人之情自哪儿得来？"圣人之情见乎辞"（《系辞传下·第一章》），"辞达而已矣"（《论语·卫灵公》），辞在达意。字面了解了，还要了解辞中之情。人有人情，事有事情，人情如看得透彻，事情就可以办得好。

你们走错路，还不如学科技。学文史哲是立本之道，"本立而道生"（《论语·学而》）。真有才智，也得经过严格的训练。

我绝不卖祖宗的东西。我的北宋陶器，可以办十个文化大学。我怕见穷人，在患难中曾办三个学校。

在这块土地上，你们要脚踏实地做事，不要虚张声势。爱说话，绝不能成事。好说话，是有心人都不用你，言多必失。有些人是"做了再说"，有些人"做了不说"，有些人"说了不做"。

必须有所作为，知为何而活，不可以一年一年白过。许多人不敢面对真实，就胡扯！

做任何学问就是实用，皆实学也。立千古基业，要做实际的。

先把脑子训练好。虽忙，严格训练一年；立志，一年可以多出些臭皮匠。

观其所感，而天地万物之情可见矣！

不论是天地感，或是圣人感人心，观其所感，就得出结论：天下万物之情可现矣。

科学家为了找出"所"的观念，"无所不用其极"。感，交相感。《中庸》"致中和，天地位焉，万物育焉"，性情合一，性即情、情即性。

《易》特别注重"情"字，"六爻发挥，旁通情也"（《易经·乾卦·文言》），"以通神明之德，以类万物之情"，所以天下万物之情自然而然地呈现出来。

中国智慧之由来，不由宗教，而由经验，"近取诸身，远取诸物"（《系辞传下·第二章》），先法人，后法自然，"始作八卦，以通神明之德，以类万物之情"，画八卦的目的，在于通德类情。

《象》曰：山上有泽，咸。君子以虚受人。

"山上有泽"，山上有凹陷的空间，足以容泽水，泽水可以滋润草木，生养万物。

《易》的"君子以"，皆切于生活。君子自"山上有泽"之象，领悟"以虚受人"，有纳气，能容人，"不敢为天下先"（《老子·第六十七章》），才能为天下先。

"以虚受人",此"虚"字,特别不容易!不虚,外边什么也进不来。心如铁石,则什么良言都听不进去。没修到"虚"之德,绝不能做领袖。能虚受全国之人即为领袖,而非耍手腕来的。

虚,不能满,满则溢。空,才能容,有容乃大,"大人者,与天地合其德"(《易经·乾卦·文言》)。

以虚,才能受人。这个"虚"有多大,就有多大的容量,君子不器。再缺德,亦必有容一人之量,小两口才能过。两个人过得好,在于能"以虚受人"。既在一起,应专看长处,如对方个子小,就不要往脸下看,此为真理。不能"以虚受人",连家都维持不了。彼此相处,要看美处,即《大学》所谓"好而知其恶,恶而知其美",但一般人是"莫知其(己)子之恶"。

成功人士,旁边无不有一团体。要用贤能,选贤举能。最重要得有智慧,"舜其大智也与!舜好问而好察迩言"(《中庸》),得有智、仁、勇,亦即胆、量、识,缺一不可。怎么干,不贪污,就对得起祖宗了!曾文正得力于幕僚,没有智囊团,焉能成事?有小聪明者,聪明外露,多半误其一生。虚,不存私心,乃能受人之善。

读《易》,要具沉静的心。无真实的修为,绝不能成事。虽有智者,不虚又如何受人?真会一卦,实行之,就成功。只要你懂得还有别人,就成功了一半。一个人必须做有用的人。

虚才能受,何以不能容?看人家好,心里是否不舒服?"怠者不能修,而忌者畏人修"(韩愈《原毁》),此一心理太可怕!应是"其心休休焉,其如有容焉。人之有技,若己有之;人之彦圣，其心好之。不啻若自其口出，实能容之"(《大学》)。

既不可嫉妒，也不可助人为恶。虚心受人，但绝不助人为恶。"鸣鼓攻过"，即绝不许助人为恶。不可以盲目地受，否则即助人为恶。

初六。咸其拇（足大趾）。

"初六"居感之初，虽志在"九四"，但感之未深。

"拇"，动之机。人走路时，大脚趾先用劲，没脚趾头就成踊（跳也）了。此为"近取诸身"，人为一小宇宙。

由最低处入手，了悟最高境界。感大脚趾，乃吵架，必再往上感。感的对象错了，怎会有反应？

《象》曰：咸其拇，志在外也。

"拇"，被动之物，迟钝，不当令，不能自进、独立行动。没有感觉，又有何吉凶？人事亦然，一感就有吉凶。没有深厚基础的爱，如同瓦上霜。人无所谓好坏，正应即情投意合；所好不同，则非正应。强求没用，强扭的瓜不甜。"老伴儿"，深入！

以静感，不以言感，一切尽在不言中，就有力量，言教不如身教。"声色之于以化民，末也"（《中庸》），以言化民者，末也，"天何言哉？四时行焉，百物生焉，天何言哉"（《论语·阳货》）。

六二。咸其腓（小腿肚），**凶。居吉。**

"腓"，腿肚，虽较"拇"渐进，但仍为被动者，自己不能做主，必随上身而动。其用不足以应事，如反居主动，则凶；居，守其位，被动，则吉。

"居吉"，非寂然不动，不妄动耳！要感，也得看对象。"六二"与"九五"相应，得等"九五"有暗示，再去。

每天办事有对象，想成功，得分析对象，才知怎么对付，就是买馒头也有对象，得知道如何选。成功与否在于智慧。不妄动，是真知。动的目的是成功，不是开玩笑。

《象》曰：虽凶居吉，顺不害也。

"六二"为中正之才，本质善美，居艮之中，当感之时，戒动以顺时。

"顺不害"，反之，逆则害，要顺应环境、顺时，才不害。顺，不逆，为避害之不二法门，一步一步来。

"六二""九五"相应与，都"利见大人"，但层次不同。年轻人不要急功近利，不要妄动，否则有时是功不补患。成就少，毛病多，冒失鬼，没有修养。虽有潜在的能力，但也得俟人有所表情，再动。顺，所以不害也。

人皆要趋吉避凶，就不要妄动，要以中正之顺，不靠哪一边。年轻时看不清，一旦靠边靠错了，就难以东山再起。

一个东西，大家了解的深浅不同，评价乃有别。到任何环境中，要随时自试。了解深刻，不动则已，动就能主动。"观过，斯知仁矣"（《论语·里仁》），由一小错，才知此人之忠厚。就因错了，才知其可取。有时是诈，一件错，知其人有可用之才。

九三。咸其股（髀，足上、腰下部位），**执**（专主）**其随，往吝。**

"股"，足上、腰下部位，随上身而动，自己不能做主。

"九三"居下卦艮之上，在艮之终，不可向上感，"男下女"。"执下"，为下二阴之主。本身没有力量，为进爻，志在随人，受外诱之私而动，虽无大过，亦吝也。

《易》"近取诸身，远取诸物"，因为古时的环境单纯，所以床也做例子，如"剥床以肤"（《易经·剥卦》"六四"），比喻切肤之痛。

《象》曰：咸其股，亦不处也；志在随人，所执下也。

虽是随人用事，但如随得不当，就有所失矣。其义在养己之志，养志、培德，"以贵下贱"。

"小人怀惠"，不足怪也，但知识分子不可以净"随人"，如自年轻时就趋炎附势，那人格何时独立？

无自信，焉能领袖群伦？

以看的事做印证，万般不与政事同。政治无法以常道论之，非常人能掌握。

读多少书，要点都抓不住，如何用事？不必多，熟能生巧。现有智慧者要"时习之"，台湾地区真是千古所未有！

九四。贞吉，悔亡。憧憧往来，朋从尔思。

上卦兑（☱），少女；"九四"，为少女之初爻，在人位。此少女得"贞吉"，才能"悔亡"。"悔亡"，自讼，"内省不疚，夫何忧何惧"（《论语·颜渊》）。守正固之道，无害、无悔，成功。

"憧憧往来，朋从尔思"，许多注讲不通，都推为"心"，但讲不通。不思不虑，当然不指心。我坐在屋中没事，哪句话都不放过。

"憧"，《说文》(《说文解字》简称，下同)释"意不定也"。"憧憧往来"，心神不定，摇摆不定，就没有贞，因心有所系。没有定见，就彼此朋从。

"朋从尔思"，"思"，心之所发，心之微动处。无论社会怎么乱，必从己之所思，不盲从。"思之思之，鬼神通之"，因精义入神了。

《系辞传下·第五章》云："天下何思何虑？天下同归而殊途，一致而百虑，天下何思何虑？"始于一，终于一，一致百虑，又何思何虑？人世是非善恶，是必然之事。人家骂你，应该的，应一笑置之，岂不就解决了？有时，思虑是多余的。天下本无事，何必庸人自扰之？

"日往则月来，月往则日来，日月相推而明生焉。"(《系辞传下·第五章》)"日往则月来，月往则日来"，又有什么奇迹？因为天天如此，"明"就不断，岂不是"继明"？咸卦生生，即接着"明"(《易经·离卦》)。

"寒往则暑来，暑往则寒来，寒暑相推而岁成焉。"四时之运，寒暑相推而岁成，岁计、岁会，以岁会考岁成。

"往者屈也，来者信(伸)也，屈信相感而利生焉。尺蠖之屈，以求信也；龙蛇之蛰，以存身也。"社会上有屈必有伸，要能屈能伸，屈是为了伸，大丈夫不吃眼前亏，要软硬兼施，"无所不用其极"，才能"无入而不自得"。

咸卦第三十一

"精义入神，以致用也。利用安身，以崇（积）德也。过此以往，未之或知也。穷神知化，德之盛也。"人生之事，"人心惟危，道心惟微"(《尚书·大禹谟》)，每天都在"危""微"中，对一切事情彻底了然，"惟精惟一"，能先见人所未见，防患于未然，制危显微，故能"允执厥中"，"乐天知命，故不忧"(《系辞传上·第四章》)，随所遇而安其所为。

要想"神而化之"的事。有定理之事，何用再去想？你不正经，人亦报以不正经。演习，要小心，否则"致寇至"。许多必然的事不必想。有些人就爱多说话，肚子里不能装一点事。一屈一伸，一紧一松，好处自此来。潜水艇不露头，"以存身也"。人家不说话才可怕！大而化之，当然发挥不了作用。世事瞬息万变，天天净想必然的事，婆婆妈妈的，乱七八糟。

"九四"的毛病出在净"习"，而对"出神入化"的事不知。居大臣之位，习之以私，感于净"习"，还能成大事？每天净系于私欲之中。

刚来台时，我去做客，医生净说"上酒家"。

都在大环境中，谁也逃不出去。得自求多福，要趋吉避凶，必得有术。出家不过是改变生活方式。在大环境中学智慧，顺就不害，要念兹在兹，完全在于自己。

《象》曰：贞吉悔亡，未感害也；憧憧往来，未光大也。

"未感害也"，未受外感之害，自有主张，向着一个目标跑。
"憧憧往来，未光大也"，没有真精神，能光大其事？
得愈弄愈活，才是活棋，否则是死棋。一切吉凶，皆生于动,"反者,道之动也"(《老子·第四十章》)。

九五。咸其脢（méi），无悔。

"咸其脢","脢"的意思：第一,《说文》曰："背肉也。"与心相背,心之反也,没有反应的肉；第二,《玉篇》："脢者,心之上,口之下。"乳房。

"九五"君位,担天下之重,有既中又正之德,终不妄动,故"无悔"。

《象》曰：咸其脢,志末也。

"志末",志之末梢,不能发挥己志,感于偏小,故曰"志末也"。

"九五"阳居尊位,担天下之重,当"感人心而天下和平",但只与"上六"相比,"志末也"。

人的志很重要,如二三十岁就"志末",后面还要活那么长,多痛苦！是"末"还是"初",全视人的智慧,事实证明。"志末",就"后夫凶"。先觉者,志初也。

要想方设法趋吉,学渔人之智,但并非人人能办到。

有些人最大的短处是私心太重,从一开始就错。

21世纪经济绝对是中国的。必须跟上时代,但跟上时代最难,要能干,慢慢做。

政党、群众,就是一个"感"字。无心之感,发之于性；有心之感,发之于利。感情用事,坏！感之不深。感之以情,有应、有不应。

上六。咸其辅（口辅）颊（脸颊）舌（舌头，接吻）。

"上六"处感之终，居兑之极，感人以口舌，"巧言令色，鲜矣仁"（《论语·学而》）。巧言无实，令色无质，就靠张嘴骗人！

《象》曰：咸其辅颊舌，滕口说（张口放言）也。

此一毛病，大可以毒天下，小可以毒人。口说焉能感人？

内圣外王有何关系？要如何入手？与人生有何关系？视个人智慧如何，而看法有别。

有些人的毛病，有嘴就要说，不能打入团体核心，乃嘴不紧。多言，永不能在团体中起大作用。

咸卦无一爻是吉，感其非宜也，应感人心。不感人心，净旁门左道，乃"志末也"。

不以时事比方，你们能够明白吗？没感人心，就只是欺民。

《易》下经首咸。少男少女的感情既然那么好，何以咸卦没有一个吉爻？读书，得自问。

感什么，应冷静看。会活用，就能应对一切事，出牌。去谈判，对方出大拇指，能谈？看出来的人就知，人家根本没想和你解决事。招待周到，但就是谈不了事。看对象，就知今天能否达到目的，必细分析对象是什么。智慧明白，放于四海而皆准，又何必抱着《易经》不放？不卜而已矣。

谁会利用时间，谁是智者。以前我母亲要求，坐马桶时要背首诗。要利用零碎时间看报纸，国际版、舆论版、地方版都要涉猎。千古文章一大抄，了无新意。新的不喜，但也要看。

分配时间，琢磨之。社会就天天冷战，《孙子》(《孙子兵法》简称，下同）用上的机会多。懂得战，就懂得用术。

《四库全书》中，《易》的相关著作就有四百种之多。来注，非汉《易》亦非宋《易》，以"错综其数，非其中爻不备"解经。

"五经"读完，再回头看《论语》才懂，《论语》都是结论。"四书"除《孟子》以外，最为难读，真明白可不容易。自己不能读书，没有用。看"十三经"，一件事串在一起，言之成理，还要"易简"，容易行。提出"华夏精神"，重振华夏精神。

就中国言，为子孙忧，要做清道夫，要扫除垃圾。各种学说的实验场里，受苦的是百姓。中国东西本身并无错误，错误在人。重整华夏精神，使之系统化。扫垃圾，以华夏精神作为扫帚，要做一有用的扫帚，扫除垃圾，此为读书人的责任。

一个时代过去了，在历史上能留下几个人？又有几个是有用之人？真能影响时代、发挥作用的有几人？得做，立定志向。一边立说，一边扫垃圾。

赢一盘棋，就在于一子，贵乎有勇。儒家思想是为别人而活，修己的目的在于除天下之患。见之于行事，创造历史。有盼望，活着就有劲。有实验机会都不易，得全力，既会做扫帚又会用。

重点是看多少书，而非买多少书。一本书看完，全家可以过得美满。希圣希贤，重在做，而非说。

以一家之言做参考，并非金科玉律。应善用头脑，事业随着你的智慧提升。现在电视才子佳人的议论，平庸，太庸夫了！

既不读书，又不能冷眼旁观，庸俗，只是混时间，拿钟点费。

事情才开始，得"毋意、毋必、毋固、毋我"(《论语·子罕》)，"毋意"，臆度能准？千万别站在一己立场看世界，净以主观衡量宇宙事。

少男少女，情投意合，脱离"苟合"(男女年龄悬殊，如孔子父母相差甚大)。

何以要自脚趾感起？脚趾感得最慢，还不如手指。"近取诸身，远取诸物"，没有神秘！祖与宗，乃生殖器崇拜。

想问题，要冷静。"宁静以致远"，宁静了，指哪打哪，绝对是功夫。"淡泊以明志"，淡泊有时也是骗人的，否则何必"六出祁山"？

中国已步入强国之林，如花开般，愈来愈红。

"道可道，非常道；名可名，非常名"(《老子·第一章》)，一般人绝不能成就非常事业。历史就这么残酷！

今天有的人不知努力，还天天自我陶醉，能够团结别人吗？上下不能合作，怎能做事？要养群德，不要净想当领袖，不是一个人可以成事的。

守敬，居敬才能立人极，言亦得敬。我和外人不接触，不谈。

社会事如火车，均有轨道可循，天天研究，可以知其发展。

我在屋中静思五十年，绝不想做不到的事，吃得绝不比学生好，就吃饺子、喝饺子汤。人不靠什么偏方长寿，就是要正常生活，不违背自然，绝对长寿。我喜吃生菜，但注意农药问题。生活正常，不要标新立异。

子孙虽愚，经书不可不读。

宁静，就什么嗜欲都没有了。庄子说，嗜欲深者天机浅，此话包含许多深意。我不谈怪力乱神，人就是人。想的都是假的，才编织出很多东西。我在台教五十年书，有许多教眷。

有些人每天除考试以外的书都不摸，但这些书里全无治国平天下之道。《周官·天官》(即《周礼·天官》)云："设其参而傅其伍。"五家为轨，五人有伍，五人互相管理、监视。自《周官》可以看出中国人长于政治，这是中国人的智慧。

恒卦第三十二

（雷风恒　震上巽下）

恒卦卦体：震为雷，巽为风，雷风恒。

卦德：雷，长男；巽，长女。"男主外，女主内"，别内外。巽而动，各居其位，久于其道，恒也。

《易经》的"无"（"无"字在《易经》中即为"无"，非繁体"無"字）与"恒"（"恒"之古字，右"亘"字无下一画，为下日上一），写法不同。"恒"，一日心；情，一颗青心。

《序卦》："夫妇之道，不可以不久也，故受之以恒。恒者，久也。"

以前娶妻，称"授室"。恒卦谈居室之道，即夫妇之道。二人相应与，各正其位，才能恒，两性和合才正应。咸，感之以心；恒，生死不渝。

《杂卦》："咸，速也；恒，久也。"

"咸"，少男少女，感之以心，宜室；"恒"，长男长女，至死不变，宜家。婚后，宜室宜家，由室而家。室，小两口；家，一家子。

"卫公子善居室"（《论语·子路》），分三个步骤：始有、少有、富有。此乃"习坎"的好处。公子，生来就有钱，"诸侯之子称公子，公子之子称公孙"（《白虎通·姓名》）。

世子（《白虎通·爵》：所以名之为世子何？言欲其世世不绝也），孔子反对世卿，以"世卿，非礼也"。

《春秋公羊传·隐公三年》："尹氏者何？天子之大夫也。其称尹氏何？贬。曷为贬？讥世卿。世卿，非礼也。"何休注："世卿者，父死子继也。"董仲舒《春秋繁露·王道》："观乎世卿，知移权之败。"

我要教懂得我说话者，现在有些同学程度太低。

恒，亨，无咎，利贞，利有攸往。

恒而能亨，在于久守其道，即始终如一，乃无咎。夫妇之道必恒久，方为亨通之道，持之以恒，持久的力量。

"利贞"，正固之道，恒于正道，才能通而无阻。"子帅以正"（《论语·子罕》），领导人一失正就完了。利有所往，就在于利于贞，得久于其道，"人而无恒，不可以作巫医"（《论语·子路》）。"士不可不弘毅，任重而道远"，此人必有大志。

居正（1876—1951），字觉生，居正是为了觉生，如救苦救难的菩萨。深思，都可以启发你的智慧；不深思，则无所得。有才智，不用到正路，就如同浮灵。小聪明，如何成就大事？大聪明，专吃小亏，应"朋友先施之"（《中庸》），两利之道。

就算有天大的能力，没能得其所得，也发挥不了作用。"圣人不能生时，时至而不失之"，有些人天天说梦话，净制造孽。

人各有怀抱，哪个不曾伪装？等都现身说话，就完蛋了！有些人自己都不知为何而活，就嬉皮笑脸的。

老的需要，所以孝道永远存在。社会就是因需要而有用，此一公式永远有效。中国社会需要什么，你能提供，也许就流芳万世。

懂得原则，就知如何应事。自求多福，皆自求也。天下绝无白捡之事。

《象》曰：恒，久也。

"恒"，亘心，久也。

《系辞传下·第七章》称"恒，德之固也"，德之固，持之以恒，不卜而已矣，"不恒其德，或承之羞"，《春秋》于齐桓足以窥见，示警。"恒，杂而不厌"，物相杂，不厌，是以能恒，故万物生焉，多而不厌，水清无大鱼。"恒以一德"，"一德"，"造次必于是，颠沛必于是"（《论语·里仁》），"有始有卒者，其唯圣人乎"（《论语·子张》），"亡（无）而为有，虚而为盈，约而为泰，难乎有恒矣"（《论语·述而》）。

刚上而柔下，雷风相与，巽而动，刚柔皆应，恒。

震上，巽下，"刚上而柔下"，男上女下。震为雷，为长子，长子主器；巽为风，为长女，长女持家。

"雷风相与"，"雷风不相悖，山泽通气，然后能变化，既成万物也"（《说卦传》）。"巽而动"，巽，顺也，顺而动，以柔克刚，不是阳刚而动。"齐乎巽"，顺能齐；"齐也者，言万物之洁齐也"（《说卦传》），齐家以礼，不是以法。

"刚柔皆应"，恒卦刚以应柔，柔以应刚，交相感应，皆理之常，恒也。

圣人不能生时，时至而不失之，抓住时就能用，利用时则不费吹灰之力。怎么做，视事情的反应而定。

有些学生不懂我是帮他忙，说是帮我的忙，有智慧？我骂，是爱之深，责之切。自一句话，明白你们的分量。随时随地做，才能除天下之患。打任何一张牌，必须有价值。

应世，也得有最高的智慧。出主意者必有智慧。智慧，是脑子用出来的，但"不可为典要"，还不可用得过火，必适可而止。

恒，亨，无咎，利贞，久于其道也。天地之道，恒久而不已也。利有攸往，终则有（又）始也。

"道也者，不可须臾离也"（《中庸》），"率性之谓道"，恒，久于其道，利于正固，亨，无咎。

天地之道，恒久不已，终而复始，循环无端，生生不息。"大易"之道能久，在于此。

日月得天而能久照，四时变化而能久成，圣人久（恒）于其道而天下化成。

日升月恒，日月能久照，明，贵乎得天，附丽于天。此启示人：环境特别重要，必得大本之所在。

"四时变化而能久成"，寒往暑来，春去秋来，四时成其岁，久成也。

"圣人久于其道"，恒于其道，念兹在兹，"道也者，不可须臾离也"。"天下化成"，"观乎人文以化成天下"（《易经·贲卦》），化民成俗，都接受了，即成文化。

知识分子应做中流砥柱，能立得住，也是小小的光，能发光作盐，社会就能上轨道。

观其所恒，而天地万物之情可见矣！

"观其所恒"，第一得知恒，其次要守恒、用恒，则天地万物之情可见矣。

《易》时常提及"情"，因人人都得有情，圣人亦然。"圣人之情见乎辞"（《系辞传下·第一章》），圣人之情自"见乎辞"找。情，性之用，"一阴一阳之谓道。继之者善也，成之者性也"（《系辞传上·第五章》）。喜怒哀乐，"发而皆中节，谓之和"（《中庸》），发得恰到好处，则性即情，情即性，性情不二。

以前的大学，系主任都有学术背景。孙中山是学医的，但他谈政治、文化问题比一些学文的强。何以不懂自己不懂？文化特别重要。好好训练你们的脑子，要开窍。千古文章一大抄，许多人忙着作书，就没明白。

《象》曰：雷风，恒。君子以立不易方。

"雷风"，"动万物者莫疾乎雷，桡万物者莫疾乎风"（《说卦传》），迅雷烈风，交助其势，"雷风相薄"。

宇宙、社会、人生都是迅雷、烈风交助其势，所以求静、怕斗是反常。人应该找麻烦，圣人贵除天下之患，"天下有道，丘不与易也"（《论语·微子》），又何用我？

恒，天行健，法天，必持之以恒。必了解则天、法天之精义所在，当成生活，才有意义。

立，不是成就，而是对自己要做什么有主张，孔子"三十而立"，立于礼，立于所学，有所主了，知止，止于至善。

"立不易方"，有守有为，持之以恒，守死善道。尊重专长，非己所长不去。君子以"雷风，恒"的精神，"立不易方"，持之以恒，故决定不疑，戒急用忍。

有自我的存在，才有自己的特色，此为"立不易方"。"立不易方"与"轻举妄动"正相反。

才难！君主专制时代把人才弄糟了！必须懂得什么是才、是贤。孔子有"才难"之叹！"才难，不其然乎？唐虞之际，于斯为盛。有妇人焉，九人而已"（《论语·泰伯》），周初人才兴盛，也不过七八人而已（《论语·微子》：周有八士：伯达、伯适、仲突、仲忽、叔夜、叔夏、季随、季騧）。

"举贤才"，最能干者为国家谋幸福，"选贤与（举）能"，是"贤者在位，能者在职"。"举尔所知，尔所不知，人其舍诸？"（《论语·子路》）文王访贤，得姜子牙。刘备三顾，得诸葛亮，孔明"三分天下有其一"，但刘备志在"恢复汉室"。

读书，要马上纠正社会的错误观念。

诸侯恶其害己，而谬解之。正视华夏文化，就要好好研究。我依经解经，要找出根。必须懂得怎么读书，别人那么讲，你这么讲，要让他首肯。

《易》是谁作的不管，智慧之高，自古迄今，很少有人真正了解。学《易》发掘中国人的智慧，以前读书人都会医卜星相。

初六。浚（深）恒，贞凶，无攸利。

"浚"，深求，有奢求义。骤而求之深，彼此不相契合，就是正也凶，无所利。必居室之久，两情相孚，而后可以深求常道。

"初六"居恒之始，在巽之初，与"九四"为正应，但一开始就深求于人，非可久、可常之道，何况"九四"以阳居阴，非能久于其位。

夫妇之道在于恒久，但也不可以要求过甚，必须有点分寸，虽近也必得存礼，要相敬如宾，才能举案齐眉。如果缺礼、没礼，那什么都完了！夫妇之间要求过度，发挥不了作用。

守己之位，应求己不求人，不人云亦云。不能向远看，责求过苛，感情建立在"危"上，不稳固。

《象》曰：浚（超过）恒之凶，始求深也。

爻辞、象辞，各有深意，各有偏见、主观。智海无一定形，视如何取，必熟才能生巧。

"浚恒之凶"，急躁者不能担当大事，姜是老的辣，不要妄想一步登天，必须有撑头，缓一缓才行，"急"远远比不上"缓"，要留后路。

"始求深也"，不是一开始就求深，而是到应求深时再求深，可见时之重要。无一虚字，一个字就能启发思想。

在社会上做事，刚开始不可以要求过甚。"所求乎朋友先施之"，朋友之道先施之，到求深之时再求深，时也，否则会说你薄情。

恒，也得在"恒"上有个"礼"，不可以超越。交浅不可以言深，朋友关系不够，不能谈私事，不谈人家的家务事，否则人家会反感。

"性相近"，但是习不同，乃"习相远"，因习性而相远。孩子太宠爱，习性就坏。小孩跌倒了，一定要他自己起来，家教比什么都重要。应先将自家治理好。每个人把家治理得井然有序，人人为我，人人皆有士君子之行，则国家至"群龙无首"。

今天是"将就"，不是"讲究"，要懂如何用智慧。面对丑人，专看其美处，就觉其美。夫妇之密有过于画眉者，看老婆的美处，则愈看愈美。"我看很美！"这就是人生。在什么环境下都得适应，看美处即美，此即智者。

看什么都不错，能将宇宙问题解决。专看一个人的长处，自求多福。任何东西都有长处，会用智慧，到哪儿都看得到美。要截长补短，时代代表人物的书都要读。

九二。悔亡。

"九二"阳居阴位，居巽之中，与"六五"柔君相应，本应有悔，但是刚正，能久中，"允执厥中"，执两用中，故"悔亡"。

有悔，悔没了最重要；悔没了，虽没成功，但总有希望。社会即需要而有用，有用时自会找上门。

开发智慧，就知用智慧的方向。"君子疾没世而名不称焉"（《论语·卫灵公》），要名实相称。"不易乎世，不成乎名"（《易经·乾卦·文言》），不要自欺，没到境界就去现丑。不要浪费时光，去做无谓的事。

我骂人，也有根据。天天给学生讲一段，算他们运气。这点灵光，可是五十年坐出来的。我行我素五十年，比和尚有福。就是智低，也要为己之所当为。如此讲，可得到言外之意？

《象》曰：九二悔亡，能久中也。

"九二"阳刚正中，能久中，故"悔亡"。

中之用，礼义也。"久中"，久于礼义，"三月不违仁"（《论语·雍也》）。

中道，即礼义。中国，礼义之国，"入中国则中国之"。

恒德不易，恒卦每爻都是苦爻。"九二"不错，"六五"就凶，"九四"勉强。恒卦中，最好的为"九二，悔亡"。

九三。不恒其（己）德，或（外人）承（进）之羞（致滋味也），贞吝。

"不恒其德，或承之羞"，故曰"不占而已矣"（《论语·子路》）！孔子去卜。

"九三"位虽得正，然过刚不中，虽与"上六"正应，但处于上下二卦之中，当雷风交接，雷动风从，不能自守。"恒以一德"，其德不一，故羞辱有时而至。其德不一，正固亦吝。

恒德之难，在始终如一，谈何容易！见异思迁，好名好利，终一无所成。

天下事非一人能成，必须有容人之量和一点组织能力，才能成事。不能容人，则处事不能成其事，修德不能成其德。

看二十五史的《艺文志》《儒林传》有多少书？又何必自欺！洋学生曾为我出《无隐录》。自己认识自己，就能恒其德。

必须行动。我四十二岁来台后，用两年时间把当地部落都走遍。

应用别人的智慧启发自己的智慧。我讲思想，不是宗教。

《象》曰：不恒其德，无所容也。

"不恒其德"，则无所立足。你不容人，人亦不容你。

"恒其德"，"守死善道"，有本有位，则有所容。

别净耍小聪明。一出门，人家即指指点点，"人之视己，如见其肺肝然"（《大学》），老人经验多，能被你骗了？

九四。田无禽。

"田无禽"，双关语，中馈乏人。

"九四"阳居阴位，为上卦震之主，处恒之时，久非其位，且应爻"初六""浚恒"，故有"田无禽"之象。不当恒而恒，居于不应居之位，久之一无所得，浪费自己。

不要因为客观环境，勉强做不愿（应）做的事。应做自己能做的事，对人对己都有益。

老年人看的人多，皆过来人，坐着白捡。遇事要深思熟虑，"临事而（能）惧，好谋而成"（《论语·述而》），不可以轻敌，更不可以大意。

衡量一个人忠否，即看其是否能尽己，尽己之谓忠。王莽、曹操，人称其"篡"。为所欲为，可以做一辈子领导吗？

《象》曰：久非其位，安得禽也？

《小象》的解释，真是出神入化！

知止，而后有定、静、安、虑、得。未能久安其位，焉能有所得？

《易》中所举的例子，发生在游牧、渔猎的时代。孔子的时代，不会光谈打猎。

光有想法，没有做法，只会骂土匪，走错路，乃久非其位。

六五。恒其德，贞，妇人吉，夫子凶。

"六五"柔居尊位，为恒之主，与"九二"夫唱妇随。

夫妇以义合，谈分工，传统观念是男主外，女主内。大本如不立，家都不能合，还能谈其他？

"贞，妇人吉"，《康熙字典》释"女子已嫁曰妇"，夫妇处得好，女子多少必有点柔性，柔中之德，以柔克刚。

"夫子凶"，《礼记·郊特牲》曰："夫也者，以知帅人者也。""夫子制义"，可与适道，未可与权也。

《象》曰：妇人贞吉，从一而终也；夫子制义，从妇凶也。

"妇人贞吉，从一而终"，守正固之道，"永贞，以大终也"（《易经·坤卦》），"无成有终"，吉。

"夫子制义"，义者，宜也，行事恰到好处，不是蛮横不讲理。一切事必看得恰到好处，才能"制义"，"从妇凶"。

昔日中国家庭极有亲切感，上下互相关照，行事有一定的规矩。

上六。振恒，凶。

来子注："振恒，振动其恒也。如宋时，祖宗本有恒久法度，王安石以祖宗不足法，乃纷更旧制，正所谓振恒也。"此腐儒之注也。

"振恒"，振动其恒。"上六"居震之终，处恒之极。居恒之极，久的东西就有常轨，有规有矩，不按常轨，而乖其常轨，想振此恒，凶，应待之以时日。

"振恒，凶"，白忙一辈子。

《象》曰：振恒在上，大无功也。

"上六""振恒在上"，振动常轨、常法。许多事必须恰到好处，过犹不及，大有过，乃"大无功也"。

恒卦六爻，唯"九二"能久中，余皆不能久于其道，非凶即吝，显见恒德之难！

成败不论，活着必须有目标。脑子打开，否则其他皆是梦。

当务之为急。做学问亦如同作战，要"知彼知己，百战不殆"。我反复问，旨在打开学生的脑子，才能放诸四海而皆准。

"元者，气也。"气存乎其间，这是汉儒的观念。孔子只有"阴阳"的观念，"一阴一阳之谓道"，管理阴阳的就是道。易，"日月之谓易"，有日出、月出，变易更富深意，天地盈虚，四时更迭，消息变化，"不可为典要，唯变所适"。

我依经解经。善解经者，依经解经，不以己解经。自己不读书，经书不熟，就没有办法依经解经。

伏羲象男女之形以画卦,中国人怎会不懂得性教育?《中庸》"以人治人,改而止",才是"尊人",是"人主",比"人权"还尊贵。以此精神立中国的教育制度。应按自己文化另定一切制度,中国人的智慧是自中国文化来的。必须多看本国书,最低要看一本书的序。

穷上反下,物极必反,"反者,道之动也"。"复,七日来复",休息是为了养生机,因为生机很微,一阳在五阴之下,"天地之心"即生,"复其见天地之心乎"!生,仁也,即道统之所自,中国文化之本。

恢复华夏文化,华夏文化的终极目的——"夷狄进至于爵,远近大小若一",如此,非洲人亦高兴。

孔子为文宣王,文化面向全世界即文宣。谈中国文化,知自己责任之所在。多少读点书,我为你们打剂强心针,免得你们不知为何而活。必须有脑。

孔子也是人,其德、能即文宣,懂得"文没在兹"的精神,说"文武之道,未坠于地,在人"(《论语·子张》)。必须真知,不可以再自欺。

讲中国文化不在复古,而在培养民族精神与气质。读书在明理,明理才能改变气质,必须有一套。

要少说话,"言语,君子之枢机;枢机之发,荣辱之主也"。智慧无古今,放诸四海而皆准,是最灵活的,不论在什么环境下都有用。

何以要读书?社会问题是骂就能解决的?要好好用脑,培养智慧,下功夫,人一己百,人十己千,干一个月就有一个月的进步,别呆头呆脑的!生在这个时代有点幸运,就看自己如何运用了。在没办法中想出办法，才是有办法。

一个民族有一个民族的文化，培养民族精神，由民族精神培植民族气质。"道观"，以道观天下，道家自以为是天下的模范，要观天下。"正其衣冠"，是学生就穿学生的衣冠，合乎自己的身份。必须下功夫，熟就能生巧。读了两年书，一问三不知，怎么往下进步？

卦要常画才会熟，真详细看不易！一卦六爻，真明白一卦，要明白五个卦。一点也不看，有什么用？杭辛斋说：读《易》，先自来注入门。启蒙阶段没有过，能讲微言大义？"不可为典要"，要随时演进。变的标准——"唯变所适"。

书必得看，不是藏书。孙子问："爷爷不考试，看书做什么？"

如果有一个颜回，老师就怕死了，因为没有饭吃。修行在个人，不看书绝对不行。任何一书的"自序"最重要，是作者的心得，提纲挈领。

任何注解皆一家之言，并非金科玉律，都不代表伏羲。孔子读很多书，集大成，为大成至圣宣师。朱子集理学之大成。学中国东西必须深入。

自哪个角度看，都对，象，相似也。如此读，可以有转圜余地。己之心得，己之所悦，各有所悦，读书求悦。悦，藏诸心，"学而时习之，不亦说（悦）乎"（《论语·学而》），心中有所悦；乐，形诸色，"有朋自远方来，不亦乐乎"，手舞足蹈。"温故而知新，可以为师矣"（《论语·为政》），是悦那个新。

依经解经，即"吾道一以贯之"。看别人怎么说，接着自己再说。裁判社会事，以此裁判。

好好运用，可有发展。奋斗要有目标，不能先时，又得落伍；有先时之智，一招出能先胜，随时用上。如所学实际遇事不能用上，那还是空学。

社会就是一盘棋，就看自己如何下子了。

有些人太不知深求，必得深求才能自得。聪明的仆人，主人一动，就知下文；不常来的客人，送茶，看主人如何拿茶杯，就知是哪一等客人，下去就知如何准备酒席。

东西是愈用愈精，脑子亦然。天下事必跟着时代走，每天重视事情的进展，怎么发展怎么插旗，再加以研究。自问：这一段到底在说些什么？每天留心看报，就可以长很多智慧。

先有宁静的功夫，惟精惟一，宁静以致远。我遇事都认为无所谓，慌能够解决问题？

自《孙子》《战国策》用脑。有些人就缺功夫，所以读《易》而不能用。我讲书时，脑袋照样想事，十年写一部棋谱，经验敢说丰富，尽在困境中长大，头脑愈用愈灵敏。

棋子如摆错，就是主动也变成被动了。看反应，要特别灵敏。能超人一等，乃是有修为。

华夏民族的气质："造次必于是，颠沛必于是"，泰山崩于前而色不变。必须正视华夏文化，此乃每个人的责任。今天能为文的太少了！必须发扬华夏文化，这得有能，是自修为而来的。何以有"才难"之叹？因为环境需要的人才难得。

从道理相演变、相衔接处，看到底在说些什么。六祖传弟子，说相对。周公说白，孔子说黑，孔子是解释周公？《小象》绝不是解释爻辞，而是对上。乾坤、男女，就相对。人说黑，你就说白，相对的智慧。

事情发生，摆颗棋子，局势可以扭转。坤"六三"，《小象》

曰"以时发也",绝处逢生;在你们打瞌睡时,来个"知光大也",知道怎么对付别人。没有这种智慧,什么书也不能读。你们制造问题,正是我智光大的机会,吃三年闲饭,好好读书。

书要慢慢读,我母亲确实很厉害,我父亲是标准的理学家。我母亲特别严,没有抱过我,也未与我在一张床上睡过觉。应严格训练自己,"宁静以致远",诸葛亮此言不欺人。

中国东西真是无尽藏,怎么都能自圆其说,深入真不得了,是智慧的产物。利用你的短,做我的长。好事,谁不想?有时是退而求其次。

一物一太极,民胞物与也,尽己之性,尽人之性,尽物之性,最后与天地参矣,天地人,平视。

智慧必须培养,舜之成其大智,就自好问、好察迩言来的。性生万法,"率性之谓道",必慎此独门的性,否则即受外诱之私,而习相远。

设譬低,但意境可不低,阴阳合德,刚柔有体,生生不息,得合德了,才能生生不息,两人在一起不一定就能成功,得"二人同心,其利断金"(《系辞传上·第八章》)。同床异梦就没办法。做事不盲目,必须合德同心,才能成功。

熟能生巧,我母亲老琢磨。我的母家以"选学"(《文选》)传家,因可作贺表,清时当皇后的多。

愈印证愈深入,才能触类旁通,闻一以知十。没有明白,问自己:"这段说什么?"如只看来注,永不会明白,境界止于此。必须另有看法。我这讲法,还未有哪种注解有。

社会进步,跟不上就落伍。教育是自我淘汰,要利用暑假好好计划读书。

中国奋斗了百余年，才将外国侵略者撵出去，死了多少人？不做附庸了，可不容易。

我自十三岁就开始懂得爱国，赶上"救亡图强，反帝除奸"的时代，一辈子就为此八字。

《易》为智海，智慧放诸四海而皆准。要培智，不鸣则已，一鸣惊人。年轻人要活得有价值，必须有志。

我自登上这块土地，就"没安好心"，在山地待了六年。我现在是"奉元老人"，九十岁了！善用智慧，冷静，好好做，不要人云亦云，也不可以索隐行怪。问自己：一天想些什么，干些什么。

好好读《大学》《中庸》《论语》，培养精神；再好好读"大易"与《春秋》，精神一到，何事不成？读《通鉴辑览》，了解中国是什么。

现在的学生有几人会作五言诗？郑玄婢女对话都用《诗经》。最可怕的是不知自己不知，有些人从头至尾读几本书了？谈的都小儿话。昔日老管家"十三经"都倒背如流。自己不读书，还要说自己有学问，再如此混下去，什么都没有了。

一无所能，还不好好努力？

真为子孙计，应好好为子孙计。真有智，心所想绝不让人摸到底。

奉元书院在台立三次名：世铎精庐、天德黉舍、奉元书院。祖肇堂是接着来的。

读书是有历程的，一本书应从头至尾好好看。空想，没有根据，就是臆说，要依经解经。造就几个能讲学的接下去，讲学必读书，什么书都要看。有些人连儿童读物都没有读。

恒卦第三十二

不是怕谁，而是要"知彼知己，百战不殆"。知敌才能应敌，周朝之所以能成功，是因为"吕牙在殷"。

时也，过三天，都变了，时之义大矣哉！

《战国策》好好看，才有问题。没有问题，不代表你有学问，也许因为你根本没看书。子子孙孙应活得有尊严，那尊严从哪里来？

恢复人性，发掘人性。发现人性的危机，牺牲的都是百姓，焉有人性可言？在劫难逃，尽人事，听天命。

不二法门：学。不学，无术；反之，学，就有术。《战国策》好好看，日久就成了。训练很重要，人的潜能不得了，无难事，一步步训练。从你们每天能静坐在书桌前多久，就可以得出结论。

基本没有立，什么都是妄想。将妄想当志向，最为可怕。每天严格问自己："坐在书桌前多久？每天净干些什么？"大学仅四年，无外务，净读书，又能读多少？多少社团有益于智慧？每天的所行，就是你们的未来，天下绝没有白捡的事。

聪明过火，净是梦想，一样事也办不了。行远必自迩，登高必自卑，伟大自微小来，做事业也是积沙成塔。之所以不成功，因为没有下功夫。

我们基本户有五六千人，每年增资。我自收第一个学生就填登记表，绝不收社会人士，因成分太复杂。现在整整齐齐，已有五六千人。"衣食足而知荣辱"（《史记·管晏列传》），成立福利社，就是怕"人亡政息"（《中庸》）。

没有志向，就没有眼光。有些人之所以不成功，就因为私心太重。当年，我东西被骗，抱着阿Q精神，就当作没带来。

易经日讲

"四书"应玩味到一个程度，再听《易经》。最基本的观念要弄清。读《易》，先看《说卦传》《系辞传》《序卦传》及《杂卦传》，《系辞传》要好好玩味。旧规矩，应是先讲《系辞传》，再进入《易经》本文。《杂卦传》太简了，不把整个《易经》读完，难以懂。

伏羲画八卦，一家有八口：老两口乾（☰）坤（☷）、长子震（☳）、中子坎（☵）、少子艮（☶）、长女巽（☴）、中女离（☲）、少女兑（☱）。读每一卦，先认识卦体，再看卦德，才能深入，感到有趣。要懂得用，一爻一世界。

文王演《易》，补伏羲的不足。孔子又补文王的不足，再添十个，作"十翼"。孔子有绝招，集大成。时代愈进步，添的东西愈多。

智慧是无尽藏。熊十力接着孔子，作《乾坤衍》，接着衍。看《原儒》中讲"大易"与《春秋》部分。有脑子就衍，要跑接力。

我五十年没出门，才开点窍。人生就是跑接力，熊先生跑第一棒，给中国读书人当头棒喝，但其弟子无一讲熊先生之学。抗战胜利后，我才知有熊子书。到台湾后，再慢慢琢磨。为学不易，你们应练习自己能读书。

任何时代，国家在危难之际，都出过一批大儒想要救国。朱熹恢复几个书院，穷毕生之力注"四书"，自以为可以挽救南宋的危亡，结果反成为后世帝王利用的工具，因为需要而有用，朱子乃由圣庙之廊庑扶正为"十二哲"之一。

清康熙五十一年（1712），升朱熹位居十哲之次，成十一哲。

恒卦第三十二

乾隆三年，升有若（孔子弟子）位在朱熹之上，成十二哲之名。

戴震（1724—1777）骂朱子"以理学杀人"，清文字狱盛，其《孟子字义疏证》内有反清思想，但仍没有起作用，只成为考证学的祖师爷。

明至衰微之际，出了一个王阳明（1472—1528），有《传习录》，却造成满街野狐禅。要做思想家，不要做书虫。黄宗羲（1610—1695）有《明夷待访录》，顾炎武（1613—1682）有《日知录》，亦未发挥作用。

都想要救时，而结果呢？看思想家的思想动向，见诸行事，何以穷其毕生之力，却对时代无半点影响？王夫之（1619—1692）亦然，革命失败后隐居乡野。明末三老的失败可见，在一个时代有影响、起作用，特别不易。史上读书人太多，但都过去了！

清中叶，魏源（1794—1857）著《海国图志》，龚自珍（1792—1841）是今文学家，皆想挽救危亡。清末，救国志士更是如云。谭嗣同（1865—1898）以"仁学"作为号召。康有为（1858—1927）喊了一辈子，民国十六年（1927）在青岛被毒死，如康未被毒死，清末的动荡可能提早三年。走革命路线如章太炎（1868—1936），亦著作等身。

民初有鲁迅（1881—1936）。马一浮（1883—1967）抗战时在四川倡复性，有"复性书院"。梁漱溟（1893—1988）成立"勉仁书院"，他是乡建派的祖师爷、民盟秘书长，在四川北碚有"乡建书院"。我受其影响，于东北成立"新农书院"。

熊十力（1885—1968）著作多，新儒以他做牌子，但新儒在中国没有作用，只是形而上学。冯友兰等新儒家皆当时的佼佼者，但对时代仍无多少影响。自南宋以来至民国时期，一个时代思想的代表人物就几个，真正有大作用的没多少人。今天到底要走什么样的路线？要有影响，不是做时代的点缀品。不要再盲目地读书，应好好研究这些代表人物，看是否可以突破其藩篱。

今天要往前走，要将中国带上一个新时代。俄罗斯索尔仁尼琴（1918—2008）要重整道德，振兴文化。我要"振育民德，华夏化成"，有系统地讲中国文化。

你们努力的方向，不是写书就完了，而是要朝着正确的方向，将中国提升一个层次。

冷静看那些智者，何以对时代没有多少影响？时代就这么残酷，那些人只是时代的点缀。你们要下功夫，不可以浪费自己。

王夫之自"四书"往下注，毕生遍注群经，仍没有发挥多大作用。王弼、程颐、王夫之对《易经》都下功夫，何以这些人对时代都没有什么大的影响？他们都有大抱负，但都无成。现如同他们般写书，能成吗？那时人才济济，外国思想在中国试验，但大多失败了。想超越过去不易，就看百姓接受与否。

修《奉元录》，要成大才，"有为者亦若是"，有为与否自知。在单纯的时代都没发生作用，在今天这样复杂的时代又如何能发生作用？好好下功夫建树自己，必须深入。但如不知前人得失，又如何建设未来？

应知如何造就自己，要自求多福。一天看书又能看多少？

恒卦第三十二

分析几个问题？物极必反。

有智慧应好好走。古书是智慧的宝藏，读经在明义。德不足，不足以成大事，必须德有余。天下无一事是白得的。

人绝不能自私，多一分私心，就少一分智慧。再不发良知，则子孙无前途。要将自己视作生命的种子，好好培养。

遁卦第三十三
（天山遁　乾上艮下）

"天山遁"，天与山不同类；"地山谦"（☷☶），地与山同类。

遁卦卦体：乾为天，艮为山，天下有山，山渐高，天不可逾也，遁。

卦德：山虽高，其性止；天行健，上进，违避而去，遁，退也，退避也。当退则退，遁；不当退而退，逃。当遁则遁，成不世之业；当遁不遁，害民。

《序卦》："物不可以久居其所，故受之以遁。遁者，退也。"

"遁者，退也"，遁卦有避祸之义。

做事有当务之急，与今天无关的，于人有何意义？当务之为急，必须有识时之智。视智慧，得识时，我的言外之意何在？要避祸。

《杂卦》:"遁则退也。"

遁就退,"遁世而无闷",识时,有兴就有衰,有进就有退。"知进退存亡而不知其正者,其唯圣人乎!""不见是而不闷。乐则行之,忧则违之,确乎其不可拔,潜龙也。"(《易经·乾卦·文言》)

遁,亨,小利贞。

遁之时,小人浸长,君子当退避而亨,隐居以求其志,以退为进。

《彖》曰:遁亨,遁而亨也。

当退而退,才能亨其道,遁能亨也。

刚当位而应,与时行也。

"九五""嘉遁",当位而应,审时度势,与时偕行,其介如石,一点私心也无,刚直无私。

小利贞,浸而长也。

"浸",渐,润;"浸而长",阴慢慢地长,虽小而利于正。
"人不知而不愠"(《论语·学而》),当遁则遁,是养志,不一定是避祸。

遁之时义大矣哉!

有智慧,当遁则遁,顺时以动,动而得时,"知进退存亡而不失其正者"。德高也要小心，也有盛德之累。

我真爱国，死也做中国鬼，大节不能亏，"可与适道，未可与权"。

人做善事才有精神，遇事必须冷静。我对慈济的人说："看你们的人性之美，非看人情之美！"应知怎么看问题。没有超凡，就不能入圣。练达看事，听说话即可知其人。

《象》曰：天下有山，遁。君子以远（yuàn）小人，不恶（wù）而严。

"天下有山"，王弼注："阴长之象。"小人渐长。

遁，不是厌世，"独立不惧，遁世无闷"（《易经·大过卦》），休息是为了走更远的路。

"远小人"，"舜有天下，选于众，举皋陶，不仁者远矣"（《论语·颜渊》），远，如解为躲远，则仍是对立，应是"仁者无敌"。因人皆有"见贤思齐"的心，"举皋陶"，用正直之人；"不仁者远矣"，使不仁之事皆远离不仁之人。真是仁者，则人人见贤思齐，都成为仁者，"举直错诸枉，能使枉者直"（《论语·颜渊》）。

"不恶而严"，不讨厌他人，而能严己身，严以律己。

学生如能走在前头，教的人就有劲。《易》是超越时代的东西。21世纪了，怎能还不明白《易》在说些什么。

时之骤变，聪明人都难以应付。自己必须努力，谁也帮不上你的忙。我们不找人，人会找来，还天天喊，应不强求。

愚，下功夫，人一己百，人十己千，"虽愚必明，虽柔必强"（《中庸》），"困而不学，斯为下矣"（《论语·季氏》）！这么愚，"难矣哉"（《论语·阳货》）！今后想好好活下去都不容易。

必须如电波，稍有动静，就有反应。

在学生时代就没有用脑的时间，那将来干什么？刚说完的话何以无反应？不能动脑也。暗示都不知所以然。另辟新境要自何处入手？不知审时度势，又如何避祸？"载之空言，不如见之于行事之深切著明也"（《史记·太史公自序》），真想有所作为，得做，见之于行事，不能只讲理论，只讲理论也是空言。

得审时度势，势不足也不能左右时代。根未深就想叶茂，有些人的脑子太可怜！

自绝于日月，又何伤于日月？真懂，有智，应乘势，可以予取予求，要什么给什么。天资不足，应人一己百，必须下功夫。

光读书不能解决问题，得吸收精华，要下惟精惟一的功夫。许多大儒净写书，而自己的生活一点也没改变。读书是为了明理，明理在于改变器质。《大学》《中庸》稍加玩味，得利大。每句话，必须知其所以然。

注解皆一家之言。读到一定境界，也可以有自己的看法，但必须有根据。依经解经，是以夏学讲中国之学。

有人以孔、孟、荀、董为第一阶段，此看法太窄。儒"源于道"，自道出，愈衍愈致密，最后成独尊儒术的局面。孔子弘道，振起儒家，后人以之为"儒宗"，此为自然趋势。

儒家之学，曾受到冲击，但仍回来，真理即理，正的即正，真的即真，虽有一时之偏差，最后仍必回去。要有建树不易，得超凡入圣。

有人写董子的书，却没有看过《春秋繁露》。自己必须真的了悟，好好努力。我以前讲八子，现在同学的程度低。教书，学生愈是灵活，教的人才有劲。

立名不一，其心机一也，此即"大同"，不曰"常同"。所以用"夏学"，是在"融异"。

不成才者，"疾之已甚"（《论语·泰伯》）则成仇。

"克己复礼"（《论语·颜渊》），"约之以礼"（《论语·雍也》），以礼约身，无可议之隙，而凛然不可犯也。孔子"望之俨然"（《论语·子张》），"七十从心所欲而不逾矩"（《论语·为政》），做了四年的圣人。

对任何人都要待之以礼，而守己之节。做事必做到节骨眼上，才能中节。时过境迁，都是废话。

许多人对事情都臆测，大事绝不可臆测，有想法，应以事实印证。

得有"明哲保身"之智和"其介如石"（《易经·豫卦》"六二"："介于石，不终日，贞吉"）之勇。

初六。遁尾，厉，勿用有攸往。

"尾"，系后，遁而在后。"遁尾"，如同"后夫凶"，因遁得太慢，乃危厉。

"初六"居艮初位，处遁之始，遁尾不前。遁得晚，后且危，"后夫凶"（《易经·比卦》），退不及时，恋栈，危也。

《象》曰：遁尾之厉，不往何灾也？

明知山有虎，偏向虎山行。"不往何灾也？"识时，太难！

不"后夫"，就不凶；不成"遁尾"，就不厉。

应审时度势，有人遁，有人乘机。

晦时，含章，不显章美，有美含之！有智，自求多福；无智，自求多灾。

审时度势特别重要，天天留心，习以为常，看事马上知道趋势之所在。种菜的天天看，就自然知道生长规律，习惯了亦能成事，知水如何淌，而不会大惊小怪。

最普通的智慧，念兹在兹即不二法门，亦即精一。孔子说"吾道一以贯之"，孟子曰"定于一"，《易》曰"贞夫一者也""同归而殊途，一致而百虑"。明白，即可应付。古圣先贤的智慧，真是取之不尽，用之不竭。

六二。执（固结）之用黄牛之革，莫之胜说（脱）。

"黄牛之革"，革，兽皮去毛经过加工；黄，中色；牛，性顺。黄牛的皮革坚固，愈浸水愈坚固。昔日高级人家用牛皮，皮线用水泡，干了比什么都坚固。用药泡，可以不生虫子。

"执之用黄牛之革，莫之胜说"，"六二"与"九五"皆中正相与，既是贤才，得想方设法好好系住。

《象》曰：执用黄牛，固志也。

"固志"，固他的志，给他好的环境，他还会跑？
"六二"与"九五"应与，是应与都得"固志"，况以外乎？
政治真得警醒，没有比政治更残酷、更现实的。权势，只要有破之术，马上一文不值。别看今天谁占优势，只要有破之术，优势也会成为劣势。

九三。系遁，有疾，厉。畜（xù，好也）臣妾，吉。

"九三"一变，则遁卦（☷☰）象变否（☷☰）。

"系遁"，本应遁，却有所系，当遁不遁，只有加强他人的嫉妒心。

"九三"居艮之上，处遁之时，与"六二"相比，对臣妾有所系恋。

《象》曰：系遁之厉，有疾惫（困病）也；畜臣妾吉，不可大事也。

"有疾惫"，有疾困病，不能远害。"畜臣妾"，亦为臣妾所畜，不可大事也。

"九三"居艮之极，遁而有所系念。

必须把欲与利看轻了，才能谈其他。多少英雄一有系念，私情难胜。打蛇，得打三寸（蛇的三寸，是脊椎骨最脆弱的地方，易断）。枭雄都脱不了系念，如《捉放曹》。要对付一人，应自何处下手？自其所系念处下手，要看清什么是他最爱之物。

九四。好遁，君子吉，小人否。

"好遁"，当遁之时，发自内心想遁。

"九四"阳刚，居乾健之始，与"初六"正应，但在遁之时，能远小人。

"君子吉"，君子断然而退，能固其志；"小人否"，小人则做不到，因循苟且。当退不退，遗臭万年！

《象》曰：君子好遁，小人否也。

小人迷恋权势，古今一也。"无所不用其极""无入而不自得"。敌人也想达到目的，岂不决之以力？如力不足，绝对有输赢。你要打人，必先考虑人家回你一拳时，你是否受得了。

九五。嘉遁，贞吉。

嘉，《尔雅·释诂》释："嘉，美也。""亨者，嘉之会也"，美遁，正固之吉。

"九五"阳刚中正，治遁之才。

《象》曰：嘉遁贞吉，以正志也。

"九四"与"六二"相应与，"六二"固志，"九五"正志。君臣皆中正，按志行。"刚当位而应，与时行也"。

"不恶而严"，严己身，正固而吉，遁之嘉也。

上九。肥遁，无不利。

"肥"，饶裕也，大也，代表宽松、自由，没有约束。衣服肥大，自由、方便，应用方便。

"上九"处遁之极，"肥遁"，心广体胖，优哉游哉之遁，无所系恋。虽遁，而仍以宽博自处，自愿隐退。宽博，雍容貌。

《象》曰：肥遁无不利，无所疑也。

当遁则遁，动而得时。必到"无所疑"的境界，才是定知定见。"隐居以求其志，行义以达其道"（《论语·季氏》），即"肥遁"。"无不利"，没什么不好。

对社会事看得清楚明白，自愿隐退，于己行事"无所疑也"。看清楚了，当隐则隐，就隐居以求己志。要好好学，看看熊先生的东西。

权势无定论，所以才要审时度势。中节与否，则视智慧而定。看《三国演义》等斗术之书，多少有点帮助。

下棋，一子摆错，后果严重。下错，必须有弥补之道，不能坐等输。摆法不同，棋谱亦不同。

乾、坤、屯三卦讲些什么？行健不息，在"时乘六龙以御天"；"厚德载物"，没有分别心，显出社会热闹，缺一不可。乾、坤二卦是基础，德之基也。屯建侯以经纶天下，有层次。人无生而贵者，但得建侯。"诸侯危社稷，则变置。牺牲既成，粢盛既絜，祭祀以时，然而旱干水溢，则变置社稷"（《孟子·尽心下》），社稷都可以变置，况诸侯乎？天下如太平，何用你经纶？就因为"屯"，才要经纶。大自国，小至家，都要经纶，即一部《大学》。经纶的方法，即一部《中庸》。

社会上的人形形色色，都同样重要。

手中无几个子，就乱扯。扯了一阵子，都白扯，钱都白花了。

对方会用棋子，你们也要会用。宇宙间就是一盘棋，一子摆正了，全盘皆赢，在于怎么做。

圣人不能生时，时至而不失之。应学会怎么用。"自强不息"，"时乘六龙以御天"，"首出庶物"。

智勇不能双全，就没有用。应懂得怎么造就自己、锻炼自己的脑子。人家做了，必须追根究底，了解其来龙去脉。

我们应学摆子。

真是智者，活法就不同。天无绝人之路，就看你怎么走。清末民初，中国是睡狮，一旦醒了，就不得了！

要好自为之，并非没有前途。就怕脑子没有办法，唯有脑

遁卦第三十三

子没有替代品。你们笔下什么也不能写，九年义务教育以后没有办法，何以不往前求？必须认真，人一己百，人十己千。光知自强不息也没用，头脑不开窍，用什么方法教都没用。昔日国子监，不过学习三年，造就了不知多少惊天动地的人才，何以现在一年也教不出开窍的人才？

  不要浪费时间，要用于己之所需。醒了，就不要恋床；困了，就睡；玩，就玩；玩完了，该干什么就干什么。不要整天在"入眠"状态中，多没出息！现在年轻人就不知自己缺少什么，最缺的是精神。

大壮卦第三十四

（雷天大壮 震上乾下）

大壮卦卦体：大壮，大者壮也，阳为大，四阳盛长，故大壮。

卦德：震为雷，乾为天，震上乾下，乾刚而震动，无欲才能刚，所以壮。

雷天大壮，雷在天上，春雷动，万物更新，逐渐盛壮。

《序卦》："物不可以终遁，故受之以大壮。"

天上打雷，"有朝一日春雷动"，惊蛰，龙抬头。遁（䷠），阴长阳遁；大壮（䷡），阳之壮盛。阴阳消长，盛衰循环。《易》不能空读，深意太多。《乾坤衍》《原儒》要好好看，关于中国传统思想，21世纪绝对是熊十力的思想见长。

学外国语，最低要能看外国杂志，听外国新闻。"其人不言，言必有中"(《论语·先进》)，自己没修养，怎能领导别人？

《杂卦》："大壮则止，遁则退也。"

"止"，"非礼勿视，非礼勿听，非礼勿言，非礼勿动"(《论语·颜渊》)，当止就止；"退"，识时，当退就退。遁、大壮二卦互综，用壮处谦，壮乃全也，故当止则止。

《易》，好了就坏，坏了就好，无真正的好坏，完全操纵在支配者手中，故曰"时乘六龙以御天"。六，代表终始、生生。"生生之谓易"。生生，生新也，刹刹生新，"苟日新，日日新，又日新"(《大学》汤之《盘铭》)，日知其所无，新，但在于行动与否。

《易》之道，生生、易简，人人都能学。《易》不是天书，就易简，日知己所无，才是行"大易"。"易简之善配至德"(《系辞传上·第六章》)，有至德就成功，"苟不至德，至道不凝焉"(《中庸》)。不要将经书变成天书，就要实行。

"君子之道，费而隐。夫妇之愚，可以与（参与）知焉，及其至也，虽圣人亦有所不知焉。夫妇之不肖，可以能行焉，及其至也，虽圣人亦有所不能焉"(《中庸》)，天天行"大易"之道，自强不息。一个民族最重要的即民族精神，放诸四海而皆准。

刘邦之所以成大业，禹"闻善言，则拜"(《孟子·公孙丑上》)，必有英雄气。

每天活着，必须有所为。还得有量，见钱必贪，留给子孙什么？旧时立国之时，得励精图治，还得有开国的气象，"宜建侯而不宁"(《易经·屯卦》)。是读书人，要表里如一，说了，还要加以印证。

做事必求实际，求必胜。必智勇双全才能做事。当年北大以思想领风骚。人要是不正，绝不能成事。

大壮，利贞。

"大壮"，阳盛大。财壮、势壮，如日中天时最难以把持，一切皆超乎常。

刚时，必须有特殊环境，但要守常，势不可以用尽，福不可以享尽。其利在于贞，不说过量之言。

阳壮，所以利于正固，否则天下大乱，即小人临君子。

《彖》曰：大壮，大者壮也。刚以动，故壮。

"刚以动，故壮"，《彖传》解得特别美，可以作《彖传解》。

大壮卦教把持大壮，求处壮之道。无欲则刚，无欲而动故壮。人欲之私不降至零，绝不能成大事。

大壮利贞，大者正也，正大而天地之情可见矣！

船山注："刚以养成，动以时兴，皆正也。"利于正固。

天地之情，即自"正"与"大"来的。"天地之情可见矣"，"情"字多可怕！

伏羲何以画八卦？在"以通神明之德，以类万物之情"。

神明之德，与我们是一贯的。自然之谓美，因是神明之德。神，"圣而不可知"（《孟子·尽心上》），"妙万物而为言者也"（《说卦传·第六章》），造万物、体万物而不可遗也，故知有神。明，生生不息，"大明终始"（《易经·乾卦》），终始万物。神，第一个生；明，生生。"生生之谓易"（《系辞传上·第五章》），我解：易，就是生的象。

万物有情，类情是主观的，"爱之欲其生，恶之欲其死"，哪个真好？类得好，则"发而皆中节"，和也，但中肯太难！"致中和，天地位焉，万物育焉"（《中庸》），要下"致"的功夫，才能使"中"与"和"不分家，体用合一，"天地位焉，万物育焉"。

宇宙为一大天地，人为一小天地。中医以"天之历数（穴道）在尔躬（身）"（《论语·尧曰》），人体亦有穴道，中医针灸，用针刺或艾灸人体穴位，以治疗疾病。学大宇宙，就能对付小宇宙。世界要和平，非得用中国文化不可。

中国的学问法天、则天。《孙子》并不全，其中有许多没用的，只三分之一有用。理永不变，方法必变。中国治世之道：计、策、谋、韬、略、猷。可择其言而知其弊，不比先贤更好，而是后来居上。修行，为后人留些可用的东西。读书要知弊，必须虚心学，要细读。

类情太难了，情关打不通，所以人生苦多。通情了，还要达理，懂得情理。不通情达理，连两口子也过不好。

我坐在屋中，两个字就想了五个小时。必须解决问题，别人一看才通。你们要发愤，才能接下去。

《象》曰：雷在天上，大壮。君子以非礼弗（不）履。

"雷在天上"，春雷动，生机现。朱元璋在未当皇帝时，羡慕人家过年，说："有朝一日春雷动，日日年来夜夜年。"

"非礼弗履"，非礼不行，"克己复礼"。不可以"大壮"的精神贪污、卖国，要"非礼勿视，非礼勿听，非礼勿言，非礼勿动"。

都没有把握，就视如何做。做事必须认真，一天做一件认真的事即可。养兵千日，用之一时。

初九。壮于趾，征凶，有孚。

"初九"刚健，处壮之始；"壮于趾"，从趾开始壮。

趾有反应，但无智慧。"征凶"，因盲动而凶。想壮，也要审时度势。

《象》曰：壮于趾，其孚穷也。

"壮于趾，其孚穷也"，处壮之时，在下位，德薄位卑，诚信绝不可靠。想壮，也应先衡量自己有几分德，连龙都得潜了，况大壮之夫？

即使人的本钱够，贸然往前走亦凶，因非礼（理）也。就是有本钱，也得保存，到时再用。

有本钱也会惹来杀身之祸。必须有诚信，否则危险多。得知礼，非礼不行，否则出毛病。

九二。贞吉。

"九二"阳居阴位，刚中之士，"龙德而正中也"，处大壮刚盛之时，所以"贞吉"。

《象》曰：九二贞吉，以（因）中也。

"九二贞吉"，以刚用柔；"以中也"，合乎中道。

《尚书·洪范》"柔克、刚克"，讲用中之道。柔克，以柔克刚，吉。个性太刚，要用柔克，不能什么也不怕。成功者什么都怕,"战战兢兢,如临深渊,如履薄冰"(《诗经·小雅·小旻》)。个性太弱,则用刚克。

"中"字在中国太重要,中国人的责任即中华,"日月所照,霜露所队(坠)"(《中庸》),远近大小若一,华夏,奉元,止于至善。孔子得一,故曰"一以贯之"。

讲学应是使人拿过来就能用,不可以净说梦话。时代一变,就出大儒,如熊十力,指点迷津。我学今文,《原儒》看得懂,是行话。《乾坤衍》有境界,《新唯识论》精致得不得了。

九三。小人用壮,君子用罔,贞厉。羝(dī)羊触藩,羸(léi)其角。

"九三"以阳居阳,居下卦刚健之极,为进爻,与"上六"相应,互为援引,用其壮,"君子有勇而无义为乱,小人有勇而无义为盗"(《论语·阳货》)。

"小人用壮",小人至刚,用壮勇之行,以武犯禁。

"君子用罔","罔",无也,蔑也。君子至刚,肆无忌惮,目无法纪,毁法,如今之特权。"君子义以为上"(《论语·阳货》),以义理为主,"和顺于道德而理于义"(《说卦传》),"贞厉"。

"羝羊触藩,羸其角",羝羊,牡羊;触藩,急于前进;羸,困,病也。尚刚用壮,致陷于进退两难中。

"羸其角",将来必吃亏,不能用时。保身都办不到,还想什么?

《象》曰:小人用壮,君子罔也。

小人可以治国?无知却胆大。

有勇者，可以再教以用智。"好勇过我，无所取材"（《论语·公冶长》），"必也临事而（能）惧，好谋而成者也"（《论语·述而》）。无勇，教其用勇，特别难。有智无勇，难以用勇，书呆！

马融（79—166）教书好享受，在屋中关门做皇帝，没想到碰到一个郑康成（127—200），说："郑生今去，吾道东矣！"

你们距"大易"之道，仍远着哩！

九四。贞吉，悔亡。藩决不羸，壮于大舆之輹。

"九四"为上震之主，阳刚长盛，居壮之盛，宜"贞吉"，才"悔亡"。

"藩决不羸"，前无困阻，才可以前进。"壮于大舆之輹"，輹，车下和轴相连的木头；大车的车轴坚固，就能载重致远。

必须有转圜余地，才不会出事。做事的标准——"和顺于道德而理于义"。

《象》曰：藩决不羸，尚往也。

"尚往"，用壮而进；"藩决不羸"，要突破一切障碍，而不受伤，如《庄子·养生主》之"庖丁解牛"，以无厚入有间，而游刃有余。

六五。丧羊于易，无悔。

"六五"是一柔君，有"九二"刚正之臣相应，与"九四"权臣相比，处大壮之时，德有余，德逾于位，所以无悔。

"丧羊于易"，柔克，以柔克刚，用和易之道，则大壮的阳刚之气，都在和易中被克住了，当然无悔。

《象》曰：丧羊于易，位不当也。

以柔君居尊位，在众刚之上，不能刚，但绝不能太软弱，居阳用柔，柔克，"百忍堂中有太和"。

不失己利，必用此爻，伸手不打笑脸人！

上六。羝羊触藩，不能退，不能遂（成），无攸利，艰则吉。

一个环境或人，壮到极致了，焉有回头路？因不能度势而行，审时而进。

"上六"柔居震动之极，处壮之终，壮终动极，路走太窄，乃进退不得，没有成果，当然无所利。

"艰则吉"，不畏艰难，不打退堂鼓，在艰苦中守得住，就吉。

《象》曰：不能退，不能遂，不详也；艰则吉，咎不长也。

来子注："心思之艰难，所以能详；识见之详明，所以方艰。""详"，细心留意；"方艰"之"方"，名词当动词用，方略。艰得方，有一套办法，才能脱艰。用缜密大脑，研究环境、时，老谋深算，谨言慎行。

不能进，亦不能成，无所利也。"详"，缜密，什么都怕，必得详。卧薪尝胆，计详以脱身。用怀柔之术，尝粪，艰则吉。退而不犯难，"咎不长也"，绝对成功。

求得太多，就苦了。我二十余年没为自己做过打算，不想做不到的事，没有求不得之苦。要审时度势，不要盲目冲。随时，随势，因无所求。

"艰则吉"给我们的启示：就因艰困，遇事才能详审，有应事之道。

艰不同于难，关关易过，渡艰可不易，如寡母领孤儿，时时刻刻艰，艰苦的日子难过！此一问题不简单，必艰守其位，则将来吉。在艰困中，守得住就吉。

说"既得利益不能丢"，但现已时过境迁，没机会了。没力量，不能动。"艰则吉"与"受俘"，就差一点。

看《三国》，古人真是老谋深算，任何事都谨慎行事，绝不说梦话。

中国有中国的法律，应用中国法律审。给颜色看，不和你谈法。一开始就要借题发挥，发挥不当，自己难以下台阶。许多事不应，不要小题大做。

必为民谋福。发生问题就谈问题，问他怎么办？他是人，就会照人事办；如我们别扭，就不照人事办。许多事，解铃还得系铃人。

十个臭皮匠可以胜过一个诸葛亮，可以一乡一个代表，自己解决问题，老百姓可以海阔天空的。

要善智慧，有勇，哪怕不能，天无绝人之路，必须自己想办法。许多事先问自己有无私心。智慧是善用，用活了，则放诸四海而皆准。许多事如同下棋，高手必须提前看出七八步。

不是谁怎样，而是你怎样。自己有问题，什么都别想。本身必须守得住。会想不能做，没有用。

"精气神，人之三宝"，没精神，能做事？净儿女情长的，还能成大事？成大事者皆特殊人物。

怀着迫切希望，何以都没达到目的？完全主观，谁听你的？

我事看多，倚老卖老。行家一看就知，国事和人事一样，经验多易明白。平常就要留心，必须练达，审时度势，非作文章。

菜炒得好不好，看色、香、味即知。吃饭容易，而做菜必经几年的锻炼。

从嘴到便，都是功夫，不是查字典能得的。

应再创中华文化！老子说"治大国，若烹小鲜"，小鱼不易烹，易酥，得用"烹"之术。"得一""烹小鲜"，是老子最重要的两个术。要重建中华文化！

孔子为中华文化之集大成者。现在每个人都有集大成的责任，就看有没有智慧。关门干自己的，要抓住时机。集兵法之大成，现是中国人最好的时机。大陆有志之士多，净出奇人。

不能超凡，就不能入圣。净争小名小利，不能平心静气读一本书，争什么？我失业五十年，见谁都一笑置之。不与"人"画上等号，与他们争什么？自己要努力，要懂用功的方向，知道自己要做什么。

应实事求是，不能不为子孙计。好好地深入客观研究问题。你们要练习解决问题。做大事必须有胆、量、识。时机过了，就完了！

晋卦第三十五

（火地晋　离上坤下）

晋卦卦体：离为火，坤为地，火地晋，火象无私，地象国、众。

卦德：火在地上，去暗，普照，没有分别心。

离为明，明在地上，象旭日之初升。旭日东升，含无尽生意！

《序卦》："物不可以终壮，故受之以晋。晋者，进也。"

物壮大了，都会有所行动，但看怎么行动。什么事都不是静止的，人、物、事盛壮了必得前进。

人必得有当务之急，一天时间有限，真做点事不易，每天应为己之当务，只要能奋斗，就对国家、人类有贡献。

《杂卦》："晋，昼也。"

"昼"，《说文》："日之出入，与夜为界。""旦"，大地上有太阳，旭日东升，明也，有生意，其中含有多少未尽之义！古《卿云歌》："日月光华，旦复旦兮。"

"晋者，进也"，日出地上、前进光明之义。怎么进于明？人要往前进，得进于明。放弃了明还求进，只有愈进愈暗。

得病乱投医，也不知哪个医生有用。到危急之际还存着私心，不用人才。视人之知识与智慧，看是明之进，或是不明之进。一句话必须细分析，进必得明进。

人最重要的是自知，不自知是浑蛋。

"恶徼以为知（智）者"（《论语·阳货》），读书必用书中的智慧，不是盗智。常人即常人，非常人就是非常人，并非训练出来的，是平常功夫，遇事马上能判断。

要养群德，浑身都是铁，又能打几个钉？21世纪的想法，8世纪的做法。说一千，道一万，不愿见百姓受苦。

我五十年清修生活，说话才有人听。没有清净心，哪来的睿智？

先自知，没有大能，就做小事，至少过美满的生活。不能立下丰功伟业，至少要家中一团和气，儿孙满堂。人生只有一次。

真有鬼，何以自己被杀了，腿都找不到？不做好事，心里就不舒服，"率性之谓道"，哪有鬼？是性的鬼。有时，时代落伍，社会上不文明的事就盛行。知识进步，迷信就少。知识分子没知识，那就完了！

晋，康侯用锡（赐）马蕃庶（众），昼日三接。

晋（☷），"明在地上"，三阴分土，为主于下，诸侯之象。"康侯"，安国之侯。何以写"侯"而不写"君"？

"大易"与《春秋》，用字均有深意。《春秋》一字之褒，如华衮；一字之贬，如斧钺。

安国之侯，与上同德，奖励之，"用锡马蕃庶"，"蕃庶"，赐物之丰富。国之所以能安，以有安国之侯，花好亦得绿叶扶。

"昼日三接"，昼日之中，三接赐宴，礼遇之至。中国古礼，天子礼遇诸侯礼：三向、三问、三劳，此即"三接之礼"。

《周礼·秋官司寇·大行人》"掌大宾之礼及大客之仪，以亲诸侯……庙中将币，三享"，诸公三飨三问三劳，诸侯三飨再问再劳，子男三飨一问一劳。即天子三接诸侯之礼也。

要了解中国思想。侯绝非一个，国家有许多斥候，即诸侯，其作用在安国。读书有读书的作用，最要紧的是了解其作用。现代，谁都可以做康侯，"唯天下至圣，为能聪明睿知（智），足以有临也"（《中庸》），聪明睿智，听清楚、看明白，要多找参考书，方足以有临也，并非指哪个人。社会安定，完全决之于百姓。

什么是华夏思想？如不能"远近大小若一"，能变成"群龙"？都成龙，人人皆有士君子之行。有智慧的人应前进、奋斗，怎能天天瞪眼、打瞌睡？

《易》一开始就"群龙无首"。我们是龙的传人。

我们的团体也有五十年了，有组织、有思想，自开始时即非大学生不收，坚持了五十年，不是乌合之众。至少受过一年训、有基本思想的人才列入名单。我处处有高招。

想领导别人，就要多读几本书。必须讲别人懂的话，否则扯半天，白费工夫。没到那个程度，就要好好读书。自己没有经纶，怎能领导别人？自己不能，就千万不要自欺。

学问是活的，"不卜而已矣"，还用卜？我对许多事的看法与众不同，社会就是因需要而有用。

斥候随时用上，何必找？不在于他来不来，而在于有无办法应付。养兵千日，用之一时，如无贡献，则完全是木偶。

有智慧，放诸四海而皆准。事情未发生时，要尽量使之不发生；既发生了，就睡足再应付。

《彖》曰：晋，进也。

物继盛壮，务必前进。

前进可不是盲目的，顺还是附很重要，顺、附需要抉择，是实际的。

明出地上，顺而丽乎大明，柔进而上行。

"明出地上"，旭日东升，愈进愈盛。

"顺而丽乎大明"，所附丽的并非盲目，要"丽乎大明"，得看环境，顺时势，不可以逆天行事，自取灭亡。如"丽乎大暗"，即遭难。

"柔进而上行"，如旭日东升是一点一点升的。

知识分子应天天想什么、做什么，谁看得准？关乎存亡，得有丰富的实际经验。既无策亦无略，那去做什么？

下棋，得每天读棋谱，天天在棋盘上摆子，自己下。哪有养一帮人天天摆子的？何以做事就如同儿戏？棋盘即地球，宇宙即一盘棋。地球就是个棋盘，哪有天天用棋谱摆子？我们政治上的棋谱是什么？这是实学。

"柔进而上行"，人的成就成于虚中，以柔克刚即术，说易但行难。谁都想刚，但必须柔。做事要柔进而上行，不在于嘴硬。稍微柔一点，如果能达上行的目的，有何不可？

塑造自己，重视今天。社会是前进的，谁也拉不回，不要眷恋过去，天天奋斗，有目标，成了再说，视己之所能，给百姓留些什么。

求学，人到无求品自高。"求"最易使人品不高，但人不能无求，所以得学这个"求"。每天活着，都必求学，即学这个"求"。学佛的，求师傅慈悲。

人生下来即求学，自幼儿园开始，一段段求学，因所学的"求"而分出高低尊卑。"所求乎上，所成乎中"，此为学"求"的标准。所求乎下，则未入流。

要"顺而丽乎大明"，做事业如旭日东升，向明而求，能成功。"明"在哪儿？得识明。

"睿"是用智的主力，说人有智慧。学文的好好下功夫，人得弘道。

中国确是文化古国，典籍的每句话都有深意。"自己好好端相端相"，"端"，放诸四海而皆准。行为不端，败坏社会风气。

读书，要前后、左右、上下、四面、八方读。依经解经，必须"五经"都熟，是"吾道一以贯之"。读书，读完玩味，融化在胸中。

脑子不辨黑白，还谈什么？要识危，临危致命。

年轻人要多学，你们不知缺什么，所以易于满足。应"时乘六龙以御天"。你们稍有点能耐，就自豪；弄不好，即自嚎。

我说的话都是预言，解决问题要靠智慧。

我遇事反应快，了解的境界愈多才有境界，必须自己去玩味一切事，陶醉其中。自己要加紧，不可以有应付的心理，要绝对认真。成立读书会，找几个志同道合的研究问题，翻来覆去地探讨，中国东西太丰富了！

《孙子》中有用的只有三分之一。我将计、策、谋、韬、略、猷六术集大成，每一种绝招集在一起，给后人留点东西，截长补短。

最没出息的是"偶俗"。中国文化的优越性，唯有中国人知道。

是以康侯用锡马蕃庶，昼日三接也。

必有识与德，才能抓住机遇，方得荣宠。不管白天或是晚上，均待之以三接之礼，此一荣宠即由"识"来的，"顺而丽乎大明，柔进而上行"。

识者，智也；行者，仁也。"莫近于仁，莫急于智"（《春秋繁露·必仁且智》）。仁者"先难而后获"（《论语·雍也》），智者"先言而后当"（《春秋繁露·必仁且智》）。

摆棋谱的功夫：智、仁、勇。中医讲"辨证施治"。

辨证施治，是理、法、方、药运用于临床的过程，是中医认识疾病和治疗疾病的基本原则。辨证，即通过四诊八纲、脏腑、病因、病机等对患者表现的症状、体征进行综合分析，辨别为何种病证，也就是根据四诊所搜集的资料，通过分析、综合，辨清疾病的病因、性质、部位，以及邪正之间的关系，概括、判断为某种性质的证。施治，又称论治，是根据辨证的结果，确定相应的治疗方法。辨证，是决定治疗的前提和依据；论治，是治疗的手段和方法，通过论治的效果可以检验辨证的正确与否。辨证论治是理论与实践相结合的体现，是理、法、方、药在临床上的具体运用。

《汤头歌》都是那个药，医术、医书运用之妙，实学也。

清代汪昂《汤头歌诀》叙云："盖古人制方，佐使君臣，配合恰当；从治正治，意义深长，如金科玉律，以为后人楷则。惟在善用者神而明之，变而通之，如淮阴背水之阵，诸将疑其不合兵法，而不知其正在兵法之中也。"

想强国，能治病与否，全视运用之妙。

《象》曰：明出地上，晋。君子以自昭明德。

"晋"，"明出地上"，有"旭日东升"之生意。

"自昭"，皆自明也，观自在，谁也帮不了，爱莫能助；"明德"，即《大学》的"明德"，"在明明德"。由步骤，到结论。

"自昭明德"，不是叫别人逼着的，是觉而又觉，求则得之，舍则失之。"在明明德"，观自在，常目在之，不离。养德，素其位而行，思不出其位。

成就大事业，也不过是人性的表现。一有私心，就应好好骂自己，下"克"的功夫，克己复礼，"一日克己复礼，天下归仁焉。为仁由己，而由人乎哉"（《论语·颜渊》）。

中国人的思想："自昭明德"。总叫人自己去奋斗，不依靠任何人。《大学》皆自明也，真活用一部《大学》，能永保治平，要好好玩味。

《乾坤衍》至少要看五遍，方可看出点光。奉元书院的《大中衍》《彖传解》，真可开中国人的智慧。《大学》《中庸》，经的部分重要，传则因时而异。

文化是力量，属于精神层面。以中文翻译的佛经而言，《心经》《金刚经》最见佛的精神。

中国的东西要好好整理，富含无尽的宝藏，不可以巧得，必须如熊十力，绝对"融会贯通"后才出的东西。熊先生因忙于立说，故没法再找出几个问题深入。十力学团，学其融会贯通的为学方法；不融会贯通，则说不出成套的道理。第一要义是重振中国文化。本身的不懂，外国的亦不了解，乃失败。

初六。晋如摧如，贞吉。罔（不）孚，裕（宽大处之，悠游自在），无咎。

"初六"与"九四"相应，但不当位，因都不正。阴阳正位，应与之正道。必冷静看，学深入。

"摧"，折，《增韵》："挫也，抑也。"摧毁，摧枯拉朽。"初六"在地下，处晋之始，欲进不能进，在"摧如"的环境中很苦。虽不得进，能不失其正，"贞吉"，不贞就凶。"富贵不能淫，贫贱不能移"，都能守住即"贞吉"。

"罔孚"，"初六"在奋斗未成形时，人不信之。人不信，可见有所不足，是勉励自己"君子不器"，不必叫人一定相信你。

没有人相信，但仍要有"裕德"，裕，宽裕自如，不急于求进，则"无咎"。

人对不起你，不在乎，应该怎么做就怎么做，日久见人心。在于行动，有好就有坏，有光彩就有丢脸。

社会就是分际，分与寸。

再不好好用心，稳不住，能做事？必须练习稳，孟子"说（shuì）大人则藐之"（《孟子·尽心下》）、"不肤挠，不目逃"（《孟子·公孙丑上》）。

昔人身上有挂佩，走路有声音时，步子必须缓下来。作揖，上与眉齐，下如授予。虽是小事，也必须经过严格的训练。"君子不重则不威"（《论语·学而》），到哪儿都不要乱说话。

要做什么？现在有些人上不了台面，因为平常没有素养。再不训练，就成形了；成形，就很难改变了。

读书，但没有修养，也没有用。

大家不相信你，再怎么闹，也没有用。缺少"裕"的功夫，所以脚步乱。应付不过来，才每天咬牙切齿的。

《象》曰：晋如摧如，独行正也；裕无咎，未受命也。

爻辞、《小象》，完全不同。

"独行正"，不必管别人，绝对对时代有贡献。

在天曰命，在人曰性，在身曰心，在己曰独，自根上讲《大学》《中庸》。独行正，"君子必慎其独也"，唯我独尊。独行其道，内圣功夫。

"未受命"，未成就外王之业。

"裕"的修养，须在"未受命"时。此时无言责、无官守，可以不受任何约束。有言责，必须另有做法，才能"无咎"。

看环境，再做事。无官守、无言责，说什么都可以。真有正义感的人很少。

没有文化基础最可怕！说什么也来不及，智慧可非一日之工。

六二。晋如愁如，贞吉。受兹介（大）福，于其王母。

"愁"，一、音 jiū，通"揪"，围束也；二、忧也。

"晋如愁如"，居安思危，先天下之忧而忧，才能受"昼日三接"之大福。有所进必有目的，"贞吉"，守正固之道才吉，由正路求进，行不由径。

"六二"当位中正，上无相与，必须懂"晋如愁如，贞吉"，居安思危，才能受兹大福。有求有所虑，前进时还必得知危，"战战兢兢，如临深渊，如履薄冰"，守正才吉。

"王母"，"六五"阴居尊位，有母之德才美。"于其王母"，"六二"当位，"柔进而上行"，受王母"昼日三接"大福。

知识分子既要使人人皆有士君子之行，有无每天"晋如愁如"？对国家大事是否真的好好想过？仔细分析，才愈能得智慧。生死存亡之际，必须用头脑，不能完全靠别人。

人有无大才，一举一动即可看出来。

"以道殉人"，把道都歪曲了，最后成事不足，败事有余。

《象》曰：受兹介福，以（因）中正也。

晋（䷢），离上坤下，八卦正位，坤在一位。

"六二"中正，既中又正必得其功，所以受大福。

"以中正"，"六二"中正，守其正固，故受大福。人易离中正，见利忘义。天天兢兢业业做些什么，即代表想些什么。今

易经日讲

天无"因言信人"者，用人不易，被人用更是不易，谁不警惕？

靠拢不易，跑一辈子仍是单帮。必须用诚信争取人家，不要净想钻尖取巧。就"中正"与"有孚"，才有希望。

现在谁去，人家都不信，谁也不相信谁。必须认识环境，脚踏实地做事。人人彼此都不相信，被相信了就有用。

自根上着手，不要净捡便宜，还不知感谢。我到哪儿都讲笑话，不老在此。能解决问题才叫智慧。我坐五十年就是价钱，一个人必须有格。

我的老母亲确有智慧，我这些玩意儿都是她教的。她说："略"，田四块，各自经营，一块地分成四份，各自经营。摆出很多办法，以备不时之需。一个地方，得用四种方法处理。

千万不要忘了修德，人如无品，绝不能成功，尤其在今天。

六三。众允（信），悔亡。

"六三"阴居阳位，本位虽不好，但加上修为的功夫，亦可以成功。

三在进位，与众同志，三阴相连，在这个环境中，"六三"能"顺而丽乎大明，柔进而上行"。如大家都相信你，则连"悔"都没有。必须天天练习"悔亡"，不要到处投机。

阮芝生时代，三分之一假话；现在有些人，一句真话也没有。自以为聪明，早晚有悔。大家应以"义"合，才可以做事；以"利"合，就不要做，受某种约束。

《象》曰：众允之志，上行也。

大家应打成一片，众志所同，就为了"上行"。

"顺而丽乎大明，柔进而上行"，上明，则众从之，众志所同。当有名利心时，应想起这句话。

玩味，不是文句，而是道理。熊十力要人读《易》，以《乾坤衍》为准。别人既无熊十力之智，亦无熊十力之环境，当然无其成就。努力、功夫均不够，唯独懒太够，就完了。

我看《易经》四百多种注解。昔人死后出书，因不能改。

九四。晋如鼫（shí，大也）鼠，贞厉。

此爻提醒多少失德者。

四近君、多惧，不是忠臣，就是权臣、宠臣、佞臣，后两者一定出事。

"九四"阳刚不当位，下据三阴，为退爻，在晋之中，进如"鼫鼠"，且进且退。

"鼫鼠"，再大也是鼠类，首鼠两端，性多疑，犹豫不决，摇摆不定。大老鼠的毛病，就在"贪"与"忌"。

做官不易，说话必战战兢兢。好比老鼠都怕光，环境问题。

《象》曰：鼫鼠贞厉，位不当也。

鼠有五技，技虽多，但无一长。件件通，件件松，无一技之长，不如穷一技之长。"位不当也"，才不能当其位，无一技在身，甚至不能走正路。

这爻要怎么做？启示：智如不足以应变，则往上、往下都会遇到难题。

通德类情，好的也跳不出那个类。问："搞这些事，所为何来？"做事必有目的、有所得，否则白忙。

能够应变，才是智者。必须学会应变。"以小事大，畏天者也"，"畏天者保其国"（《孟子·梁惠王下》）。

别人骂你，应私心窃喜，骂你越凶，越证明你有点日月光华。

六五。悔亡，失得勿恤，往吉，无不利。

"六五"以阴居尊，居明之中，为大明之主，虽为柔君，但虚中，能消其悔，"悔亡，失得勿恤"，毫无"得失"的观念。在得失上不要担心，因为胜败乃是兵家常事。"往吉"，处晋之时，不要患得患失，就往前奋斗，无不利。

事之成败，乃环境造成的，不担心一事之成败得失。不怕没好事，就怕没好人，不得人才则有失。当领袖的劳于求人，逸于治事，能求得人才，于治事上就可以安逸，"在知人，在安民"，"知人则哲，能官人；安民则惠，黎民怀之"（《尚书·皋陶谟》）。

教育问题出现时，有些教育专家只会坐着研究解决问题，每天有几分钟将脑子用在有用之处？

《论语》所谓"才难"，是指治国平天下之才难得。真了解深意，就知封建帝王之可怕！封建时代将风流人物叫作才子。自命才子者就吃喝玩乐，写写小文章，将《西厢记》等书叫作才子书。我至今犹未看《金瓶梅》。怎么想也不像"沈园"，因程度不足。

园之能名，或以景，或以事，或以人，或以情，沈园即属以情名者，园中宋井亭、俯仰亭、冷翠亭、半壁亭、闲云亭，即陆

(游)、唐(琬)爱情悲剧的见证。二人本是姑表兄妹,青梅竹马,两小无猜,情投意合。婚后更是亲上加亲,鹣鲽情深。谁知陆母偏不喜唐琬,逼陆游休妻,二人爱情终以悲剧收场。十年后,在沈园不期而遇,陆游一时感伤,悲痛至极地提笔,在亭中题下《钗头凤》词。唐琬见着,一时沉痛,亦情不自禁地回一首,此后郁郁寡欢,抑郁而终,结束其多舛而悲哀的一生。

应将误导处订正过来,至少《孙吴六韬》应为才子书。

现在居然还有人告诉年轻人:"攻乎异端,斯害也已!"(《论语·为政》)经书不易明白,子书则易于入门,何不多读子书?要有智慧地整理,使之有系统、有用。将子书一类类串在一起,训练多接触,思想系统化。此训练特别难,晚定型就来不及。

智、勇不能配合就没有用。

智慧有限,必得"好问"。净画小圈圈,都是私心作祟。

就一个原则:要有正知正见,反对私心私见。

什么事都是大环境造成的,所以要识时。不能识时,强求即违时,灾必及乎身。

正视中国思想,不可以有所偏离,"仁者,无不爱也"(《孟子·尽心上》)。做一领导者不易,如司机、导航者,不可以有半点私心,得一视同仁,把人都当人看,则"己所不欲,勿施于人"(《论语·卫灵公》),依此类推,己立立人,己达达人,自己好了也叫别人好。

不要乱来,否则是"自求多祸"。这不是怕,而是要"趋吉避凶",要躲开祸。你死并不能解决问题,是忠烈或是叛臣亦未知。不是说你一死，他就不来了，所以说"死有重于泰山"（司马迁《报任少卿书》），死也要死得有价值。

《说卦》曰："知来者逆，是故《易》逆数也。"才衍出"大易"，讲应与，理数。大基本不可以放掉。

《象》曰：失得勿恤，往有庆（善）也。

"失得勿恤"，不要担心一时的得失，应当怎么做就怎么做，胜败乃兵家常事，不要患得患失，"往有庆也"，往前奋斗，吉也。

领导人的胸襟，要练习将"得失"不放在心上。有些修养，往前奋斗绝对吉。天下绝对是"有德者居之"。今天什么都可以缺，绝不可以缺德。

中国人将"善"看得重要，"一人有庆，兆民赖之"（《尚书·吕刑》）。善，写"庆"，表示有善必有庆贺。

任人无失，得失乃是一时之事。不以成败论英雄，一件事的成败在于大环境，但"为政在人"（《中庸》），留得青山在，不怕没柴烧。

不要天天争一时的得失。有才，就按既定的方针，拼命往前干，一定有善；无才，就是捡来的也要白白给人。既是当领袖，就应好好表现。

上九。晋其角，维用伐（治）邑，厉吉无咎，贞吝。

"上九"以刚居上，在上卦明之终，处于晋之极，明将尽之时，亢而不知止，"晋其角"，进到牛角尖去，无进处还要进，则"高而必危，满而必溢"，走上绝路，"贞吝"。

"维用伐邑"，有时走到顶了，回头亦不易，无转圜余地了，只好干到底，好好用自己的力量治理地方，就地取材开发地方，"厉吉无咎"。

自处之道，应自求多福，好好管理自己。钻牛角尖，自作孽，不可活！退就是养德。所有会动的东西无不想往前进，但要养退德，否则前无所进，就是灭亡。人生应左右逢源，人世有兴就有衰，天命不常，懂真的自由，故曰"顺其自然"，不顺自然，违背了天和。必须识时，此一时彼一时也。无论在什么时，必随此时。必识时之人，才能随时。

"治起于衰乱之中"（《春秋公羊传》何休注），今天的衰乱，即达到未来的太平，但得"加吾王心焉"（《春秋繁露·俞序》），此即《春秋》之义。有王心之德，可以治这个乱，使之归于正。太平，乃自"加吾王心"来的，看"吾"对时代的重要。王天下之心，不是用嘴说的。电视上有些人讲，但不是做；证严做了，所以她成功了。

《大学》讲"定、静、安、虑、得"。《论语·季氏》"及其老也，血气既衰，戒之在得"，老年人戒之在得。好好下功夫，"天道酬勤"，天道无私，征于勤奋之人，天下绝无白捡之事。

读书，要细看。天天工作，脑子就灵活，因没有停。

找棋谱，不每天读棋谱，怎能成为棋圣？

捡容易，但丢也容易，因果，有前例可循。

《象》曰：维用伐邑，道未光也。

"维用伐邑"，以此求治事之道。没路可走，仍有立身之处——邑，又何必跳楼？只有自己不失，"道未光也"。

"维用伐邑"，"仁者无敌"（《孟子·梁惠王上》），焉用伐？

伐则可羞。维系此邑，好好治理，还可以就地求生存。

"喜怒哀乐之未发，谓之中"，性，体；"发而皆中节，谓之和"，情，用。情中含有欲，性顺情动，坏！应是情顺性动，即"致中和，天地位焉，万物育焉"，情就是性，性就是情，人就是个小宇宙。每个人都有自己的宇宙、世界，应用智慧建设自己的世界。明白"晋"道，则多少有转圜的余地，何必那么悲观！

大事必须有自己的想法，到一个地方有通盘的看法，必知道要从哪儿下手。大弟子杨传广，现为大法师，住庙，还说法。

杨传广（1933—2007），生于台湾地区台东，为马兰部落的阿美族人。曾代表台湾地区参加奥运十项全能竞赛，获1960年罗马奥运会银牌，这也是台湾地区获得的第一枚奥运奖牌。他也是十项全能史上打破9000分的纪录保持者，绰号"亚洲铁人"。2000年时，杨曾经被马兰长老遴选担任马兰本部落的头目。

那时我到山地，人家说我是疯子。现在有人说我有先见之明。绿岛也有我的学生。

梦要成真必得有计划，才有所往。要用自己的智慧，自己没开创不行。

我父亲说："你这么安分，可以过上五十代。"什么五十代？必须识时，不能固守，要往前走。一人一世界、一宇宙。

就因任其事者无一肯用脑，所以没有善策，结果弄到不可收拾的地步。不学，就无术。如是专家，早就解决问题了。不学，那办法何来？"终日而思矣，不如须臾之所学也"（《*荀子·劝*

学》），良方早在那儿。

许多人干事，玩票似的，绰绰有余。要做自己能做的事，不必好高骛远。自己不是那个材料，就不要做。做事千万不要过力，要按自己的能力做。幼儿园老师能将小孩教得活泼，就是称职，尽己之所能。人最难的是自知，必须有自知之明。有自知之明，能尽其才，就是成功。

人人都为我，则"拔一毛而利天下，不为也"（《孟子·尽心上》），杨子有自知之明。以此印证，就知自己应如何做事。能力不足，应请教专家，要"好问、好察迩言"。曾文正何以能成为中兴名臣？他开幕府之风，也振兴了湖南。

山东人孔子，一个人能影响一世，开一地之风气。

我讲学五十年，经一个阶段，脚踏实地、有步骤。不可光知近利而不知远害，天下绝无立竿见影的事。

没胆量岂能做事？胆、量、识，缺一不可，胆小不得将军做，

有些人很苦，我最乐，左右逢源。帮学生安排好退路，一切都有计划。

天下绝对没有白捡的事，得自己去拼。我祖上年轻时有智、有勇，大儿子礼让，其实是没有办法，被封为"礼亲王"。

你们平时必须养勇，但不是匹夫之勇，要有勇有谋。

好好练达，不必净跟随人跑，没有不能做的事，奉元绝对能为百姓谋幸福。

勇，是天生的；智，可以学习。自己必得有能，有本钱。人生无大事业，也得过安详的日子，退而求其次。自养，总比被救济好。好好努力，并非空想。

叫他别说，却非说不可，有些同学就是如此。必须守口如瓶，否则打不入核心，任何团体都有机密。

社会就是利害，是因需要而有用。

众志成城，听大家意见决定事。想要成功，分寸特别重要。

常人一受刺激即发脾气，阴险人物受刺激则哈哈大笑，因对方中计，跳进圈套来了。

养勇，养睿，什么事都得知，遇事绝不可以感情用事。睿与智有区别，养睿并非养智，要养心胸。

即使一个人真是那块料，也得兢兢业业，凿壁偷光，充实自己。现在有些学生读书还钻尖取巧，自己把自己看轻了，怎能成事？

明夷卦第三十六

（地火明夷　坤上离下）

明夷卦卦体：坤为地，离为明、为火，明入地中，地火明夷。卦德：内文明，外柔顺，外不失己，外得免难。

《序卦》："进必有所伤，故受之以明夷。夷者，伤也。"

进而不已，必有所伤，故晋之后有明夷。

《杂卦》："晋，昼也；明夷，诛也。"

"昼"，旭日东升；"诛"，伤也，明受伤，夕阳西沉。晋、明夷二卦互综，天道好轮回，有生就有死，月有阴晴圆缺，人有旦夕祸福。

在国家民族存亡之际，每个人皆应有所表现。在明夷的时代，是以受苦为利的，"利艰贞"，"邦无道，危（正）行言孙（逊）"（《论语·宪问》），"得志与民由之，不得志独行其道。富贵不能淫，贫贱不能移，威武不能屈。此之谓大丈夫"（《孟子·滕文公下》）。一般人光知进，而不知退，"知进退存亡而不失其正者，其唯圣人乎"（《易经·乾卦·文言》）。许多人误解明夷卦，所以终身不能用事。

真正明白中国文化，如微子、箕子，必要时可以定国。

什么叫修为？是定国或是小丑，绝对取决于修为。不怕不识货，就怕货比货。现在学为政，"圣之时者"，知人才能知解铃人，解铃未必是系铃人。

明夷，利艰贞。

来子注："艰贞者，艰难委曲，以守其贞也。盖暗主在上，去之则忘国，又有宗国同姓不可去者，比之则失身，又当守正；然明白直遂守正，又不免取祸。所以占者利艰贞以守正，而自悔其明也。"此注不敢放胆讲。看注要宽大，时代已不同。

"明"受伤，即不明，暗了，什么也看不清，一步踩错，掉入沟底。此时，必须"利艰贞"，其利在于艰贞，即"造次必于是，颠沛必于是"，"素夷狄行乎夷狄，素患难行乎患难"。在苦难的环境中，也不可失其正，要守正固之道，不是躲避，而是"知其不可而为之"（《论语·宪问》）。贞节人人皆应有，守贞哪有不难的？我就是前车之鉴。你不艰贞也没办法！

是"中国人"，在"一个中国"原则下，什么都可以谈。

在自己的分寸内，要艰其贞。男人亦得守贞，罗振玉有"贞松堂"。无论在多么艰难的环境下，都必须守住贞。

《彖》曰：明入地中，明夷。内文明而外柔顺，以蒙大难，文王以之（"以蒙大难，文王以之"，此系文人的小注）。利艰贞，晦其明也。内难而能正其志，箕子以之（"内难而能正其志，箕子以之"，此亦文人的小注，应拿掉）。

读《彖》，此《彖传》，就《乾坤衍》言，有何毛病？读《易》，没有大智慧，绝对读不通。

"以蒙大难，文王以之"，好像文王读过《吴越春秋》，细想才知熊十力之智慧。"以蒙大难，文王以之"应是小注，"内难而能正其志，箕子以之"亦然，非原文所有。归妹卦"六五""帝乙归妹"也是，只代表自己的观感，其实哪家都归妹。

不能自救，焉能救人？我不反对宗教，而是反对迷信。各教创始人懂得人类有苦，牺牲自己，要救人类的苦。能解决实际问题，最为重要。

现在要为人类做什么？华夏。"内其国而外诸夏；内诸夏而外夷狄；夷狄进至于爵，远近大小若一"，夏，诸夏，华夏。

熊先生虽非今文家出身，但受今文影响，皆行话。我不讲家法，依经解经。

团体中不应有派，群而不党。一粒老鼠屎，坏了一锅粥。

做人，最低得有分寸，必须有操守，要无愧于心。就是不能做一盏灯，也不能不发光。人活着，要"发光作盐"，可去暗、不发臭，为人领路。

《象传》云："明入地中，明夷。内文明而外柔顺。利艰贞，晦其明也。"坤为地，离为明；坤上离下，明入地中。内卦为明，内文明；外卦为坤，外柔顺。此时宜"利艰贞"，晦其明，藏其明为第一要义。

居"明夷"时很难！孔子的主张、思想，弟子常听不懂。子路愠见曰："君子亦有穷乎？"答："君子固穷，小人穷斯滥矣！"（《论语·卫灵公》）"穷则独善其身"（《孟子·尽心上》），以此修养渡过难关。

你明夷，我发光，补伤明之不足。就为明天、为后人努力。

我"长白又一村"，个人失败之后，了解自己的价钱，要整理中国文化。主张"依经解经"，引经据典，皆有根据，此即功夫，并非臆说。

愿者上钩，了解自己要干什么，失败要承认自己失败。

我将《读经示要》交给广文书局印，遭到拒绝，乃找徐复观，所以广文的书前有徐的序文。

《大学》《中庸》绝对是智慧之书，要好好下功夫。为国家为民族着想，不要妄想，净自我陶醉。

中国岂止学富五车？要整理的东西也太多了。应做文化工作，按照自己的智慧，能做什么就做什么，不做、不想自己不能的事。中国有厚望焉。

你们应发挥群德，先了解自己，就不妄想，《心经》说"远离颠倒梦想，究竟涅槃"，不要道听途说，乱起哄，乱扯。

自己要好好奋斗，绝不能丢父母的脸，要无忝所生。

我在这块土地上深深了悟：必得自救，无人能救你，要自己发愤图强。

《象》曰：明入地中，明夷。君子以莅（临）众，用晦而（能）明。

明夷之时，"明入地中"，不可以用世。用晦而明，暗中做功夫，表面晦，暗中明，用晦之道，才能保住自己的明。"用晦而明"的修养特别难。

"莅众"，临众，"聪明睿知，足以有临也"。好好看《中庸》，才知何以"道也者，不可须臾离也"。

"用晦而明"，明在内，不显其明；厚德在外，"厚德载物"，使人不求全责备，水清无大鱼，不可净以圣人的尺度衡量人。"用晦而明"，修己治人，以实惠治民。

各级主管面南，代表向明而治，无私。

一句话也不说，不容易，有修养。人家有什么长处，必须知道，危难时才能用人。

初九。明夷于飞，垂其翼。君子于行，三日不食；有攸往，主人有言。

"初九"处明夷之始，居下明之初，不得上进，飞而垂翼，行动受到创伤。

一看不对，就要有所行动，不要久等，"见几而作，不俟终日"，"几者，动之微，吉之先见者也"（《系辞传下·第五章》），"见几"，即有识。

"君子于行"，在明夷时，得行；"三日不食"，再艰苦也不怕。

"有攸往，主人有言"，为己之所当为，为己之所为，虽"小有言，终吉"。

懂得人生之苦，精神特别宝贵。活得长久，见什么皆一笑置之。

《象》曰：君子于行，义不食也。

"君子于行"，人就是要下功夫，天天努力。"义不食也"，一看不对，就要有所行动，见机而作，不食可也。

伯夷、叔齐反对周武王"以暴易暴"，叩马而谏。绝不能说离开这个环境就没饭吃，结果伤品败德。文天祥说，"人生自古谁无死，留取丹心照汗青"。

文天祥（1236—1283）《过零丁洋》："辛苦遭逢起一经，干戈寥落四周星。山河破碎风飘絮，身世浮沉雨打萍。惶恐滩头说惶恐，零丁洋里叹零丁。人生自古谁无死，留取丹心照汗青。"

生死不必放在心上。都得死，怕死也不行。求安康者，未必得安康。人生确实不易，一生尽从苦中过来，至今仍过学生生活。我到台大散步，坐在湖边想：人到底靠什么而活？

人有精神，最能养生。我天天如此精神，每晚十二时半才完事。不妄求，妄求最为伤神。为己之所当为，否则退而为己之所欲为，喜欢什么就做什么，绝对有发展。好好办幼儿园，此即伟大的事业。

现在大陆京戏来台上演，将台湾地区的比下去了。我现在不听台湾地区的京剧，港澳台文化要回归正统，好好努力。我在中国文化中长大。别人对我不满意，就如同我不满意他。

六二。明夷，夷于左股，用拯（救）马壮，吉。

"六二"中正，居明之中，然在阴暗之下，仍不免受伤。

"左股"，古时尚右，以右为上。伤于左股，虽不重要，但亦不可轻忽。"用拯马壮，吉"，必须有实力才能救危，否则足以杀身。

救难不可以马虎，要尽全力去救。虽受轻伤，仍要想尽办法躲开，不做无谓的牺牲，要保养自己。

《象》曰：六二之吉，顺以则（法则）也。

"六二之吉"，乃"顺以则"，顺应自然之道，不完全用人力，顺所当为。

"顺以则"特别重要，将来无论顺应什么环境，绝对不能不遵循法则。必须深思熟虑。

从母系社会到父系社会，《系辞传上》第一章"天尊地卑，乾坤定矣"，"顺以则"，说是天经地义。

九三。明夷于南狩，得其大首（元凶），不可疾（急），贞。

"九三"阳居阳位，与"上六"相应，在离之上，为明之至，但"上六"至晦。"九三"刚正，用刚前进，以明去暗，"明夷于南狩"，进而除害。

"得其大首"，得元凶。

"不可疾"，抓时机要有技术，慢慢来，不急。唯在于正，"贞"。

做事不可以求之太急。什么都求速，口气太高。什么叫为学?看历史,勉励自己。做事有一定的步骤,缓急一定,不可以揠苗助长,应慢慢来。真理就只一个,不会变,永远是标准。

我满桌的纸片,醒后改一段,究竟哪一段是真理?言为世法,三天就改,能为世法?最严格地鞭策自己,可能才会接近成功。孔子的思想有三变,晚年作《春秋》。

《老子》应好好琢磨,接近真理很难,但真理难以改变。《论语》字数其实不算多,但后人都必引用,不在于字多少,《论语》传了,《法言》没人研究。

《象》曰:南狩之志,乃得大也。

"南狩之志",除恶之志;"不可疾",不可心急,"乃得大也",得元凶,擒贼先擒王,胜残去暴,大得民心。

"南狩之志",文王、武王皆在"南狩"范围之内,也是被革命的对象。自此看出《易经》内的革命思想。

《春秋》终于获麟——"西狩获麟",狩而得麟,人人皆有士君子之行,人人皆可为尧舜。

六四。入于左腹,获明夷之心,于出门庭。

"左腹",旁门左道。如行动迟缓,能干什么?"入于左腹,获明夷之心","六四"近君,与明夷之君交深,深得其心,故虽近不危。

"获明夷之心",知其根底,不背感情包袱,"于出门庭",遁去,就剩你孤家寡人一个,"贵而无位,高而无民,贤人在下位而无辅"(《易经·乾卦·文言》),一动即出毛病。

《象》曰：入于左腹，获心意也。

"入于左腹，获其心意"，不与"祸首"混，知你是"暗主"，要毁尽天下的一切，达到自己的目的。

六五。箕子之明夷，利贞。

此爻不谈君位，乃任何受明夷之人，不仅是箕子。"六五"近"上六"，与难相比邻，但柔中，值明夷之时，"用晦而明"。

"利贞"，其利在于正，不走偏锋，但不容易。

箕子献《洪范》给周，自己完了，交给后来者，为后世谋幸福，给光明时代用，忠也。

《象》曰：箕子之贞，明不可息也。

"晦明"，可，胆小，装糊涂，一言不发，但不可以"息明"。

"晦明"与"息明"，两者实不同。明不可息，我有"明不息翁"印章。

一个朝代能保持几百年，必有颠扑不破的真理存在，《洪范》为治国之大法。箕子在殷末装疯卖傻，但内明，如不明，怎能写出《洪范》？他不因为殷亡了，就以武王为仇人，而是将自己的智慧贡献给时代。对民族、时代负责，将自己的智慧贡献给周朝，于周特别有贡献。因为国家民族利益最重要，集团利益不长久。

上六。不明晦，初登于天，后入于地。

"上六"居坤阴之终，处明夷之极，为明夷之主，"不明晦"

之至,"初登于天,后入于地"。

在昏暗的时代,好人都换了,只要是明就会受伤。

《象》曰:初登于天,照四国也;后入于地,失则也。

"初登于天",位高权重,明照四方;"后入于地",失道昏暗,失则也。此末代亡国之君的写照,虽欲为匹夫而不可得也。历代帝王不皆如此?

人必自毁而后人毁之,"失则",皆咎由自取也。成圣、成贤完全在自己,见识很重要。

去掉迷信的话,明夷卦可以读明白。

"不可疾",等一等,任其自消自灭。人各有志,得有见识。他们是主流,我们走夹缝。人得有活的方式,不能不为子孙计。

"失则",我自懂事以来,就看着一些中国人在破坏中国,人必自毁而后人毁之。人的见识很重要。

没有悟,就等于没有读。"悟"是功夫,《大学》"定、静、安、虑、得"。何以学《易》可以无大过?何谓"元"?

我将同学合格的分成五个阶段,现在读书的为第六个阶段。

有人到八十岁仍未入流,有用没用不在于职位,进步有一定的层次。你们有用,我也未必享福。

绝不可以乱发脾气。我发脾气,是因为学生们不努力、没出息。发脾气要有分寸。

进步非一蹴而就的,你有一分骄傲,即代表多一分无知。乱发脾气正告诉人:此地无银三百两。有人说:"上台靠机会,下台靠智慧。"真是笑话百出!

我有生以来最讨厌人作伪,圣人、超人都是"人"。

做买卖，练习群德。

生活，"衣食足而知荣辱"（《史记·管晏列传》）。"贫而乐"（《论语·学而》），平心静气，好好做中国人，有厚望焉。中国还有多少宝藏未开发？

如智慧能与身体共同进步就好了。

"苦其心志，劳其筋骨，饿其体肤，空乏其身"（《孟子·告子下》），劳其筋骨，愈能增长智慧，我一生尽在困苦环境中。绝不可以随便发脾气，这就等于是告诉别人我怎么了。

"惟楚有材"，近代史自曾文正起，中国命脉均系于湘人手中。

你们必须发愤图强，好自为之，好好塑造自己，不能不为子孙计。在没办法中想出办法才是人才。有智慧，就有主张。孙子拐弯抹角表示不同意爷爷的看法，人皆各为己利。

我不忍你们糊涂受苦。洪承畴（1593—1665）原本想做"文天祥第二"，却成为"贰臣"。我五十年不受任何人收买，就怕入"贰臣传"。

《慈济震惊台湾》一文看完，有何评语？不怕穷，要有智慧，"二人同心，其利断金"。做大事业，以造就接班人为第一要义。要有组织，得有实力，不能完全靠作秀，否则虽可以号召一时，但不能持之长久。

一步步提升，社会即需要而有用。先问自己："我能干什么？"别说别人对你如何。鸡鸣狗盗之徒也早晚用得上。做活学问，知道今天需要什么样的人才。

遇事要特别冷静，喜怒都要经过脑子，否则懂得"釜底抽薪"者，会让你四年都过不了。

明夷卦第三十六

要懂得方向,不要走错了路,当务之为急。根本不懂得明天,还能担负国家兴亡之责?

好自为之,学就有术。有工夫多看几本书,《三国演义》看上百遍亦有用,要看益智之书。

家人卦第三十七

（风火家人　巽上离下）

家人卦卦体：上为巽，下为离，风由火生，火由风炽，内外相成，风火家人。

卦德：巽为顺，离为明，明而顺，齐家以明，夫妇间愈明愈好。

家人卦，"六二"，女正；"九五"，男正。男女各正其位。尚刚不尚柔，方能防外诱之私。

巽上，男正，谦逊，外王，物的功夫；离下，女正，内圣之明，心的功夫。光有心的功夫，不会做事也不行，必须心物合一，什么事都会做。有内圣之明，才有众人之顺，百姓耳聪目明无法欺。

《序卦》："伤于外者必反其家，故受之以家人。"

《杂卦》:"睽，外也；家人，内也。"

家多么重要，人受苦了下意识会叫妈妈。人在外受伤了，想回到避风港。过日子，必须有美满的家庭，而美满的家庭必须建立在夫妇和睦的基础上，此乃成家之大本。如大本不立，则什么也不能成。

昔女子尊贵，因她正；不正不行，男人也一样。

要有真爱，即使棒打也不回。会说、表皮又好，功夫完全在嘴上，成就当然就少。看事要自根本，不从末看，"物有本末，事有终始，知所先后，则近道矣"，本末即是伦序。人每天逐俗最可怕，偶俗更糟，许多人总是在自我陶醉中生活，本末倒置！

至少要将家筑成一个"安乐窝"，家中无所谓圣人，彼此要看其长不看其短，日久天长也是一个温暖的家。聪明人专看对方长处。

《说卦》"齐乎巽，相见乎离"，"齐乎巽"，"齐也者，万物之洁齐也"；"离也者，明也。万物皆相见"。齐家以明，齐家之道，一辈一辈齐，大公无私，重明，故顺，齐家以礼，治国以法。

教子，凡事往后想几步。孩子要学什么，选择正途很重要，楼梯往下修。天下最难的是教子，因感情、关系特殊。一个人真能教子就成了，太亲了就没法教，真能达到良好的父子之情的很少。

你们必须脚踏实地过生活。有了福，千万要惜福。

别人以为美的，在我看来是祸，因为审美观不同。既是生逢其时，又何必自讨苦吃？

易经日讲

静想，真希望有来生，但绝对没有。教主、圣人、贤人，皆人之为道，但总做好事，能反映一个时代。善用智慧，自本身开始，本立而道生，正家而天下定。

家人，利女贞。

"利女贞"，此"贞"，并非"贞节"之贞，乃是正固之道，明于正道，才能守正道。

"安"，《说文》："静也，从女，在宀下。"家最重要的是女人。

一个人必先自救，才能救国家、民族。不能立于中，则家不家。治家必自本身起，知识分子应有所守，即一切行事皆有一定的规矩。

职业妇女必须懂得理家之道，否则下一代不堪闻问。过智慧、理智的生活，习惯成自然。吃得好坏不重要，应定时定量。要过精神生活，就怕忧虑在心，心境很重要。忧自欲来，求不得而忧，一个人不要做自己不能做到的事，绝不想非分之物，君子不忧不惧。每个人都想找好的，但要看自己合适与否。

身体要好，自年轻开始保存，平日要注意摄生之道，过正常理性的生活，凡事不可过量、过力。

《彖》曰：家人，女正位乎内，男正位乎外，男女正，天地之大义也。

"女正位乎内，男正位乎外"，此与出门无关，正位，即利贞，男女都得贞，各正其位，各事其事。

"男有分，女有归"，男的有一份，女的那份来归，合而为一，夫妇一体。成家后分工，别内外，旧社会以家中二门作为分界线，二门以内女人做主，二门以外男人做主，各司其职，思不出其位。

一个男人没有"正位"，大男人主义，在外逢场作戏，女人就不能忍，家怎能安？"男女正，天地之大义也"，"六二""九五"各正其位，身为家之基，修身齐家，身修家齐，就在你我每个人身上。立出一个规矩，家中用度等一切皆有约法，约法三章，共同遵守，谁也不侵犯谁。

你们小时在家能看的书有多少？不读书怎能成才，以致不堪闻问。中国以前家庭都有书房，留得经书给儿孙读，"子孙虽愚，经书不可不读"，宁可卖田宅也绝不卖书。要有系统地看书，不可以自我陶醉，先学坐功。

人得知己，去学，求己之阙。有些人最大的毛病在于知足，左近无人刺激，便自我陶醉。我小时天天被罚跪，常被问住。大家应发愤，懒是最大的毛病，发愤五年也许就有成。应一边做事一边读书，不做书呆子，半工半读。不怕做错，错是交学费，学得经验，从失败中学习。没有一个有成就的人不读书，人不受正规教育不行。认清自己，不可以自满，看别人怎么成就。你不读书，人家可是天天读书。读书得慢，才能深入，慢工出细活。

世家有家学，有家学渊源，传家子世代相承，学识、地位皆相传，称世家子。家必须树立家风，要以身作则，持己功夫必须够，"刑（型）于寡妻，至于兄弟"，并不影响感情，夫妇相敬如宾。自己做榜样，孩子多读书，气质必然不同。不必天天告诉他要怎么做。

易经日讲

家人有严君焉，父母之谓也。

家严，家之所敬，解成"尊严"，不如"敬"义深。

事父母曰严，"严"，敬也，事父母曰敬，敬包含一切。小孩被抱时，敢打父母的嘴，愈大愈不敢。年龄愈大，才知事父母曰严。看父母有其威仪，我们能日敬，不似小时的任性。

父父、子子、兄兄、弟弟、夫夫、妇妇而家道正，正家而天下定矣。

敬从何来？父父、子子、兄兄、弟弟，每个人都正位了，都像个样子，"而家道正，正家而天下定矣"，人能弘道，不必到马路上喊，就在"孝友"中发挥作用，家教重要。

"相敬如宾"，夫妇要彼此尊重，不探究对方的隐私。"出门如见大宾"（《论语·颜渊》），做什么事都要谨慎，不可以轻率大意，大而化之，要"久而（能）敬之"。

成功者必有所立，好耍小聪明者不会有所成，自做事开始，要好好立身，大小事皆如此。太太不信你，家能太平？立信用，包含太多。父子之间都得立，不立都不敬你，一步走错，必几年才能转回，经过时间。求不失败，不失败就是成功，不必求成功。立身行道，做事必有别人，太太不信你，社会上更没有人信你。朋友没法批评你，但心里明白。

许多老夫妇快乐一辈子，盖因夫妻间不能讲是非，吵架即愚人。谁发气，对方必不气，无言的抗议，对方则没劲再吵！夫妇之道没有是非、表里、轻重、善恶，最轻的事有时却是最重要的事，不可以马虎视之。昔日大家庭人口多，能处好不易！

昔男正女正，只是斗斗气，有乐趣！今天彼此不信任，所以离婚多。时代虽进步，却增加许多痛苦。

家人卦，"利女贞"，二"在中馈"，四"富家"；中间四爻皆各正其位。"惧以终始，其要无咎"(《系辞传下·第十一章》)，初闲其始，上严己身。"刑于寡妻，至于兄弟，以御于家邦"(《诗经·大雅·思齐》)。

《说苑·杂言》曰："一室之中，必有主道焉，父母之谓也；故君正则百姓治，父母正则子孙孝慈。""正家而天下定"，即一部《大学》。真想把国家弄好，绝不能离开《大学》这部书，治平而后平天下，入手是治平，结果是天下平。

治世之道是否应改弦易辙，由人性分析，面对现实，不必迷信。

知人之难！做人无标准，则无不为矣！

"直道而事人，焉往而不三黜？"(《论语·微子》)有正义才失意。真有群德，真有志，好人必得合在一起，孤芳自赏，不懂合作，坏！要百姓幸福，必须好人合在一起奋斗。

《象》曰：风自火出，家人。君子以言有物而行有恒。

火炎上而风生，自内及外。家庭之道，必像火燃烧，"风自火出"，得慢慢来。

亲炙，用火生风，是慢工夫来的。亲炙弟子，指直接受教导的。

做正经事，仍必按正途走。身为家之基，身不修，一切失败自此始。社会之所以乱，多因家不正，家为社会之基，人必须有一温暖的家。

"言有物"，言中有物，说了就能行，言行一致。说话不可以逞一时之快，不能因为是家人就口不择言，什么都说，而伤了感情。

"行有恒"，天行健，自强不息，天天如此，持之以恒，无恒就糟了！圣人之言，把人生看得多透彻！

《中庸》"言顾行，行顾言"，"庸德之行，庸言之谨；有所不足，不敢不勉；有余不敢尽"。《大学》"身修而后家齐"，身不修家就无法齐，就要出事了。社会再怎么进步，道理不会变。

初九。闲（防闲）有家，悔亡。

"闲"，防闲。家道之始，想"有家"，有美满的家，得有"闲"的功夫，防不正位。防微，君子不处嫌疑中，必须有操守。家与本人皆必设防，要防微杜渐。

"初九"为家道之始，居明之初，治家防闲，一切有法度，使家不至于悔。

人与动物不同，男人在外面不守分，老婆一定第一个知道。如两人都不守分，逢场作戏，那家岂不成为戏台？戏台即代表"伪"。但知易行难。千万不可以任性，不可以太不理智，偶一不慎，后果痛苦。

"有家"，可真不容易！"悔亡"，才是有家。把家维持得真幸福，才是纯幸福。

我一生就喜欢乡下，看乡下老头真有福，家真像个家！什么东西变化，皆有定律，无人能改变它，陈太傅（陈宝琛）年轻时很时髦，清流领袖，及事过境迁，七十多岁时对我们说的话，才知其痛定思痛！

家人卦第三十七

昔闺女出门，于里边坐轿，走前门，坐车自后门。老爷坐车，开至大门外。少奶奶也从大门上轿上车。有喜事，开四扇门，必挂彩。雾峰林家，房子格局不够，二门也没，太短。大陆土财主家，讲究的也修二门。上马石，有地位的三阶，自刻的形，分地位高低。过年节，必买东西回来送给老的。传统农家安居乐业，真好！

夫妻不和，家室大凶。家不和，往往并非经济问题，夫妇皆怕对方身不修而伤品败德，所以家与本人皆必设防。

持家之道，必须防患于未然。任何人家发生的毛病，均可能在我家发生，所以要"闲邪存其诚"，否则藩篱一旦冲破了，就如同水往外流，不到干涸不能停止。有些人只要尝试一次"邪道"，绝对停不下来。

搞政治的如果没有大智慧，少有好结果。做任何事多少得与人有好处，利他即"仁"。中国人现在好好步入正途，后福无穷。

《象》曰：闲有家，志未变也。

王弼注："凡教在初，而法在始。家渎而后严之，志变而后治之，则悔矣。"闲之于始，"志未变"，即行有恒，守住自律之道，素其位而行。

家的好坏全在自己，别人是爱莫能助的。

六二。无攸遂（成），**在中馈**（饷），**贞吉。**

"无攸遂"，无所谓成，坤道"无成有终"。"贞吉"，"女正位乎内"，尽已本分，家中有吉。

"在中馈"，家中女主人主持中馈。

"中馈"：一，负责饮食诸事；二，亦指妻室，内当家的。

《诗·小雅·斯干》："无非无仪，唯酒食是议。"妇女无所专成，负"中馈"之责，正固吉。"羊羹虽美，众口难调"，负中馈之责，岂是易事？宰相调和鼎鼐，燮理阴阳。老子说："治大国，若烹小鲜。"

"礼之初，始诸饮食"（《礼记·礼运》）。不懂礼时，饮食相争，连母子亦争；不争，乃懂得礼了。中国人特重自然之演进，礼法亦如此。礼，开始于饮食，最为切己，能用智慧调节七情六欲，人的欲望无穷，必以礼约束，约之以礼，立于礼，按礼行事，从小受严格的训练，不做不合理的事。

《象》曰：六二之吉，顺以巽也。

"六二"柔顺虚中，居内得中，顺以入，又柔又客气，顺道以行礼，正固吉。

应下功夫修己，脾气不可以暴躁。要"顺以入"，用爱心左右家人。以柔克刚，亦即以礼克刚。

九三。家人嗃（hè）嗃，悔厉吉。妇子嘻嘻，终吝。

"嗃嗃"，《说文》："严酷皃（貌）。"大男人主义，太自我，对家人轻忽怠慢。

"悔吝者，言乎其小疵也"，因小毛病而有悔吝，"震无咎者存乎悔"（《系辞传上·第三章》），悔厉，才吉。

"九三"阳刚居正，为明之至，乃一家之主。家庭中丈夫不可决定妻子之行止，夫妇之际亦得有分寸。分工合作，分层负责,不可一切越俎代庖,什么都自己决定。

"齐家以礼",要有礼之分界,必须"谨",父子之亲、夫妇之近皆必谨,举案齐眉,谨夫妇之礼。有第一次争吵就可能会不断地吵。"晏平仲善与人交,久而敬之"(《论语·公冶长》),谨之以礼。

"君子之道,造端乎夫妇",不要在别人面前批评另一半。两人既在一起,要看重要的事。夫妇能处得好,则天下朋友都能处得好。夫妇之近,处不好是不义,即不仁。双方明理,说话不往恶处,则近悦远来。哪有与太太不能相处,与别人处得好的人?刑于寡妻,则近悦远来。能调理好夫妇之道,虽非贤人,必曰智者。一明,把天下事看得平,感到有真理在。

"妇子嘻嘻","嘻嘻",嬉笑声,没大没小的,家不像家,终吝。母亲在家中应负起教子、课子的家教重任,不可和小孩终日嘻嘻哈哈,而不知教育之道。

"窦燕山,有义方。教五子,名俱扬"(《三字经》),"义方",即宜于标准的方。方正,是自行为表现出来。"有义方",可作为孩子范型。教子,身教重于言教,言教则离,行教则亲。只要你天天做,下面必天天做,行教更有效,用行为关心比言语重要。

读书在明理,明理最重要,强制则有反作用。许多事细想,可以想出人生道理。不要读成书呆子,应读一点用一点,知行合一。读书能明理是最难的事,明理就去行,一念之转,不能做糊涂事,自求多福!一念为善,一念为恶,不要天天看别人有什么毛病。有克己功夫才能成事,不要专看人毛病。

《象》曰：家人嗃嗃，未失也；妇子嘻嘻，失家节也。

自此，看出家中男女应如何理家。

"家人嗃嗃"，做丈夫的太刚，失了分寸，在家中不可以太刚；"未失也"，行为才不会有所失。夫妇一吵，就会是最大的仇人。细微处最重要，要细心，不要处久了就失去分寸。

"妇子嘻嘻"，家有家规，主妇与小孩不可终日嬉笑，否则"失家节也"。"节"者，节制，守分寸。

家得伦序整齐，行住坐卧皆有一定之安排，什么都有所节制，没有规矩不能成方圆。太讲自由，日子就不能过。

无论大小团体，上级必尽责任，下面才会听命令，家庭亦然，父母不尽责，孩子也不会听父母的话。一个团体何以乱？就是上下无序，失节也。

对小孩不能溺爱。以前大陆人家基础雄厚，一切按规矩行事，有几代的财主，家中上下人等，月有月银，数目皆一定，男女孩一样多。一次我向姐姐借钱，被我母亲知道了，连带处分。管账先生绝不能乱支钱，说"借你几个钱"。对孩子必须爱之以道。伟人的父亲不必是伟人，伟人的母亲必是伟人。不要从俗，风俗害死人。

六四。富家，大吉。

这爻特别重要，以柔居柔，故能富家。

"六四"阴居阴位，居上巽之初，巽顺正位，明于家道，以近至尊，能"富家，大吉"。"富而不骄"，以柔居柔者才办得到，"富而好礼"（《论语·学而》），大吉。过日子之道，细水长流，节俭永远是美德。

《易》最后一个字"节"也，要人知节。二十四节气，即中国人的智慧，到什么节气就怎么生活。

《象》曰：富家大吉，顺在位也。

"顺在位"，顺道，以坤道行在位之德，能富其家，大吉。

夫妇能合作，不吵，多半有顺道。女子在家庭中很重要，家道正，各正其位，父父、子子、兄兄、弟弟、夫夫、妇妇。

过日子之道，"生之者众，食之者寡，则财恒足矣"（《大学》），"积善之家，必有余庆"（《易经·坤卦·文言》）。"节用以礼"（《荀子·富国》），懂"节"字，绝不过。节气、立身、行道、养生均在内。

九五。王假（音gé，至也）有家，勿恤（忧），吉。

"九五"，当家的，居尊而中正；"六二"，主持中馈，顺而中正。二、五正应，均有当位之德，家中上下合德。"勿恤"，就不必忧恤，吉。

大家都过得有规矩，一切皆正经，小孩在这样的环境下才会正常成长，此即家庭教育。身修、家正，"刑于寡妻，至于兄弟，以御于家邦"（《诗经·大雅·思齐》），不忧而吉，"正家而天下定矣"！

中国以前，"家有塾，党有庠，术有序，国有学"，一个家族有一个学校，设在家祠里，小门小户的小孩也可到此上课，中午在此吃饭。冬天两餐，夜里读至十二时，中间有餐点心。旧时极富人情味，小孩在此环境中成长，陶冶品格。

《象》曰：王假有家，交相爱也。

"王"，人人归往，王至有家，居尊明家道，家人"交相爱"，有家。家人得"交相爱"，家庭必得德化，兴盛之家多半如此。家中长辈、晚辈都得"交相爱"，唯"交相爱"，所以勿忧恤，家乃吉。

"百忍堂中有太和"，以让为德，有人生气就暂时离开，生气乃是一会儿的事。

元首，众望所归，得"交相爱"，如"高而无位，贤人在下位而无辅"，则动而有悔。"交相爱"三字深悟了，才能在群中立住，团体必须和睦，和气能生财。

上九。有孚，威如，终吉。

"上九"处家人卦之终，家道之成也。

"有孚"，治家以诚；"威如"，严己身，为家中之模范，本身正，刑于寡妻，"终吉"。

曾文正《求阙斋日记类抄》："家人，上九曰：'有孚威如。'《论语》曰'望之俨然'，要使房闼之际，仆婢之前，燕昵之友，常以此等气象对之方好。"

一个社会制度下有一种威仪，有理有德，终吉。不必认干儿子、干闺女，应加强师生之道，师严而后道尊。师生也是一伦，败坏伦常，师道乃无。败坏师道的是老师，而非学生。严身之师太难了！老师不能严己身，见学生能谈什么？应先处分败坏师道的老师，自此着手整理师道。

中国师道特别严，而今严身之师却难求！

《象》曰：威如之吉，反身之谓也。

"威如"，威仪，"君子不重则不威"，自尊自重，"望之俨然"（《论语·子张》）。人必自侮而后人侮之，你轻佻，别人就看不起你。平常没素养，气势从哪里来？要随时培养。人的威仪是培养的，坐要有坐相，行住坐卧都有威仪。

"反身"，克己行礼，修身也，人皆有所短，要截长补短，即自修也，好好造就自己。克己最难，克己之欲，欲包括太多，"反身能诚，善莫大焉"（《孟子·尽心上》）。"威如之吉"，正己而家道成。

"动容貌，斯远暴慢矣；正颜色，斯近信矣；出辞气，斯远鄙倍矣"（《论语·泰伯》），"正颜色，出辞气"，此为高深的修养，使人一见面即不敢小瞧你，因一举一动皆合乎标准。"辞气"，即抑扬顿挫。小孩自小必训练其行住坐卧，吃有吃相，坐有坐相。

"性相近，习相远"，习气影响人甚大，纵使有野心奢望也得加上功夫，家要有个样子，过正常的生活，每个人应严格训练自己。

证严表里如一，刻苦生活，所以成了，想成功必须有德。慈济，"人存政在"，想长久，要有完备的组织。"德"为第一要义，最起码要不自私，遇事能想到别人。人都有私，就看左近。要守口，但非一日之功。不知自己有缺点，焉能成事？

大陆出"中国传统文化丛书"，要现代化，绝不西化，振兴中国文化，"道并行而不悖，万物并育而不相害"。

好好冷静学，千万别自欺，必须代表一个时代，一切在于自己，谁也爱莫能助。

《论语》并不全。既然《孟子》说"孔子作《春秋》"，何以《论语》中未提及《春秋》？恐有后半丢了。仍提及《易》，说"五十以学《易》，可以无大过矣"。焦循谓"《易》乃劝人改过之书"（《易广记》）。

要了解中国文化，必自《论语》入手，贵精不贵多，真是千锤百炼。熊十力《原儒》《乾坤衍》，绝对传了。

孔、老之学永远能控制人心，老曰"得一"，孔曰"奉元"，要好好深入学。

同学要退休了，我要他选一样学，愈深入愈有趣味。入得不深，绝无趣味可言。有智慧，就是玩也要玩到一个境界，我闻玉可以知是哪朝的玉。

都骂秦始皇，其实秦始皇的贡献可多，留下多少东西：长城、兵马俑……秦始皇是对中国真正有贡献者，一切都统一。

天天说，为了知敝，以达永终，永终知敝，应谋永终，要怎么做？现在人的思想行为中，有的是什么？没有的是什么？把人弄死了，还不知为什么，不知利害、善恶、情义。

不叫时代空过，必须有点建树。应世特别重要，许多人有执照，可是什么也不能做，"能"最重要！我一生没有休息过，没有度过假，现在还自己找麻烦。人必须有热忱，为别人，不净是为自己活。

做大事业要自哪儿入手？最微的地方。想植谷，得绝小草。"绝了"，双关语，连根挖掉，使其无再生机会。绝，除去障碍。在某一环境下应做什么？如想不出一套办法，岂不是白读书了！时学为要，为实际问题，如想得招招都对，那书就没有白读。

家人卦第三十七

你们怎么读《史记》《春秋》？孔子之志未能实行，乃"志在《春秋》"，《春秋》为其政治蓝图。司马迁受腐刑，他之所以不死，因志在《史记》，说《史记》上承麟书。我为上乘人说法。

　　平心静气，一边读书一边培德。你们学已立，安澜，四平八稳就可以做。如无奋斗目标，那朝什么方向做？

睽卦第三十八

（火泽睽　离上兑下）

睽卦卦体：离为火，火炎上；兑为泽，泽润下，二体相违，火泽睽，乖则睽，乖异。

卦德：离为明，兑为悦，上明下悦，乖违之时，仍不一定绝望。到任何环境中都不能不做事。

《序卦》："家道穷必乖，故受之以睽。睽者，乖也。"

家人不正，则家道穷，有人富可敌国，有人却贫无立锥之地，睽卦点明家教的重要。无教家之道则乖异矣，所以次家人卦。"睽者，乖也"，"乖"，从北，背也，背离，违背，不和谐。

"睽"，从目，目主见；从耳，耳聋之甚也，耳不聪、目不明。《玉篇》云："目少精也。"眼中之瞳仁。代表要点，许多事必抓住要点。

《杂卦》:"睽,外也;家人,内也。"

"睽",《说文》称:"目不相视也。"《六书故》云:"反目也,因之为睽乖。"家道不正,所以乖离,家人、睽二卦互综,之所以睽,因不能如家人之和。

如有权势而不乱发脾气,岂不代表雍容大度?按传统说,文王"三分天下有其二,以服事殷",没发脾气。智慧是慢慢培养的。发脾气是告诉他人,此地无银三百两。

好好培智,千万不可主观。"意、必、固、我",即主观,独也。讲学不可以靠哪派,读书人就是要客观。

睽,小事吉。

二、五正应,但乖其位,看不正确,听不准确,皆会睽,故居其位,不能应其事,小事仍吉,但时不我与,大事必凶。

"乖离之咎,无不生也;毁败之端,从此兴也。"(《说苑·谈丛》)贫贱夫妻百事哀,不能瞪眼坐吃山空,等死。应养俭德,不可以画饼充饥,望梅止渴。

培养正知正见,无上正等正觉。不能有所偏倚,"中庸其至矣乎,民鲜能久矣"(《中庸》)。

治世之术,邦交一断,此一灯火即没了。社会事各有看法,但结果会证实谁对了。

顾正秋(1929—2016,被推崇为"一代青衣祭酒")老了,配角也必须找老的,必须相配以凸显主角。

别人可以人云亦云,自己一定要有判断。我讲笑话,是要培智,让学生用判断力。培智,非一日之工。但事来时瞬息万变，真是看破世情惊破胆。

强不强，在于自立。人才、物资均不能搞机器做。

培智，并非人说就完了，必得明辨之，然后笃行之。好自为之，但非一日之工。要特别注意，今天做事得把持住分寸，注意那一刹那，因为转变就在一刹那间。

京剧《锁麟囊》给人很大教训，阔小姐，洪水来，家就穷了！年轻时固有运，但不能天天走大运。人必学水，要活，"智者乐水"。有多少钱，不过坐吃山空，一潭死水！"生之者寡，食之者众"，怎能不垮？教家之道，无论男女，必学一谋生能力。学，备而不用也行。闲着就学，有备无患，就能谋生。

《打渔杀家》真看懂，地痞流氓就不敢横行了！平时必往坏处想，做个准备，有备无患，绝不求人，即便亲人也不行。同情、救济不能解决问题。"天有不测风云，人有旦夕祸福"，不是讲完道理就完，必须好好玩味道理。人到老年，赚钱太难！到六十岁，毛病就上来了！自己留神自己的事，但不侵害别人。

《象》曰：睽，火动而上，泽动而下。

火炎上，"火动而上"；泽润下，"泽动而下"。物性如此，睽也。

《易》中许多要点屡次提醒，如"蒙以养正""止于至善"，止于正，最高即奉元，此系经深思熟虑来的。"大过，有害于人"，此一说法太笼统，再想一想，培养自己的思辨能力。

不怕世乱，要让自己有用。尽个人责任，不在于别人怎么看，在于自己是否有能力，碰上一愿看的就有用。

读书人有治世智慧。"季文子三思而后行，孔子闻之曰：

'再，斯可矣！'"（《论语·公冶长》）

二女同居，其志不同行。

伏羲画八卦，"近取诸身，远取诸物"。文辞不难，要深思。

"二女同居，其志不同"，睽有原因，有中心点，碰到一个男的。有交点，共事一夫，故睽。

尧试舜，"'我其试哉！'女于是（指舜），观厥刑（型）于二女"（《尚书·尧典》）。二女贵骄，同居而志不同，尧教二女看舜一天的表情，治天下观于家，治家观于身，试以内治。

破坏人家的家庭，最不道德！挨打也没人同情。我最看不起有外遇的男人，没有格。男人守本分的，少之又少。这都非儿戏。男人守本分就没问题，好自为之。家道穷者，教家之道穷竭也。

"天地位焉，万物育焉"，所以才生生不息。教书得好好教书，当老师的不说逆耳之言，谁说的？

说（悦）而丽乎明，柔进而上行，得中而应乎刚，是以小事吉。

"说而丽乎明"，悦，指修养；"丽乎明"，指识。上明下悦，乖违之时，仍不一定绝望。人千万不能"怨而丽乎恶"。"悦而丽乎明"，不是做奴才。

范文程（1597—1666）干了一辈子，还是帝师，乾隆帝仍将他放入《贰臣传》。

乾隆四十一年（1776），在大力表彰忠臣（即在明末清初因抗清遇难的明朝官员）的同时，下令编纂《贰臣传》，收录了明末清初在明清两朝为官的人物一百二十余人。乾隆帝指出：这些人"遭际时艰，不能为其主临危授命"，实是"大节有亏"。乾隆帝以"忠君"为标准，在上谕中把降清的明朝官员均称为"贰臣"。其中较知名的有洪承畴、范文程、钱谦益等。

懂明，得有识。范是山东秀才，到关东教馆，做开山老师，偶然的，没想太祖会当皇帝。洪承畴（1593—1665）原本想当文天祥，谁知最后仍投降，享了几年福，却换回子孙羞认为其后。

崇祯帝（1611—1644），最后多可怜！政争，演成你死我活，怨而丽乎恶，完全意气用事。

吴三桂（1612—1678）的儿子尚主，最后公主仍然守寡，全家被杀得一个也不留。和珅（1750—1799），乾隆帝的宠臣，最后什么下场？合作，是一件事；不合作，什么都完了！合作了，仍将你入《贰臣传》。

我到台南祭宁靖王（朱术桂，1617—1683）墓，却碰破了膝盖。人活着就是个"义"字，前朝有宿怨，可解不可结，此即义。康熙帝南巡，六祭明太祖（1328—1398）。

江兆申，安徽人，诗好，溥二爷（爱新觉罗·溥儒，字心畬，1896—1963）喜之，帮他忙。二爷故去了，同学都去帮忙、守夜，他却似个客人。人千万不可以没有义。

"柔进而上行"，承德与北京，可以当天来回。康熙帝在承德修行宫，当时大家反对，康熙帝说："一天战费即可。"行宫修得如同平房，八大庙则修得美轮美奂，此一政术就是为了怀柔。

睽卦第三十八

"得中而应乎刚","得中"了,才能"应乎刚"。

"说而丽乎明,柔进而上行,得中而应乎刚",在睽违乖离时,必注意此三事,来子注:"说丽明,则有德;进乎五,则有位;应乎刚,则有辅。"上不怨天,下不尤人,则"小事吉"。人之成败,即在此类小事上。无德无能,小事也没能吉,大事更不能谈。

做事要有步骤,不强求合作。先看已之立场、环境,然后一步一步去做,好的开始是成功的一半。没有甜头,也不知什么叫苦头。将来环境一变,如何应变?

读《易》要慢慢玩味,善用智慧。好好下点功夫,不用多。

得有器识、有量。给自己诊断:见人好,心里是否不舒服?"人之有技,若己有之;人之彦圣,其心好之。"先检验自己,没器识,就不要从政,否则画虎不成反类犬。

汉有张良,殷有姜子牙。张良有志,助刘邦;得志,知刘邦不宜合作,从赤松子游。韩信要"王",最后得一永久的"亡"。搞政治,一种结果如张良,一种结果如韩信。

天地睽而其事同也,男女睽而其志通也,万物睽而其事类也。

曾国藩曰:"凡睽起于相疑,相疑犹如自矜明察","合睽之道,在于推诚守正,委曲含宏,而无私意猜疑之弊,戒之勉之,此我之要药也"(《唐浩明评点曾国藩日记》)。

睽,专门利用矛盾,以成其大,睽而通,极异而通。

"事同""志通""事类","以通神明之德,以类万物之情",画八卦的目的,即在通德类情。

天生万物，人能役物，物尽其用，故与天地参矣，是平行关系。人何以能役物？尽己之性，尽人之性，尽物之性。物，包含人、事、东西。役人，能够支配人。"民吾同胞，物吾与也"，老祖宗即"元"。人为万物之灵，"同元"并非空话。

"博学之"，博了吗？"审问之"，问了吗？"明辨之"，辨了吗？然后"笃行之"。不要天天粗心大意应世。

睽之时用大矣哉！

睽，不是坏，不是没办法。倒霉，抓住时机，就好了。睽了，必注意其时用：睽之时、睽之用。即在矛盾中有一大成就，如万物睽、万物类焉；男女睽，续莫大焉。

"求全之毁"，人的私心太可怕，一个人往往无法满足太多人的欲望，因此事情就来了。"不虞之誉"，将人生看得愈平，愈不受外面影响，该干什么就干什么。善有善报，恶有恶报，不是不报，只是时候未到。

政治家、哲学家的对象是寰宇。想要中国好，必须了解天下事，《中庸》"日月所照，霜露所队（坠）"，即我们的范围、教室、工场。"工欲善其事，必先利其器"（《论语·卫灵公》），没有工场，能在马路上做事？"百工居肆，以成其事"（《论语·子张》），"肆"最为重要。

不了解宇宙事，领袖也做不了。孔子说"未知生，焉知死"（《论语·先进》），多恳切！

《象》曰：上火下泽，睽。君子以同而（能）异。

以同而异，而生礼。礼，同中求异；乐，异中求同，乐以

和性。"立于礼，成于乐。"(《论语·泰伯》)

人性皆同，但异甚多。异而同，"唯天下至诚，为能尽其性；能尽其性，则能尽人之性；能尽人之性，则能尽物之性；能尽物之性，则可以赞天地之化育；可以赞天地之化育，则可以与天地参矣"(《中庸》)！

都是人，大家的观念不同，但元同。能尽己之性，就能尽人之性；能尽人之性，就能尽物之性，因元同。

知"异"的目的在于统异，调和不同而归于同。水火之用不同，用之得当，能成不世之业。所异为用，道同而事异。不可以自命清高，孤芳自赏成不了大事。必用"合睽统异"之道，才能在睽时发挥其大用。

"知类类之"，"以类万物之情，以通神明之德"，社会不外乎通、类两事。通了，类之，把天下事通了，就会以类类之。但是通可不易！有时用直道难以达成，利用矛盾才能成功。起冲突，乃没能"通而类"。许多事皆触类旁通，因事有"类通"，孔子之"一以贯之"即"明道而类"的功夫。

生在一个时代，不要使这个时代空白。要开始以"优"的标准要求一切，绝不可再泛泛的。三优：优生、优育、优教。

我至今回家，没给亲孙子一分钱。给小孩钱花，是糟蹋小孩。孙子说不要钱，我说："这才是爷爷的好孙子。"多几分私情多败坏。必得行，并非说而已。注意，要很冷静。

初九。悔亡，丧马，勿逐自复。见恶人，无咎。

"初九"居兑之始，处睽之初，无应无援，刚而居正，故"悔亡"，先有悔，后无悔。

"丧马"，马跑了，可千万别去追，等它自己回来，看你这地方有无使它留恋之处，此视人之修为。马自己回来，定是你这地方的草比别的地方好吃。

"勿逐自复"，"与其进也，不与其退也，唯何甚？人洁己以进，与其洁也，不保其往也"（《论语·述而》），来者不拒，去者不追。

世上很多事皆不可强求。志同道合，来去自如。志不同，则"道不同，不相为谋"（《论语·卫灵公》）。

"见恶人，无咎"，虽恶人亦见之，有时不见恶人，还会出毛病。

在社会上做事，什么建树能花言巧语骗来？以过去事作参考，日新，昨天用的术，今天未必用得上。有完整的想法，可以给别人留个参考。

跑的就是头脑不清，欲太重。"本立而道生"，投机与立本，正好相反。

聪明过度者是"智者过之"，超过中庸之道。自贤其贤者，有的同学自以为了不得，看什么都不对，没办法如我这么苦，问我："留这么多钱做什么？"细想，无一文钱是我的。一个人要花祖宗的钱多可耻！要明辨是非。

《象》曰：见恶人，以辟（避）咎也。

在睽乖之时，"见恶人"，不使之对立，"见恶人，以避咎也"。

何者为"恶人"，都是主观判断，"爱之欲其生，恶之欲其死"，见什么都笑笑，就完了。要知道怎么用世。

九二。遇主于巷，无咎。

"遇主于巷"，取婉转义。对柔弱之主，必用婉转之法、柔道。用阳刚之法，危险！

"九二"阳居阴位，以刚居中，处睽之中，上应柔君，为主所疑，不得重用，故婉转以求遇。怎么知道他是主？"遇主"，在巷中亦行，不一定在庙堂之上。

睽时，不能以常道取士。非常时期必用非常之人，破格提拔，"世有伯乐，然后有千里马"。大舜在野，尧"明明扬侧陋"（《尚书·尧典》）。

有时，自己虽无用人之权，但能造就自己，成为人才，"将相本无种，人人当自强"。

《象》曰：遇主于巷，未失道也。

"遇主于巷"，在潜时，有潜的作用，不一定在台上才有作用。

"九二"刚中之臣，"未失道也"，虽在茅庐中，仍可被破格提拔。

国之好坏，系于一人之身。"遇主"，究竟是主，还是贼？是不是主，在于他是不是合于道。但也不可以逢君之恶，谄媚以失道。

六三。见舆曳（yè，拖），其牛掣（chè，拉），其人天且劓（yì），无初有终。

"见舆曳，其牛掣"，看见一车，有人往前拉，有人往后拖，进退两难。

易经日讲

"天",有人释"秃头"。"劓",《说文》释"劓鼻也"。割鼻的刑罪,古代五刑之一。"其人天且劓",说此人既不完整,又没有鼻子。

最不好的环境,"无初";运用得好,可能"有终"。刚开始不够标准,并不代表完全失败,有智、有德就能有终,结果有可能是好的。

"无初",并不代表无终,完全在于自己。

《象》曰:见舆曳,位不当也;无初有终,遇刚也。

"六三"以柔居刚,为下兑之主,是进爻,躁进不已,与四、二睽乖,与"上九"睽孤相应,但位皆不当。上"刚",三"遇刚",因此闹别扭。但相应,早晚得合,故"无初有终"。一开始不好,想有好结果,得从刚,无私欲。

千言万语,知之不难,而行之维艰。有识,得附明,如附黑就糟了。

做任何事,应先想失败的结果,能收拾再去做,有心理准备。

四神汤不够,就开六神汤。今天怎么做,给后人留个药方。随时写,天天锻炼自己,苟日新,日日新,又日新。日知其所无,月无忘其所能。熊十力是开创者,我到现在才敢大胆讲熊先生之学。

人生就只有一次,不要留白。要很用功又有智慧。得用什么,才能达到中庸的境界?

许多在大学教书的人,有学历,但没有阅历。机会不会太多,真读书人很少。熊先生如能把著作都写完,真对后人有所启示。一般人没到那个境界，不是认字就能懂了，得知其所以然。

"天命之谓性"，天命何以就是性？"五十而知天命"，"五十以学《易》，可以无大过矣"，必真学《易》。

九四。睽孤，遇元夫，交孚，厉，无咎。

"九四"为失位之阳，上有"六五"，下有"六三"，成坎，坎中满，陷也，陷于孤立，所以睽孤，危而孤。人与人之间无真情，就睽而孤。

在睽孤之时，遇"元夫"，刚之长，相应而道合，可绝路逢生。"交孚"，检讨睽孤的原因，与"初九"以诚信相交，"厉，无咎"。

人世之难，人皆有其利、欲之观念，而影响其想法。你的做法与他的想法起冲突，他就骂你。结果最重要，盖棺论定，昔日之是是非非不重要，一切在于自己，"厉，无咎"。

孤与独，称孤道寡，孤家、寡人、哀家，用最坏之词警示自己。孤家、寡人都是独。

读书要深入，"博学之，审问之，慎思之，明辨之，笃行之"如一公式，了解了，才懂得怎么读书。

《象》曰：交孚无咎，志行也。

"九四"为近臣，但不当位，不得志于君，与有正义感的"初九"，以诚信相交，无咎，志就可行，"志行也"。

凡事不可以感情用事，失诚信、感情用之不当，可以毁人。了悟多，遇事笑笑，养成自己的定力，该怎么做就怎么做，是非不论，重在结果。

六五。悔亡，厥宗噬肤，往何咎？

"六五"柔居尊位，有悔可知，"九二"有阳刚之才，与之相应与，可以"悔亡"。但在睽之时，疑其刚而伤己，故使"九二""遇主于巷"。

"宗"，归往，"孔子以布衣传十余世，学者宗之"（《史记·孔子世家》），亲之也；"噬肤"，喻亲之真切！噬，过轻未及于肤，过重则肤痛。"厥宗噬肤"，用人才，表现出噬肤功夫，恰到好处，往又何咎之有？

尧"克明俊德，以亲九族。九族既睦，平章百姓。百姓昭明，协和万邦。黎民于变时雍"（《尚书·尧典》），有了成就。

《象》曰：厥宗噬肤，往有庆（善）也。

自己才不足，但能任贤，使其亲密相辅，则往可以有善也。

同元，"同胞物与"，人与人的亲密如一奶同胞，奉元宗，都奉元，即"厥宗噬肤，往何咎"，有善果。

讲经有根——元。重视华裔，广博我华夏文化，自"中国人"入手，"入中国则中国之"。天下平的秘诀：君子笃恭而天下平。

中国人应好好重视修养，正视文化。应把握"转机"，不起私心。

上九。睽孤。见豕负涂，载鬼一车。先张之弧，后说（脱）之弧。匪寇婚媾，往遇雨则吉。

"上九"居睽之极，睽道未通，故而"睽孤"，"贵而无位，高而无民，贤人在下位而无辅"。

在上卦离之上，用明之极。"见豕负涂"，又疑；"载鬼一车"，两个疑，造成一个鬼。鬼，虚无之事，自找疑，因猜疑而孤也。应不遭忌，也不忌人。

"先张之弧"，准备好了，张满弓，欲射之；但一想，不对，后脱之弧。自己改变作风，以止疑。

"匪寇婚媾，往遇雨则吉"，"六三"以阴居阳位，"上九"以阳居阴位，非正应但相与，不是寇雠，乃婚媾也。"上九"始疑而睽，最后释疑，而与"六三"相合，故"往遇雨则吉"，阴阳合德，刚柔有体，生生不息。

嫉与疑，不知害了多少人，也丧失了多少好机会，皆自疑也。人不可以狐疑，太可怕！愈猜疑，愈想愈觉得像。不要多疑，培养自己的正知正见。佛修无上正等正觉。

《象》曰：遇雨之吉，群疑亡也。

群疑满腹，始违终合，"上九"是也。

"往遇雨"，"遇雨之吉"，如何遇雨？遇事，如欠东风也没用，一切白忙。

睽与蹇二卦，治乱之术。今天应特别注意此二卦。

你不解决，他亦解决。不怕有敌人，就怕有内奸。

牵强附会，表示通灵。有问题，应看缝，则有机可乘。

军人绝对不怕作战，没有作战怎会有将军？政治家知道自己是干什么的。一有派系则"爱之欲其生，恶之欲其死"，有立场就不客观，不能替百姓说话。

有些地方供奉关公，当财神爷拜，大陆则拜其忠义。守忠义之道，非一日之工。无忠义才出举世笑话。

中国人能吃苦，帮助非洲。要帮人而不侵略别人。

教书得有教书之术，必须专门研究。我经过"亡国"的洗礼才有这个劲。教书并非易事，干什么都必得深入，要把学生教明白，想到的都教给学生。

问自己要干什么，办幼儿教育包括太多，好好研究自己将来要做什么。不问自己耕种的能力，就天天讲收获？心畲，"心作良田，百世耕"，素其位，"天地位焉"，天、地、人各有其位。

"交孚"，同德相信。今天往往是同利相信。不是要批评，而是要警醒，养成信德了，才能做事。素其位而行，不愿乎其外。

许多注均留一手，没教人明白。每卦、每爻，坐着以时事想，冷静地读。

睽，乖之极；孤，睽之极，左右环境使他孤。"意、必、固、我"，独也。

《孝经》"爱敬尽于事亲，而德教加于百姓"，就没有内奸。

读书必须知道怎么读。会背书会讲，也比不上录音带。

以"四书"为本，"大易"《春秋》为用，智海，取之不尽，用之不竭。《原儒》《乾坤衍》必看。《大学》《中庸》会背，可以随时玩味，了解深意；读上一年，可以活用。

《大学》与《中庸》相表里，《中庸》与"大易"相表里，《中庸》为《易》之所本。《中庸》第一个字"天"，"天命之谓性"；最后一个字"至"，"上天之载，无声无臭，至矣"。"大易""大哉乾元，万物资始，乃统天"，"至哉坤元，万物资生，乃顺承天"。《中庸》与"大易"是体,《大学》是用。《春秋》与"大易"相表里,《春秋》是用。《大学》与《春秋》一体。

《大学》"大学之道,在明明德,在亲民,在止于至善",止于元,止于一。《春秋》"大居正",永远守住这个正,第一步"大一统",大为赞词;一统,因一而统,止于一;华夏,夷狄进至于爵,远近大小若一。最后拨乱反正,天下事都止于一。

奉元,群而不党,所以有了华夏奉元学会、华夏奉元文化基金会。

尽其利,爱物,利用这个物,否则成废物。时间一到,顽石也能点头。人能弘道,非道弘人,必须下真功夫,对中国文化有系统的观念。

学《易》周,易学周,胡诌乎?自根上明白,公式立好,好好往里装。经、道、法、术。如不能活用,则对不起时代、这块土地。

《春秋》二百四十二年中间,即用世。下功夫,自然成。想正经事,不可以尽想捡便宜。"大易"与《春秋》完全用"元",称《元经》。"奉元宗",祭祖宗,成立人祖庙,自根上改变社会。"溶谄祭",淫祀,指祖宗以外的祭祀,越分的祭祀。

蹇卦第三十九

（水山蹇　坎上艮下）

蹇卦卦体：坎为水，坎，险也；艮为山，艮，止也。险在前，见险能止。

卦德：险在前，知止不进，知矣哉，反身修德。

蹇卦以止为主，知难而止，"知止"（《大学》），"反身而诚"（《孟子·尽心上》），居正位，守正则吉，行为正就吉。

蹇时，懂止之道，守正则吉，行为正就吉。吃了亏，即刻回头，按部就班。懂止之道，非不进、不动也，以德为基，大本不立，坏！

《序卦》："睽者，乖也。乖必有难，故受之以蹇。蹇者，难也。"

乖离必有难，故睽之后受之以蹇。"蹇者，难也"，所以次睽。

《杂卦》:"蹇,难也。"

前有难,遇难不知止,再往前走,就要遇害了。不要一条道走到黑,应"过,则勿惮改"(《论语·学而》),"过而能改,善莫大焉"(《左传·宣公二年》)。

蹇,利西南,不利东北。利见大人,贞吉。

西南,坤方,地也;东北,艮方,山也。在蹇难时,处于平易之地有利,处于险峻之地不利。"夫地形者,兵之助也。料敌制胜,计险厄远近"(《孙子·地形》)。

在蹇之时,并非完全没有希望,"利见大人,贞吉","大人者,与天地合其德",正己之位,素其位而行,思不出其位,"非至德,至道不凝焉"。

《彖》曰:蹇,难也,险在前也。

"险在前也",有险阻在前。

遇困难必闯到底,杀蟒,利用其个性,利诱之,杀之。第一步走错,不知悔改,拉到底就遇害。

知彼知己,很重要。

见险而能止,知(智)矣哉!

"见险而能止",不能贸然前进,不是怕事,而是知险而止,智矣哉!

遇险,非但不知险,还自以为喜,《中庸》:"人皆曰予知,驱而纳诸罟擭陷阱之中，而莫之知辟（避）也。"

蹇，利西南，往得中也。不利东北，其道穷也。利见大人，往有功也。

见险能止，反身，不再错一步。"往得中也"，"贤者在位，能者在职"，各正其位。

何以道穷？当位，才能正邦；净做副手，成不了事。

"利见大人，往有功也"，所依得人，往才有功；如所依非人，就坏了。人不能遗世独立，与他人的关系重要，以德不以术。

当位贞吉，以正邦也。

如何正邦？"当位贞"三字重要。蹇卦，中间四爻皆当位，"以正邦也"。

修己、当位，才能正邦。正己，是必然；当位，是偶然。不当位，虽才智高，成就仍不大。当位，缺正己功夫，"既得之而又失之"（《礼记·杂记下》）。天下绝无白捡的便宜，不要心存侥幸。

想国家正，本身得正，领袖人物"恭己正南面而已矣"（《论语·卫灵公》）。

蹇之时用大矣哉！

蹇的时之作用太重要了！

不怕有外患，就怕有内忧。时代也是千载难逢的机会，好好体悟，非靠口头宣传就能济蹇。

蹇卦第三十九

没办法叫别人好，但至少本身不能坏。自己知道最重要，不必在乎别人说什么。

了解道理，不能用上，就没用，体用不二。所列公式，证明体用不二。不是因统而一，而是因一而统，"一统"非"统一"。

任何事仔细看，才能增长知识。

良知之所使，本着良知做事。人生固然苦，但仍要活下去。《心经》说"远离颠倒梦想，究竟涅槃"，《金刚经》说"应无所住而生其心"，不着相。

思想必"吾道一以贯之"，有系统。一本书真读明白，就用上了。

《象》曰：山上有水，蹇。君子以反身修德。

知险，求所以险，知其所以险，不要怨天尤人，研究自己为何失败。

"反身修德"，立修德之方、济险之方。

本身能济蹇，才能济天下，此即一部《大学》。不怕昨日之错，自今天开始好好为自己的理想而活。"德教加于百姓"（《孝经·天子章》），此为知识分子的责任。

"爱敬尽于事亲"，孝是人最正常的责任。可以不孝，但懂事了，心里会不舒服，会自愧。

昔日有地位的方能得到赐姓，百姓、百诸侯，皆是被赐予的。《论语》中"人"与"民"有别。人，公务员；民，平民。

能"反身"不易！懂得"反省"就好，看破世情惊破胆。

"修德"，证严（生于1937年，1966年于花莲创立佛教克难慈济功德会，为慈济基金会前身）办慈善事业，是因果的事。

真正悟，可不容易，有几人悟了？说良知的事，属于有良知的。人生应做的事太多。

应懂得怎么去学习，懂得研究问题的窍门。因爱心无量，才多说些。无一事看得准确，太可怕了！应好自为之。

"反身修德"并非空话，智慧是培养的。从上至下完全是梦中人。梦何以达不到，被什么所阻？行有所不得，乃身之蹇。遇到打击时，得撑得住。不冷静，能想出办法？"造次必于是，颠沛必于是"，不可以遇事就慌乱。

佩"孚"，因"诚"能动物。判断一事，差之毫厘，谬以千里。如何解谜？视智慧而定，如解签。

说没看懂，但即使错了，对方亦按此八字——"大言不惭，欺人之谈"——行事。此八字的下文是什么？看完诏书，应打个批注，以此测验自己。

写文章要人不懂，又何以昭告天下？怎么面对问题，应特别慎重。此一文告得经过多少层次？

孔子在几千年前，给许多小事都准备了方法，都可以解决问题。遇事，必须找专家讨论、研拟、草创、构思。"行人"，是懂外交的，包含多少意思。

《论语·宪问》："子曰：'为命：裨谌草创之，世叔讨论之，行人子羽修饰之，东里子产润色之。'"

《周礼·秋官》："大行人，掌大宾之礼，及大客之义，以亲诸侯……小行人，掌邦国宾客之礼籍，以待四方之使者。"

《汉书·艺文志》："纵横家者流，盖出于行人之官。"

早晚的时间特别宝贵，要读书，慢慢读。自己学过，才不白学，才能应世、应事。学完没用上，白学了。

看一东西，必须注意时、地、人，但非一日之功，万般不与政事同。

练达，注意学。遇到问题，怎么研究？文章看完，注意人、时、地。政治瞬息万变，要点要抓住。

初六。往蹇，来誉。

初爻居艮之初，处蹇之始，"往蹇"，"见险而能止，知矣哉"，"来誉"。

"往""来"，两个动作，用错方向就不同。"往蹇，来誉"，一刹那，或成圣，或入地狱。有智之誉，或糊涂一辈子，二者判若云泥。偶一不慎，弄反了，结果也相反。

往来、进退，"变化者，进退之象也"（《系辞传上·第一章》）。思之思之，鬼神通之。见时、识机而止。识险，才能知止，但太难！遇事，冷静客观应对，没有利害，才易见真理。书要当活的东西读，无一不是教训。

儒家要天下平，所讲的均为平天下之术。平天下，而后天下平。

两虎相斗，必有一伤。自己树敌，对抗，命都豁出去了。

济蹇之人，焉能制造敌人？有时退让才是成功，一般人以为退让没面子。勾践尝粪时，还知有面子？结果，他成功了。

《象》曰：往蹇来誉，宜待也。

可进则进，可止则止，"知其进退而不失其正，其唯圣人乎"！

必须"耳听八方",不能不看四处环境就往前跑。有些政治家是阴谋家,一边示弱,一边击出致命的一掌。

知蹇而止,"宜待也"重要!"待"字最难!没有信心,能等得住?盖有待也。

不可进,止,知蹇而止。人不识时,应进不进。知进而进,亦不易!

教了五十年,没教出一个领袖人物,学生根基"雄厚",难化!

六二。王臣蹇蹇,匪(非)躬(身)之故。

蹇,不在于初爻错,而在于二爻之后的不犯错,此即颜回之"不贰过"。

"王臣","九五"与"六二",均当位;"蹇蹇",难中难,不一定本身有毛病,乃环境使然。蹇而又蹇,非身之故也。

蹇得太甚,你死我活,均在不可知之数,拼了再说,波及百姓。

《象》曰:王臣蹇蹇,终无尤也。

蹇而又蹇,"终无尤",能尽力,终无怨尤。

济蹇之不二法门:立身行道。不可掉以轻心。不以成败论英雄,而是以事迹论,板荡识忠奸。

注解皆一家之言,但我反对以史事解《易》。因易即变,"不可为典要,唯变所适",以史事印证,容易僵住。

"王臣蹇蹇",主忧臣辱。说"适当身份",知你不如此来,免得拒绝你。从眼神能表达对你的尊或辱。

政治家最忌制造敌人，造就对立。必要时谁怕谁，完了！不可言，不可言！

人生识字忧患始。人生之苦，贪心苦必多。赚不多也能吃饱，千亿财产也一样吃饱，死了一个钱也带不走。真有智，才不苦。

孝是责无旁贷的，"子欲养而亲不待"，会自愧，后悔莫及！我不反对性善说，因为人静下来会懂得自愧。多少人带着惭愧回去，不作恶。多少叱咤风云人物，而今安在哉？

"爱敬尽于事亲"，事亲，不在于买好吃的东西，而是看自己有多少能力，尽了多少力。一个"尽"字，真圣人之意，"家贫出孝子"，能用"尽"字。

注意思想，讲中国文化是讲思想的力量。《中庸》"天地位焉，万物育焉"，《系辞传下·第一章》"天地之大德曰生，圣人之大宝曰位，何以守位曰仁"，是讲思想，不是讲文字。

诸子均要利天下，何以今人连"自顾之智"都无？何以不知自己为什么而活？"君子居之，何陋之有"（《论语·子罕》），因为"德教加于百姓"。流亡，无定所、无定业。我这一代完全为环境而活，就为了使中国不被瓜分豆剖。

《东方时空》节目，证明中国人才辈出。天生之才，活着有目的，肯奋斗，行行出状元，行行都能干状元的事。

懂得为什么而活了，就不会失业。兢兢业业，还会失业？一个集团的寄生虫，树倒了就没得吃。活着有目标，则对国家民族有贡献。熊十力的思想能影响人。

先立志，士尚志，就有走不完的路。有几人饿死了？何以要为人活而没有己志？孔子"十有五而志于学，三十而立"，如无所立，即为国家的消耗品，是"吃"才。有志，是"人"才，才可以给别人做贡献。

觉昨日之非，方觉得我母亲的伟大。空想，完全没有用。

立志，立完志了，能够解决很多问题。有些人只想赚钱，净用骗术，乃人格开始堕落之时。念《大悲咒》都没有用。

《大悲咒》共有八十四句，为梵语构成的咒文章句。佛陀告诉阿难尊者说："如是神咒，有种种名：一名广大圆满，一名无碍大悲，一名救苦陀罗尼，一名延寿陀罗尼，一名灭恶趣陀罗尼，一名破恶业障陀罗尼，一名满愿陀罗尼，一名随心自在陀罗尼，一名速超十地陀罗尼。"

曹操（155—220）确有智慧，"绕树三匝，何枝可依"（《短歌行》），一语惊醒梦中人。

解决社会之道太多。养成独立人格很苦，我就一个人过。饥寒交迫时，什么格都没了。必得养成独立的人格，积财万贯不如薄技在身。自己谋一个位置，"在其位，谋其政"，最后成为专家。

女孩子可以学医、卖药，小孩路走错了要拨正。如为了吃饭，无所不为，坏！"衣食足，然后知荣辱"，人有所守，必得吃苦。分内的东西不多，想得多，必得分外的东西。

许多事要冷静思考。建设一个时代，必须有人才，必须有远见、魄力。

好好开始为自己布局，不要落空。做事、修行，做于人好的事。为和平而奋斗，埋葬一切野心家，绝对坚持"群而不党"。

这是精神力量，没明白，就用不上。

讲《中庸》，先讲公式；公式明白，再充实之。

生死关头，都愿和平，否则埋葬你。要懂原理：人人都要活。对策：以"生之道"号召天下，绝对成功。术：看怎么摆，以智慧做先锋。

九三。往蹇，来反。

"来反"，"来反"比于二。刚克、柔克能并用，特别重要。

"九三"阳居阳位，当位，为下艮之主，与"上六"正应，处蹇之时，前有坎，"往蹇"，来反比于"六二"。不怕困难，就怕不能各正其位。"人之有技，若己有之；人之彦圣，其心好之"，就怕自己既无能又嫉才，跋扈无能！

《象》曰：往蹇来反，内喜之也。

"九三"与"六二"，阴阳相比，故二有所喜，"内喜之也"。

成大功、立大业者以客观应天下。如各以主观，当然格格不入。

训练自己的见地，看出好在哪儿、毛病在哪儿。如看活了，将来就懂得应世了。

《论语》完全讲中道，所以人人都能接受。帝王只讲一部分，有所偏。"民可，使由之；不可，使知之"，"民可使由之，不可使知之"（《论语·泰伯》），两种点读，主观上不同。前者是思想家，后者是帝王。

你们社会经验少，无注意社会动态，光是书本知识。处世，得活学问。

六四。往蹇，来连。

"六四"阴居阴位，当位，思济蹇，入于坎中，"往蹇"；乃退而结众，"来连"，得众。出蹇之道，用群力以渡蹇。四与二，同功异位；与三，相比得助。

国家困难之时，不要孤军奋斗。"非我同类，其心必异"，终死无葬身之地。人贵乎有自知之明，知道自己不能，就要借助别人的力量，故必须有容人之量。

大小事皆可占出其人之品德，不贤则想不贤之事，团体乃乱，"自贤其贤"者最可怕。

"六四"近君，当能济蹇，但"往蹇"，行动入于蹇；"来连"，与志同道合者相连。想做事，各为己私，难！每个人"遇事将己置于第一"，以此衡量，哪能担负起重任？

《象》曰：往蹇来连，当位实也。

"当位实"，当位，还得实。自己必"当位"，求其所实。孔子有阳刚之德，但不得其位，亦不能有所作为，故周游列国。

当位无实，具臣也，哪有实学？不看敌人强否，就看自己能否对抗敌人。

日正当中，日落西山。安排位子，均摆不平，最高境界也不过乡公所，哪有担当责任的实力？

什么是圣之时者？以《易经》演一演。怎样才能入中庸之门？

要用脑，千万不能读死书，没脑绝办不了事。读《易》，必得活用,"时"非空的。怎样才能有头脑?

九五。大蹇,朋来。

怎么联合志同道合者?济蹇之才居第三位,非比又非相与,能受重用?

"九五","大蹇";"九三","朋来"。"三与五,同功而异位,三多凶,五多功,贵贱之等也"(《系辞传下·第九章》)。各居其位,各尽其责。举国上下共赴患难,才能济蹇。

《象》曰:大蹇朋来,以(因)中节也。

蹇难之中,有"朋来"。处于危难之时,亦不可乱了阵脚。"朋来",必须中节,中规中矩,无私心,否则为朋比营私。

无朋来,人才寥寥,什么问题也解决不了,大蹇就来了。

国家领袖必须有容人之量。分析分析,才知怎么对付事。

胆小不得将军做,我在娘胎里就开始学。空想解决不了问题,必须知其所以然。

好自为之,锻炼头脑,好好学几招,练实把式。

上六。往蹇,来硕(大也),吉,利见大人。

"上六"居上坎之极,处蹇之极,往则蹇之至也。人到极点,能回头,能求人,不易!退而求助于能助之人;"来硕","九三"乃济蹇之才,以其丰富的经验,共济时艰,结果必成其大。并非因人成事,必须先找好人、大人,"利见大人,往有功也"。不可以临蹇而乱了方寸、脚步。

解经不易,今天必须注意实用之学。有志之士,应如诸葛亮，三二人在"隆中"好好研究，有朝一日出来，棋逢对手。

《象》曰：往蹇来硕，志在内也；利见大人，以从贵也。

"志在内"，指"九三"，回头与人合作；"以从贵"，指"九五"，严分（fèn），以贵从贵，从五应三，得阳刚之助以出蹇，故吉。

蹇卦，上下二爻均柔，"初六"柔在下，"见险而能止"；"上六"柔在上，知倚刚才济蹇。后五爻均能素其位而行，各正其位，各尽其分，"当位贞吉，以正邦也"。举国上下皆各当其事，不可以病急乱投医。

读任何书，都得分析。公式，必须演算。

四时：先时、治时、因时、违时。"先天而天弗违，后天而奉天时，天且弗违，而况于人乎？况于鬼神乎？"（《易经·乾卦·文言》）"先天"，即先时；"天弗违"，治时；"后天而奉天时"，即因时。违时，"愚而好自用，贱而好自专。生乎今之世，反（返）古之道。如此者，灾及其身者也"（《中庸》）。因时制宜，马后课也。"圣之时者"，时中，时时都得中。

先时，"可与权"的境界，不是天天用。人活着，不能天天用最高境界。"君子而（能）时中"，天天用，"中行"之士，颜回为其代表。曾子则为"忌惮"之士，"戒慎恐惧""狂狷"的代表。

书不是读过即完，必须深入，应当时常玩味。要从正面、反面、侧面翻来覆去地看。"放之则弥六合"，自六方面看完，"卷之则退藏于密，其味无穷，皆实学也。善读者，玩索而有得焉，则终身用之，有不能尽者矣"（《中庸章句序》程子语）。

勇者,"见义必为"(《论语·为政》),是牺牲的。救国如救火。人家出事,你不帮忙,还看热闹?

"大"与"夏"有何区别?有何不同之处?第一个则"大"的为尧,大即天。大学,学大,学天。"夏,大也"(《尔雅·释诂》),夏,诸夏,华夏。尧则天,何以不则夏?《尚书·尧典》"蛮夷猾夏"。夏与大,中国文化的总代表。《原儒》中讲很多"夏",《读经示要》称"中夏"。从大到夏,是怎么一回事?

今后必须如此整理中国文化。我自四十岁立下"长白又一村"的志向,绝不将中国文化与西方文化混在一起。

把思想立体化,自八面看,拿来就能用。《易》注的时代单纯,今天看来,如喝白开水。

解卦第四十

（雷水解　震上坎下）

解卦卦体：震为动，坎为水、为险，居险能动，"动乎险中，大亨贞"（《易经·屯卦·彖传》），雷水解，履险如夷，才能出险。

卦德：坎险在内，动以出险，"动乎险中，大亨贞"。

"见义不为，无勇也"（《论语·为政》），没勇能动乎险中？明此，活着就有力量。

《序卦》："物不可以终难，故受之以解。解者，缓也。"

蹇（☶☵）、解（☵☳）二卦互综，否极泰来，有盼望。

《杂卦》："解，缓也；蹇，难也。"

雷水解，雷雨交作，阴阳和畅，百物解散。天下患难时，人心最大的毛病即在阻、疑。缓解以除蹇难。

解，利西南，无所往，其来复吉；有攸往，夙（早）吉。

"利西南"，西南是坤方，坤为地，地之德无不覆载，无所不容。宽平、无不容，以宽平之术解难。

"无所往"，无所作为，不天天出点子。"其来复，吉"，有往有来，才吉。

"有攸往"，解难之后，必有所作为；"夙吉"，早才吉，"后夫凶"（《易经·比卦》），"时"的观念。以时为"中"的标准，识时、及时，恰到好处为难！智慧。

"夙吉"，早吉，此"夙"字含什么意思？"夙吉"，必有早人之智，才能吉。

必须训练一些人，坐而能谋，起而能行。训练如何用谋，要有脑。反复训练，可以坐而有谋略。

《彖》曰：解，险以动，动而（能）免乎险，解。

《彖传》解释得特别好。

解，在险中，不可躲在床上不动，否则如何脱险？"动乎险中，大亨贞"，是主动的。

蹇，前有险，止而不动；解，已在险中，想脱险，以动为主，"险以动，动而免乎险"，"动乎险中，大亨贞"。

如常以静躲事，则没有面对现实的勇气。遇事，必须面对现实，用理智判断事情。自解卦悟脱险之道。

解利西南，往得众也。

从蹇到解，需要休养生息，在这样的环境中不要动，因为人们刚刚自险中得些太平，宜宽厚以处之，故"利西南"，坤方，土地，众也，"往得众也"。

其来复吉，乃得中也。

但也不能老是等着，第二步得"其来复吉"，在有去有来的环境下做事，才吉。如无先识之见，则"往而不复"，焉能吉？没有反应，术没用上，因没有先见之明。做事必须有来回，不能边做边试探，得有先时之智。"其来复吉"，"得中"，乃得中道也。

有攸往，夙吉，往有功也。

养民，还得识时，夙智，即先识之智，故吉。
就是做小买卖，也必须有先识之智，才不易赔钱。
"往有功也"，此幕僚之责。部属的责任，在于分析，而非侍候。

"诏书"究竟出了什么毛病？何以评语如此差？没有看懂，再看。懂得毛病了，将来做事才不出毛病。我看完诏书，啼笑皆非！"诏书"用词太主观，引经据典证明他是神。政治在于百姓接受与否，不能完全主观，美其名曰"得民心"。

《论语》真是无尽藏！没有底子，学东西才费劲。小时听的东西不同，了解事物就不一样。张良，五世相韩；刘备，闲散宗室。有基础，非同一般，必须下深功夫。

人才绝不能用机器造。"心余力绌，志大才拙"，愈弄愈糟，骑虎难下。没有人才，旁边又无忠义之士。没脑子，未入流，怎么成事？

解卦第四十

天地解而雷雨作，雷雨作而百果草木皆甲坼。

雷水解（䷧），"天地解而雷雨作"，天地交感，雷雨交作。水雷屯（䷂），"刚柔始交而难生，动乎险中，大亨贞，雷雨之动满盈"，始生的现象。

"百果草木皆甲坼"，"坼"，音 chè，裂也，植物子房初开，谷裂，到时拆开就有用，若不解开，永不能生，成了死种子，会臭。种地得选种，挑出臭的死的种子，即不能生者。

解之时大矣哉！

船山注："解之功大矣，惟其时也。不言义用者，解，以无用为用，而不执乎义也，待其时自解焉。"

解之时，得有识时功夫，时至而不失之。真知时至，可不易！多数人往往得病乱投医，根本不知时至，做事净出纰漏。必得练习，不是读完书就能知。

读书很难开窍，但不要灰心，慢慢磨，功夫到了，一刹那就能懂，书读百遍自通。

许多事有好就有坏，犁牛能活得久，如"骍且角"就早夭。庄子"物无害者，无所可用，安所困苦哉"（《庄子·逍遥游》）。无用之用，大矣哉！"无之以为用"（《老子·第十一章》），老子自此入手。老子观"窍"与"妙"，思想深刻得不得了。

《象》曰：雷雨作，解。君子以赦（宽容）过宥（宽恕）罪。

天地交感，雷雨交作，百果草木皆解散，万物始生。

懂时至，就恰到好处，能借东风。会真招，也必须有借东风之术，到时达到目的。

处世不易，孔明本是山东人，山东潍县（今潍坊市）的风筝最为有名，郑板桥在此当过七品县令，颇有政声。孔明离开山东，先赴河南，后又至隆中，有拯天下之志，不能守株待兔，但也得守一神木，抱香蕉树不行，寿命极短。孔明能未卜先知，何不先至隆中，还要绕个弯？人皆从一个环境了解下一个环境，三迁才遇食，知天下就能唬住一个人——刘备，二人棋逢对手。用智、据时与环境，"动乎险中，大亨贞"也。

天下无一人不是自现实环境磨炼出来的，必须了解其客观环境、立场。不宜神化。

以诸葛之智，对时亦步步探测才得知，懂得趋时，一步步地试探，自多方印证。

有闲工夫，好好玩味《易经》，知自己哪条路走错了。做事业也必先看清楚。自救都办不到，孤家寡人混，有何作用？在一个时代里，可真不容易！我唯一足以自慰的是一生不助人为恶，不能兼善天下，要能独善其身。

"赦过"，无心失礼之谓过，"赦小过"（《论语·子路》），大过不可赦。"五十以学《易》，可以无大过矣"，大过有害于仁、有害于生者。易为生生之象，学了生生之象，当然不害生。《易》讲"生生之道"，为"悔吝之书"，自此解《易》，才没有错误。

"生生之谓仁"，仁能生生，种子之机。有机种子，可做豆种。中国文化就在生活中。

"赦过宥罪"，"先有司，赦小过，举贤才"（《论语·子路》），为政不能断人生机，否则为恶政。

解万物之屯。屯，刚柔始交而难生，在生者本身为难，母难。大陆过生日，素食，不杀生，母难日味糁，糁子粥即杂粮粥。吃白饼，不用油的。吃的咸菜，也叫糁。

不能以《大象》之言衡量爻辞、卦辞。王船山作《大象解》。旧社会的限制多，一旦得罪当朝就完了！生财之道广，出门就是黄金，只要自己会捡。好好建立良知，建立思想大国。今非突破，而是反正。

人一有私心，就没办法摆平，绝对失败。

有些地方必须养闲，明知是闲也应该养。不是喜欢与否，是政术，连《三国演义》也不看。知识分子必须为百姓谋幸福。解铃还得系铃人，主动解铃必有智慧。

一不做汉奸，二不"独立"。一家子事，当然什么话都可以说。自己塑造自己，不要跟人跑。

初六。无咎。

"初六"处蹇险始解之初，自处得宜。其能"无咎"，是自"有佐事之才"来的。"初六"应爻为"九四"，应义极深，有识才、容人之量。

五十年没有成就，即无容人之量，净耍单帮。不能共富贵者，皆小人也。自己老封"长"，结果谁也"不长"。

《象》曰：刚柔之际，义无咎也。

"初六"与"九四"，柔遇刚，"刚柔之际"，守分际，以义合，无咎也。

"刚柔际"，际，并非中，阴阳盛衰不定，际亦随之。际亦非虚，有际才证明是两个东西，中间即是际。际，不等于间，是"定静安虑得"的修养，常人不知际。做事有分际，即恰到好处。知际，则可知吉凶成败之关键，如国际关系、人际关系。

读完《易》，可以无大过矣！这是智慧产物，必慢慢悟。知道面味的人，才会吃馒头，知味！

情同手足，还不是手足，中间有际。义兄弟，亦非兄弟。朋友之间，刚交友时很好，过几天不分彼此，最后绝交了。尊重对方，则什么事也没有。根本有彼此，为何不分？

际，中间仍有缝。做事最重要在分际，识微、察微即在此。

社会上的关系，或以义合，或以情合，或以利合，应世必须仔细小心，应仔细分析某集团是以什么合，则知对付之方。以利合最可怕，乌合之众。不能用妄想的方法去应付，必失败。

"决定不疑，戒急用忍"，此为康熙处世之不二法门。欲速则不达，有条不紊，做事有层次，按部就班，常人看不出，君子"无所不用其极""无入而不自得"。

九二。田获三狐，得黄矢，贞吉。

"田"，猎场、国家；"三"，当虚数；"狐"，汉奸，狐媚的小人。"田获三狐"，想除天下之害，得有谋。

"得"，皆自得也；"黄"，中色；"矢"，直也。"得黄矢，贞吉"，想除奸，必须得黄矢之吉。

"九二"刚中，居坎之中，处解难之中，"险以动，动而免乎险"，解难济厄。

好的开始，是成功的一半，事不好，宁可放着不做。"出门如见大宾"，必须衣冠整齐，否则宁可不去，"君子不重则不威"，"君子正其衣冠，尊其瞻视，俨然人望而畏之，斯不亦威而不猛乎"(《论语·尧曰》)？

《象》曰：九二贞吉，得中道也。

"九二"居中，"君子黄中通理，正位居体，美在其中"(《易经·坤卦·文言》)，得中道也。

"贞吉"，正才吉，不能假公济私。

六三。**负且乘，致寇至，贞吝。**

"负"，小人之事，背东西；"乘"，乘车，代表有地位者。为政之道，载重以致远，"以吾从大夫之后，不可徒行也"(《论语·先进》)。

"六三"阴居阳位，小人居阳位，上承"九四"之刚，下乘"九二"之刚，躁进不已，"负且乘"，居非其位，自我致寇。

《系辞传上·第八章》："《易》曰：'负且乘，致寇至。'负也者，小人之事也。乘也者，君子之器也。小人而乘君子之器，盗思夺矣！上慢下暴，盗思伐之矣！""负且乘"，只有小人之德，还要做大夫之事，大家都要唾弃你。

"慢藏诲盗，冶容诲淫。《易》曰：'负且乘，致寇至。'盗之招也。"无德无能，窃据高位，再胡来，就把敌人招来了。

吝，亦自找的。自己无才，不辞，故得吝。

"听其言，观其行"，至少读书了，"无入而不自得"。

"观自在"，在明明德。一法通，百法通。佛经怎么翻译都有中国思想，以中国人思维译经。得了解"自"，才能得。自己无所长，也不知拿什么好。"无所不用其极"，用这么高的手段。

易经日讲

《象》曰：负且乘，亦可丑也；自我致戎，又谁咎也？

"负且乘，亦可丑也"，小人而享君子之名器，无德而据高位，"亦可丑也"。不可来路不明，来去明白，真丈夫也。"富与贵，是人之所欲也，不以其道得之，不处也。"（《论语·里仁》）

许多事，宁可不做，缺一事可以，总比坏一事好。由微之显，必自小、微时，特别注意。

"自我致戎"，"致寇至"，引来灾难，敌人是你引来的，"又谁咎也"？遇事，不必先责备对方，必先看自己本身如何。

"自我致戎，又谁咎也"，皆我之咎，多警人之语！

寇来，非戎不可。如视为父，又何以戎？"致寇至"，敌必降至，是自己使寇来的。贞，都是吝，因力量超不过敌人。

老鼠就算把猫吓住，也不敢轻举妄动。

"寇"不可怕，自己"无智"才可怕。敌人以倾巢之力对付你，非干到底不可。

说釜底抽薪，你既无薪材，也不能把水煮沸。剩下孤家寡人，谁与你殉葬？"高而无民，贤人在下位而无辅。"（《易经·乾卦·文言》）

奋斗的目标在自得，"自"是什么？因"自"不同，所"得"亦有别。"自"之为用，即志，士尚志。每个人的志都不同。都入宝山，出来所拿到的东西都不同，但都很满意。志，并无好坏。

愚的人才有福，人生识字忧患始。

要自求多福，不可以自求多祸。

看书，能看出与现在有什么关系？生出许多是非，不过庸人自扰之。

"天道亏盈而好谦"(《易经·谦卦》),日正当中,则昃,接着日薄西山。不知持盈保泰,转瞬间……看什么,一笑就完了!皇上(指溥仪)回故宫,都得买票,什么时代了!应持盈保泰,如日中天犯忌。

应为己之所当为,好好整理中国文化。中国文化包含太多,诗词歌赋。女孩子最适合学词,每天念一词谱,三年绝对成家。自清末迄今,中国文化有断层,谁接上即第一。何以不争千秋,而要争一时?挑一东西学,再笨,十年绝对有成。学会有纳气即忍,燕雀安知鸿鹄志?

看清世情,知止而后有定。世俗有聪明,但无夐智。熊十力自知非事功才,而转入学术,成一时代的开山祖。真聪明,争千秋不争一时。

发愤,还得体、用并重,于现在有点好处。说自己真的,有可能是假的。

九四。解而(尔)拇,朋至斯孚。

"而",同"尔",汝也;"拇",大脚趾,有单一作用,但最缺灵,象征愚昧无知。"九四"阳居阴位,在坎震交接时,不当位,有逼君之嫌。

人类称自己为"万物之灵"。人死要"出灵",亲朋去"辞灵"。人死,牌位称"灵牌"。

臭皮囊会完蛋,但是灵不灭。人与万物之别,在于有灵。说一人"灵极了""鬼灵精",不说"聪明极了"。

二与四均阳刚,为同道,"同功异位",二多誉,四多惧。

"朋",志同道合者;"孚",信,"与朋友交,言而有信"(《论语·学而》),人绝不能离开诚信。"解而拇,朋至斯孚",解你的愚昧,同道才能来,结之以诚信。

结交以诚,唯同道诚信者,才能做到"解而拇",解你的愚昧。小人当利之所在,就狼狈为奸;利不在则分开,互相泄底。势利之交,无不凶终隙末。

《象》曰:解而拇,未当位也。

"解而拇",解你的愚昧。愚昧,什么都干了!拇,没有反应,痴呆,什么事都能干,代表无知、无灵、愚昧!

当位,就不拇;没当位,才拇。智不当位,智与位不相当,混、愚。不当位,必须自知。

能解决问题的,才是真智慧。学生,一个"生"字包含无尽意思,生生之谓仁。求学,学生。中国人读书、奋斗在"求仁","求仁而得仁,又何怨"(《论语·述而》)。凡是与"生"有关者均应学,环保亦在内。自己有无自考?打开智海,则取之不尽,用之不竭。

六五。君子维(系)有解,吉,有孚(诚信)于小人。

"六五"为解之主,柔居尊位,当以"亲君子、远小人"为先。

远小人,非与小人断交,而是"有孚于小人",在小人面前建立诚信,从而影响小人,慢慢征服小人。

"有孚于小人","举直错诸枉,能使枉者直","舜有天下,选于众,举皋陶,不仁者远矣。汤有天下,选于众,举伊尹,不仁者远矣"（《论语·颜渊》）。大家都变成皋陶、伊尹，则不仁者皆远离不仁之事，岂不成为直者？不可以解成"直者""枉者"两种人对立。小人如使之退远，但无论退多远，也能与你对立。有朝一日，你势不足，他就又回来。

《象》曰：君子有解，小人退也。

"君子有解"，"六五"与"九二"，君臣相应，"九二"刚中，为解难之才。

"小人退也"，即小人退却小人之位。退，不同于遁。退，在此位置站不住，退到小人之位，以求自保。

人求自保，并非完全失败。退却，乃兵家之常事。

上六。公用射隼（zhǔn）于高墉（墙）之上，获之，无不利。

"上六"居上震之极，处解终之时。"公"，臣之极贵者也，如三公，因德而贵，在于"公之德"。封公爵，其德与天地合，天道尚公。

"公用"，即用公之道。大家都是三公，没有一点私。

"隼"，代表阴险，阴险猛烈之怪禽，喻小人之尤者。擒贼必先擒王。"高墉"，高墙也。

"公用射隼于高墉之上"，"上六"除去高墙上的坏蛋，必须有万全的把握才能行事，不能打草惊蛇，"有攸往夙吉，往有功也"。

《系辞传下·第五章》云："隼者，禽也；弓矢者，器也；射之者，人也。君子藏器于身，待时而动，何不利之有？动而不括，是以出而有获，语成器而动者也。""弧矢之利，以威天下"

(《系辞传下·第二章》),藏器于身,负济世之具于身,智周万物,道济天下,活一天负一天责任。"待时而动",时至而不失之,机会不来,强做没用,识时务者为俊杰,要在特定环境下行自己能行之事。"何不利之有",百发百中,无不利;跑掉,则有秋后算账。"动而不括",要箭不虚发,不乱放空炮,有备而发,"是以出而有获"。

但有时是虚发,用以扰乱敌人,无所不用其极,无入而不自得。"言不必信,行不必果,惟义所在"(《孟子·离娄下》),处"据乱世"之道。

《象》曰:公用射隼,以解悖也。

"公用",用公,言法,不必自己诛。必看环境做事,智慧。就是公,也不能没有靠山。

"公用",早有备;"以解悖","悖",以下叛上,乱之大者,"解悖",不能叫小人当道。俟时而动,射隼于高墙之上,获之,往有功也。

中国人有报本的观念,基础雄厚,好汉不怕出身低。

有主张,没错,但得达到目的。有了主张,如何达到目的?将妄想当志,其愚不可及也。穷不择言,走投无路了!

明白"慎独"了?《大学》《中庸》均主张"慎独"。

我们是"福利派",绝不可以祸加于百姓。世故人情皆学问,万般不与政事同。

做事,不可以做自己"力所不及"的事。一急,乃穷不择言。萧规曹随,能有此一智慧?不高明就应藏拙,但亦得有智。

从头至尾再读《人物志》,均讲绝招,有些人就没好好读。

抄笔记,几个要点就漏了。学生没有读明白,徒孙又怎会明白?我讲书,每字均分析入理,就是要学生明白。

谁棋高一着,谁就成。谁读棋谱了?诸子百家,皆棋谱也。

清帝逊位,结束君主专制政体。清末,张之洞倡"中学为体,西学为用"。清朝结束后,一些人以西方思想背景解释中国学问,把中国学问往框框里套。熊十力主张:自中国文化本身,重新好好研究中国文化,要找出孔子的真思想;求与人同、不与人异的中国文化特征。有耐心,可细看《乾坤衍》。自《论语》可看出孔子思想有三变。

罗振玉研究甲骨文,在东北待了三十年,扎实。当时大家认为经书有问题,受政治影响,乃自甲骨、金石证实,董作宾潜心于甲骨文研究,也证实今文经书改得很多,因"诸侯皆恶其害己,皆去之籍",有去的必有添。

钱穆这派受人攻击,因他主张接古人讲,不可以标新立异。马一浮,宋明学派的继承者。

自熊十力《乾坤衍》《原儒》,可看出脱离旧文化、不受政治因素影响的思想。我称"夏学"亦有目的,要好好证明,不能立说就不能传下去,不在乎别人的批评。熊十力聪明,抓住机会就成,应接着做。把现在经书根据几个原则分一分,如传统的、加上去的……自地下出土的东西也能助我们了解未受帝王影响的思想。

经书改得太多,受君权打击大,尤其今文受影响最大。御用文人为了飞黄腾达,改经书以合上意。

学术有时代性。好好正视中国本身的文化,不能靠他人思想辅助,拿自家宝藏证明人家高。

一个责任：自文化本身看中国思想。我得新书，一夜看不完不睡，养成习惯。中国文化太久怎能改？巧取不行，任何书只能当材料，自己想。

中国学术必须好好整理整理。不以名好利，"外诱之私"必定住。人的时间有限，有所得必有所失。人必谦虚，才知学，能努力，能细心，不能巧取豪夺。此与家庭背景有关。"三世为官，才学会吃和穿"，中国东西太不容易。

1921年以后出生的中国人，懂享受，但战争也开始了，能享受到什么？现在大势已定，必无人敢轻易作战，有武备才能没战争。中国安宁，应好好做你们想做的事，平心静气，要务正业，学什么都好好学，任何学问皆有最高境界，不易达到，要对国家民族皆有贡献。术业有专攻，心无旁骛，活一天必得动一天，对事愈琢磨愈有趣味，要思不出其位。

人与人不能比，走不同的路，结果不同。人皆有其长，亦有其短。钱穆《先秦诸子系年》，神来之笔，对《论语》亦下过许多功夫。

写书，是要叫对方懂。一个人做学问，是个人境界。思想的东西很难，必须客观。"乾坤，其《易》之门邪"，"乾坤，其《易》之蕴邪"，"乾知大始，坤作成物"。

不要给任何人护航，没有功利境界就能客观研究。研究学术，只要有建树，对后人就会有所帮助。有些人没读几本书，就自我陶醉。中国书有多少？太多了！头脑清晰，一年读两三本，即为好手。为自己活，不自以为有学问，就会好好读书，有一分骄气，多一分阻力。

"汝为君子儒，勿为小人儒"，小人儒，偶俗，与社会人争名争利。二者之分野甚难，但必自知，不能自欺。自我了解很重要。"非至德，至道不凝焉"，人必有至德，才能结至道。无一无德者能成其至道。

身为中国人也是光彩。今逢太平世，不要自己心慌意乱，"天下本无事，庸人自扰之"。没人打扰我，我不为他人写文章，画画更不必谈。不自找麻烦，时间都给人，净为人作嫁。自己能干些什么？修到自己的见地与众不同时再谈，感到有必要说时再说。多少人皆自己消磨自己。你尚未站得住脚时，没有人知道你是谁。攻击别人，愈骂愈小，就看站得住与否，必先弄清自己应做些什么。

《尚书》为戒：浅义，叫帝王要爱民；深义，叫百姓除掉杀人魔王，《打渔杀家》。时代往前走，可是流弊未必能除去，《打渔杀家》之风犹存，明送暗送不知有多少。知识分子贡献在此，"今日尽打渔，不杀家"。稍微活用，能认识很多事，要读活书才进步，但也有没进步的，进步的没否认，但没进步的不能忽略。

读书人必须合作，不合作，就产生不了作用。

历史是流水账，了解时代背景何以演变至今，做浏览可以。找治国平天下之术莫如子书，《淮南子》杂货铺，好名，不值得读。董子、《论衡》（表现那时代、自己的看法）必看一看。《白虎通》《说苑》《新序》，辞典性的书。子书入手可读的书太多。《农政全书》《齐民要术》可看，挑着看，不要乱看。

连喝茶，都有《茶经》，自此看出中国的规矩多严。把《曾文正公全集》当子书读，亦不为过。用世专家，读书方式绝对不同。通才必须无所不知，才能"无所不用其极""无入而不

易经日讲

自得"。前人的提示，加以证实，滤出精华之所在。《墨子》以《墨辩》为精华，但距今远，不能懂。

《易经》，一卦应是一件事，分六个步骤，但有时前后解释有矛盾，乾、坤二卦较为完整，熊十力自两象辞得知《易经》，"知者观其象辞，则思过半矣"。

读完一本书，必知其所以然，概念必弄清楚。"大易"之道，即一部《易经》，是政书。政，管理众人之事。《易经》是中国思想之源，"大易"由隐之显，《春秋》由显之隐。"先迷失道，后顺得常"，给人盼望，德合无疆，学而知之，困而知之。《易经》与《中庸》相为表里，"过，则勿惮改"，"柔顺利贞"，有一标准、原则。乾、坤二《象传》真懂，是民族精神之所在。宇宙东西，皆不能轻视之，皆有其存在之道。

作《务本录》，自本入手，"君子务本，本立而道生"，"孝弟也者，其为人之本与"，悌道广，出门，对付我以外的人事。社会上东西永不会断，必有智者承之。思想上距离远，"志不同，道不合"，自己决定。人的智慧不同，"后夫凶"，什么都赶不上，差一步。年轻人脑子要活泼。一生完全为自己活，练习独立思考能力，才能独行。人的思考能力不同，成就乃不同。

天下皆"有德者居之"。是坏人，才要多接触他，有病才需要医生，但如果自己德薄，就不能感化他。必懂"不知为不知"，可以有不同看法，但不可以否定别人的一切。喜欢什么，做什么。博学之，重视不明白之处，一起研究，组一小学团，按部就班读。

成就，乃由接事人来评估，是智慧与功力。社会上许多有智慧的人却很少成功，因缺少功力，"精诚所至，金石为开"。

解卦第四十

"利令智昏"，不知用钱去买自己将来的好。有人求一时之名，巧取之名不必求，此乃外诱之私。

　　一天时间易过，亲身不到绝不能成事，没有体悟功夫也不能成就，"出淤泥而不染"不易。好名者必作伪。自己必须有操守。

　　"动本时代"，秦至今，全变了，改朝换代，文化、思想、伦理不变，必出几个有担当的人。熊与梁，时代之中流砥柱，正视文化本身。随波逐流，只会随时代过去。

　　做学问，非闭门造车，要多体验，有学问，就多一分应世之方。干出一番事业，将所学实行出来。书生空论政不行，必有经验。

　　按己智去行事，人皆有用。必须有用才能成功，时不可忽略。不必怕有位的官，要怕无位的民。明白自己立场，再去做事。

　　谁也帮不了你，毁不了你。应练达智慧。年纪大，必须为自己而活，为自己之趣味，因此有贡献。做熟了，高手一招，有此基础，成就乃高。

　　将智慧用于行事上不易。"汝为君子儒"，"古之学者为己"，读书人办糊涂事多得很，不一定能明白事理。能用上智慧又是一件事，真能用上的都是智者！

　　做事不同于教书。因为人都想取胜，时与位，应素其位而行，思不出其位，专家！

　　有些人自以为什么都知道，因为还有几分愚，等到再年长些，"看破世情惊破胆"。

　　人心，心心相印，"人之视己，如见其肺肝然"。说假话是失德的第一步。知自己说假话，已是失德。有大成就者，绝非无品德之人。"苟不至德，至道不凝焉"。吃亏，不说，明人亦知。自至德想至道。"君子体仁，足以长人"，成就内圣外王。

　　讲学的目的，在于改善社会风气。一切皆自做人行为上开始，不讲空的。现在很多人缺少责任感。中国东西必重新整理一遍。自爱心出，才能发光，良知的光辉。伟大的事业，是良知的事业！

损卦第四十一

（山泽损　艮上兑下）

损卦卦体：艮为山，兑为泽，泽深山高，损其深以增其高，山泽损。

卦德：损，损下益上，挖自己的根，其道上行。在人事上：牺牲自己，帮助别人；在政治上：最忌善政要民财。

《序卦》："缓必有所失，故受之以损。"

为何损益？为求平，求中。水，"盈科而后进"（《孟子·离娄下》），求平。

损益，达"中"之法。不损不益，求平求中，截长补短。恰到好处最难！礼，规矩，由不平中使之"立于礼"（《论语·泰伯》），"不学礼，无以立"（《论语·季氏》）。礼一废，则人有偏颇之行，失之于"准"，没有个准是，家自为俗。

《系辞传下·第七章》称"损，德之修也"，修身、修德，损去其所以害德者，惩忿窒欲。"损，先难而后易"，损之又损，习惯成自然，不以之为苦，自然受益，有损就有益。"损以远害"，损欲在远害，去掉毛病，不犯瘾。

知人难，被人了解亦难。我九十几岁犹做这做那的，为什么？

社会即需要而有用。有作用，不必你找他，他必找你。

真想发挥作用，在此地必须发酵。有几个志同道合者？什么都没有做，天下焉有白捡的事？人都有二三知己，干上半年必有五十人。

耳不聪，目不明，孤芳自赏没有作用。

开会是方式，并不是力量。选哪一条路，都得有群众支持。群而不党。

王与帝，称孤道寡，是在提醒自己，唯恐"高而无民，贤人在下位而无辅"。"残贼之人，谓之一夫"（《孟子·梁惠王下》），即独夫。

儒要"无适、无莫""无愚、无贱""毋意、毋必、毋固、毋我"。佛戒三毒：贪、嗔、痴。儒戒"独"之毒，"故君子必慎其独也"。"战战兢兢，如临深渊，如履薄冰"，忌惮，"戒慎乎其所不闻，恐惧乎其所不睹"。

说话要思考，不要净说胡话。

有多少群众就有多大力量，视你实力能号召多少人。要他认识你，而非你认识他。即需要而有用，在这边有力量，谁上位都找你。立本，本立而道生。

净做水上浮萍事，能有作用？扎几分根，才结几个果。根深了，结的果才多。没量，能容人？能成大事？识、量、胆，即智、仁、勇。

孟森《清初三大疑案考实》，考"太后下嫁"，说没这回事。孝庄不到三十岁，历经三朝：太宗、顺治、康熙。

君子不党，群而不党。用什么方法保住既有的利益？此自处之道。必得有"下限"，如兄弟分家，慢慢谈。皆实学也。

损，有孚，元吉，无咎，可贞，利有攸往。

"损"，王弼云："损刚益柔，不以消刚；损下益上，不以盈上。"损而有孚，则元吉，无咎。

"有孚"，"诚于中，形于外"（《大学》），以真见真，就可补其损。损，无过差，当其时，无"过"与"不及"，才能长久，细水长流，"可贞，利有所往"。

进可攻，退可守。有看法，是进；应守，自处之道。在此环境下如何立于不败之地？中国刚自受苦过来，绝不能再失寸土。

争宠即养奸。即使可靠，也发挥不了作用。自处之道，必须有万全的准备与把握。要认清，计划自处之道。有些人一有利即乱，争得不可开交。谁有群力，谁就当家做主。自保之道，在于智力、勇力，智、仁、勇，缺一不可。

人人都可以成功，好好想，不作文章，写空话。

你们要跟着事，天天琢磨。

曷（何）**之用？二簋**（guǐ，祭器，内圆）**可用享**（祭祀）。

"簋"，古时祭祀用以盛干物的器皿。昔按祭祀对象的地位，所摆放的器物不同。

二簋至薄，亦可用于祭神、祭祖宗。"祭如在，祭神如神在"（《论语·八佾》），祭在诚，不在物。

《象》曰：损，损下益上，其道上行，损而有孚，元吉，无咎，可贞，利有攸往。

"损下益上"，相益之道，不止财物，也包含德行。人世即如此，盈者损之，虚者益之。

就是死也得会死，不可如召忽之效愚忠。愚忠，损命益上（君）。文天祥，损命益国。"如其仁，如其仁"，是孔子对管仲的评语。文天祥、管仲留下什么？正气，乃其仁。

子路至死犹不明白，而做了冤死鬼。

曷之用？二簋可用享。二簋应（yìng）有时，

何以用损？损的目的在于损文存诚，"文胜质则史。文质彬彬，然后君子"（《论语·雍也》），"礼，与其奢也，宁俭"（《论语·八佾》）。

"二簋应有时"，祭祀时用，不可以为常。祭在诚，不在物资多少。

损刚益柔有时，

时，"当其可之谓时"（《礼记·学记》）。

"损刚益柔"，因时损益之，以趋于中。

《说苑·敬慎》云："孔子观于周庙而有欹器焉，孔子问守庙

者曰：'此为何器？'对曰：'盖为右坐之器。'孔子曰：'吾闻右坐之器，满则覆，虚则欹，中则正，有之乎？'对曰：'然。'孔子使子路取水而试之，满则覆，中则正，虚则欹，孔子喟然叹曰：'呜呼！恶有满而不覆者哉！'子路曰：'敢问持满有道乎？'孔子曰：'持满之道，挹而损之。'子路曰：'损之有道乎？'孔子曰：'高而能下，满而能虚，富而能俭，贵而能卑，智而能愚，勇而能怯，辩而能讷，博而能浅，明而能暗；是谓损而不极，能行此道，唯至德者及之。《易》曰：不损而益之，故损；自损而终，故益。'"应损则损，应虚则虚，损益有时。

损益盈虚，与时偕行。

"损益盈虚"，损益，相对的；盈，月盈则亏，亏则虚，盈了接着虚，自然界现象。

社会亦"损益盈虚"，损了就益，益了就损，虚转为盈，盈转为亏。是以人的智慧转，必得随时用心机，此为变局之所在。

"与时偕行"，以"时"为标准，识时、知时，"与时偕行"。人家盈时，就等一等，待其虚了，俟机而动。

写《易》，容易；懂《易》，可不易！

为政、过日子以开源最重要。不知开源，只知节流，终会同归于尽。家财万贯，坐吃山空，不添不少就长。自救不及还救人，也不行。

钱财在吃饭、生活用度以外不重要，必需的用度重要，不可以向人借钱过日子，"朋友只供一饥，不能供百饱"。做人之道应自基本认识中来。

《象》曰：山下有泽，损。君子以惩忿窒欲。

《说苑·谈丛》："天地之道：极则反，满则损。五采曜眼有时而渝，茂木丰草有时而落。物有盛衰，安得自若。"

"山下有泽"，泽之深，山愈高，损之象。

损己，"为道日损"（《老子·第四十八章》），所当损者为忿与欲。忿、欲，人之常情，不满则忿，爱之则欲。

"惩忿"，"身有所忿懥，则不得其正"（《大学》），"忿思难"（《论语·季氏》），结果之难，故智者不怒。

"窒欲"，嗜欲深者天机浅，什么戒都不可破，食髓知味就不可收拾。"爱之欲其生，恶之欲其死。既欲其生，又欲其死，是惑也"（《论语·颜渊》）。真明白，做事能偏？

忿、欲，食髓知味，使人失常、失德。"惩忿"，"不迁怒"；"窒欲"，"不贰过"。止己之忿、欲，损己以利人之道。

人生是一台戏，真是不假！一个人一动念，即要了解他是好人、是坏人。原心定罪，以动机论，就看你们的智慧。"世有伯乐，然后有千里马"，"如有所誉者，其有所试矣"（《论语·卫灵公》），试一试，必有所悟。

惩忿、窒欲，皆克己功夫，很苦。"克己复礼为仁"，"为仁由己，而由人乎哉"（《论语·先进》），成才不易！权势足以成就或毁掉一个人，有的成就了，有的造孽了。

初九。己（我）事遄（速）往，无咎；酌损之。

"己事"，我责任分内之事。"遄"，快也。"己事遄往"，事成了马上离开，见好就收，故无咎。

"损刚益柔有时"，"酌损之"，酌，时也，"损益盈虚，与时偕行"，以"时"做参酌，斟酌而后损之。

"初九"阳刚，居损之始，与"六四"相应与，有责任使"六四"变好，益"六四"之德。朋友之道，"忠告而善道之"（《论语·先进》）。自己损多少，益朋友多少，以"中"为标准。

《象》曰：已事遄往，尚（上）合志也。

"初九"与"六四"合志，以刚居刚，损刚益柔。

读书人既不能放枪也不能发子弹，要以什么领导社会，才能对时代有益？百姓都想要过安乐的日子，如何使社会步入正途？如何除掉那些发号施令而使人类有灾难的人？读书人如为"浑者之奴"，焉有良知？读书人没有群德。弄不好，接着事就来。

学会用脑，也要真的认真，且必须客观地研究，没有立场。缺少客观的认识，就找不到标杆。

讲《易》，必须绝对客观。《易》在"通德类情"，情不类必须弄清，使之恰到好处。下"类"的功夫，使"情"无所偏倚。类情则不失其正，发而皆中节谓之和。必须深思，用心深细，以曲求道理。有深细的功夫才能发人深省。《易》一法通，百法通。

九二。利贞，征凶，弗损，益之。

此八字含无量义！

"利贞"，在利于正固。做事时，对宠信之人若不"约之以礼"，必致杀身之祸。

"征凶"，有所作为，凶！升平世，人人为我，"拔一毛而利天下，不为也"。

不损，益之，以刚中自守，不必损己益上，否则以柔悦之性益上，拍马逢迎，则失其正。

知人则哲，任人以哲，读《春秋》在于明是非。真认清自己的环境、地位、时势，就可以做事。

《象》曰：九二利贞，中以为志也。

损卦，先看"九二"爻，无论损或益，都有一标准——"中"。"中以为志也"，即中庸之"中"，素其位而行。

"九二"其利在正固，守住本分，少管闲事；不守正固，妄为，往前进，凶。不损，益之，不必自损，也不必益人。

必记住要点："九二"具"正中"之德，已近"中正"。过中，要损；不及，要益。中国思想，以"中"为标准。正中，应守住中，其利在于正固，"中立而不倚，强哉矫！"（《中庸》）

看完注，亦不知所指，就用不上。真明白道理，天下就不乱了。社会之所以乱，在于不中。

"解，缓也"，庖丁解牛，自"间"入手，慢慢来，游刃有余。乱下刀，就完了！

对《易经》有基本了解，非一日之工。不自"四书"入手即读《易经》，真是惊心动魄！

"为学日益，为道日损。损之又损，以至于无为"（《老子·第四十八章》），损，即克己，"九二"是个标准，过犹不及，"一介不取，一介不予"，即中。贪污发财，益物损德。

六三。三人行，则损一人；一人行，则得其友。

此乃人之情，因有同情的，损多益寡，损有余补不足。

《系辞传下·第五章》云："天地绸缊，万物化醇。男女构精，万物化生。""绸缊"，天地合气，元气盛；"醇"，和厚、谨重、不杂。"大哉乾元，万物资始"，"至哉坤元，万物资生"，阴阳合德，刚柔有体，生生不息。

"《易》曰：'三人行，则损一人；一人行，则得其友。'言致一也。""致一"，专一不贰，惟精惟一。

画卦的目的，在"以通神明之德，以类万物之情"(《系辞传下·第二章》)。神，造物者；明，生生不息。类情，情如能类得好，就没有战争。

要有作为，必须有量。整个想，这是大趋势。有问题应解决，不要拖。

《象》曰：一人行，三则疑也。

三与四、五，三阴并行，以承于"上九"。"三则疑也"，三与上为正应，"一人行"则得友，而成两，"二簋可用享"，可以承祭祀。

"太极生两仪"，中国人的太极观，以偶为基。中国思想的基础：善恶、仁义、黑白。"因贰以济民行，以明失得之报"(《系辞传下·第六章》)。儒家观念：二生。道家观念：三生，"道生一，一生二，三生万物"(《老子·第四十二章》)。

"三则疑也"，"再，斯可矣"(《论语·公冶长》)，多思则生疑。

六四。损其（己）疾（毛病），使遄有喜，无咎。

"损其疾"，想让人家来帮你忙，必须先去掉自己的毛病。损己之毛病，于人无害，即益人。"使遄有喜"，"初九"与四相应，损刚益柔，"无咎"。

"友直，友谅，友多闻"（《论语·季氏》），以他人之阳刚，补己之阴柔不足，有向上心。

《象》曰：损其疾，亦可喜也。

"损其疾"，"初九"益"六四"之德，"亦可喜也"。
有些人没有前瞻性，何必撞了南墙再回头？

六五。或益之十朋之龟，弗克违，元吉。

"或"，来子注："不期而至，不知所从来也。"

古朋贝制：朋，古代货币单位。五贝为一朋。龟，《广雅》："龟贝，货也。"古代作为交易之货币。两龟一朋，十朋为大宝。

王船山注："龟，守国之宝也……三阴居外而欲消，得上之益以止，而安于尊位，是五之宝也。弗克违，理数之自致。"

《尚书·洪范》："择建立卜筮人，乃命卜筮……汝则从，龟从，筮从，卿士从，庶民从，是之谓大同。"谋从众，虽龟策也不违。只要有益人之德，连十朋之龟都不违，何必卜？损己之尊位而从仁。

"六五"以柔居尊，处损之时，只要有下贤之心，则受天下之益矣！虚中、损己、从仁，则天下莫不从，实至名归。"王者无外"（《春秋公羊传·隐公元年》），大一统也。

易经日讲

《象》曰：六五元吉，自上佑（助）也。

"佑者，助也。天之所助者，顺也"（《系辞传上·第十二章》），容众，上天助之。"人之所助者，信也"，无私诚信，才能得众。能守德者，就是团体中的胶水，产生粘连作用，人人无我，上下合德，元吉。阳奉阴违者，败事。

"天听自我民明听，天明畏自我民明威"，天灾、人祸。大风暴、大雨雪。

上九。弗损，益之，无咎，贞吉。利有攸往，得臣无家。

"弗损益之"，不损下而自益，不损就是益之，无咎。"贞吉"，守正固之道，吉。在外不贪小便宜，一贪就有损。

"利有攸往"，何以得人心？因除天下之患。圣人贵通天下之志，贵除天下之患。

"得臣无家"，家，限内外；无家，无内外之分。无我，无自私其家之心，国而忘家，使人人皆能为国家贡献其能。

此爻有太平世味道。"得臣无家"，"溥天之下，莫非王土；率土之滨，莫非王臣"（《诗经·小雅·北山》），得天下之民，而无自私其家的心。

《象》曰：弗损益之，大得志也。

"上九"处损之极，居艮之上，用刚乘柔，不损就益之，得臣民，"大得志也"。

"大得志也"，此为政之要。自以为是国家最有权的君王，则损下益上，用法律、威权损下而自益。

益卦第四十二

（风雷益　巽上震下）

"斫木为耜，揉木为耒，耒耨之利，以教天下，盖取诸益"（《系辞传下·第二章》），《释名》："耜，似也，似齿之断物也。"《说文》："耒，手耕曲木也。"耨如铲，以芸田除草。益（䷩），巽为木，震为动，上木下动。

益卦卦体：巽为风，震为雷，风雷交相作，益。

卦德：动而巽，日进无疆，自上下下，其道大明。

损、益互综，损，损下益上；益，损上益下。处事之原则，"民足，君孰不足"；损下益上，是损，"民不足，君孰与足？"（《论语·颜渊》）损益之道，盛衰之理，"虽曰天命，岂非人事哉？"人事也能控制盛衰。

"出纳之吝"坏！损下益上，在上位者并不叫你如此做，但多少事是"出纳之吝"惹出来的，应给而不给，有司之吝。

俭，自己有而不用，损己。

《序卦》："损而不已必益，故受之以益。"

"损而不已必益"，天道好还，盛衰不常。损、益二卦互综，物极必反，不是损就是益。

《说苑·敬慎》："孔子读《易》，至于损益，则喟然而叹。子夏避席而问曰：'夫子何为叹？'孔子曰：'夫自损者益，自益者缺，吾是以叹也。'子夏曰：'然则学者不可以益乎？'孔子曰：'否，天之道成者，未尝得久也。夫学者以虚受之，故曰得。苟不知持满，则天下之善言不得入其耳矣。'"

《杂卦》："损益，盛衰之始也。"

盛衰之理，虽曰天命，岂非人事哉？重视盛衰之始，看何以盛、何以衰。

《系辞传下·第七章》称："益，德之裕也。""德之裕"，裕德，为学日益，益学，日有所益。"益，长裕而不设"，"长裕"，一天比一天富裕，长益；"不设"，顺其自然，不必设计，自然之为道才可靠。"益以兴利"，是利他的，"能以美利利天下，不言所利，大矣哉"！

《易经》必须下点功夫，不能完全靠口耳之学。口耳之学，无默而识之、心会神通的境界。坐车、走路都可背书，不要乱想。早晨起来，必走人行道，静静无人，背背书，养成习惯。利用时间，不耽误事。一边洗碗，一边想正经事。背诗，写在纸上，散步就背。学文学容易，会背《唐诗三百首》，不会作诗也会吟。词有《白香词谱》，必须大声念，按谱唱词，熟就能生巧。今天如有责任感，必须下点功夫。有些人习一半，就敢下定论。

中国东西皆有专学，成书，喜欢什么就保存点什么。不二法门即"死记"，笨方法最扎实。因懒而一事无成，什么都不能存住。"非不能也，是不为也"，就是懒！每个人有每个人的责任，必须面对自己的责任。勤，求知，好之、乐之，乐此不疲！包含知行合一的境界。人最可怕的是太容易原谅自己，一天尽是闲工夫。有心，时间随时可用。六祖成于刷碗上。

益，利有攸往，利涉大川。

"益，利有攸往"，其利在于有所作为，既可处常，亦可处变，凡事无不利也。

"利涉大川"，古时过河为难事，以象度艰难，可以处常，亦可以济变。

《彖》曰：益，损上益下，民说（悦）无疆。

"损上益下"，一切的根基往下扎根，"民惟邦本，本固邦宁"（《尚书·夏书·五子之歌》），民益，悦而无疆。

自上下（动词）下（名词），其道大光。

"自上下下"，当领袖必如此，故"其道大光"，"刚健笃实辉光"（《易经·大畜卦》）。

孔文子何以谓之"文"？"敏而好学，不耻下问"（《论语·公冶长》）。尧何以为"文祖"？"聪明文思，光宅天下"（《尚书·尧典》)。均能下下。文祖，政治家的祖师爷。"自上下下"，为人之道、为领袖之道。有地位的人，对地位低下的人也笑着说话，夜里笑着睡。要尊重别人，不必净用心机。

做事业，多一分骄气多一分失败，做人没有亲切感。懂得做事，就不敢有骄气。有人骂，习以为常。

利有攸往，中正有庆（善），利涉大川，木道乃行。

"中正有庆"，"中正"，真实的功夫；"有庆"，"善则得之，不善则失之"（《大学》），唯善以为宝，"仁亲以为宝"（《大学》）。"中正"，立身之德；"有庆"，乃自德来。

"涉大川"，即到彼岸。

"木道乃行"，过河得用木，"刳木为舟，剡木为楫，舟楫之利，以济不通，致远以利天下"（《系辞传下·第二章》）。

做事时要怎么做？渡艰险，得有凭借。

益动而巽（顺），日进无疆。

"益动而巽"，"巽，德之制也"，有了成就，必须动而能谦逊。

"日进无疆"，"苟日新，日日新，又日新"，日知己所无，每天有新的境界。

读完书，还要学怎么做事，主宰出乎动，知道就得做，知行合一。连打扫庭院，也都有术。损上益下，才能为主宰。处友之道，必真心相处，遇事互相琢磨。讲多少，懂了，就必做多少。有些人一做事，就不懂得包容，专权跋扈，有我没你，只有集团利益，焉能成事？君子不器，有容乃大。器之容量有数，不是器则无所不容，无所不包，故曰有容乃大。做事不易，讲太清楚，有碍口之事；讲不清楚，就有听错的。深体"大易"之道：一致百虑，殊途同归。知己之不能，能有所进步。必见贤思齐，非满足现状。

天施地生，其益无方。

"天施地生"，"乾施坤受"，施不求报。天地之德，自强不息，厚德载物。

"其益无方"，满招损，谦受益。

凡益之道，与时偕行。

"时"，"当其可之谓时"。"与时偕行"，无方所、无限量，"舟车所至，霜露所队（坠）"（《中庸》）。《大学》《中庸》乃智慧的东西，马上能启发智慧。益天下时，必与时偕行。

损、益互综，两卦必对着看。读书不要怕麻烦。二卦对照细看，于此二卦最能展现为政之道。"知所以用理为难"，难在"知行合一"。

有志，用自己脑子研究要如何面对未来。不要光有想法，没有做法。

如连自己的利害都搞不定，还为人算什么命？人都自私，应先打理好自己的前途。"利有攸往"，办事无障碍。

人要活跃，读书要活泼，父子都以此为法则，孝、友没有代沟。此即知识的效应，进一步可以治国。不讲空话，仁者爱人，懂得爱就爱。

许多事不在于早晚，在于"中的"，即"君子而时中"，可以处常，亦可以济变。

佛，从迷到悟，觉了。儒，"先迷失道，后顺得常"（《易经·坤卦》）。百姓难知"悟"，但"顺"易知。先觉者，悟；百姓，顺。

要顺理成章，"不成章不达"（《孟子·尽心上》），张良成章了。

我年年检查身体。有目标，心广体胖。胆、量、识、智、仁、勇。

我察事入微，"色庄"者，伪君子也。"有孚"，人以诚信为主，都要花招，无一成功。脑子有毛病，才看人有毛病。

每个学问都要深入，我休闲时看佛经，《易经》每天看一卦半卦，启发无穷。

"至大无外"，由大到天，学大则天，天是大的作用，但比大小。既是学大、则天，那何以不称"天学"？"大哉乾元，万物资始，乃统天"，天，有统它的。日月、星辰、山川，天之所统。

"夏，中国之人也"，"入中国则中国之"，诸夏→华夏。21世纪必自文化开始。

革命不易成功。《尚书·尧典》"九族既睦，平章百姓。百姓昭明，协和万邦。黎民於变时雍"，最早一般人并无姓（黎民），豪族才有姓（百姓）。

《诗经》每天奏厕时看一首，必须自己深入，否则如听评词，一点用也没。

丈夫应"损上益下"，妻子"其悦无疆"。行有余力，要懂得关心别人。

涉大川，木道才有用。没有人对不起你，是你对不起自己，社会即需要而有用，应夜以继日弥补自己之短。

《孟子·离娄下》:"周公思兼三王,以施四事,其有不合者,仰而思之,夜以继日。幸而得之,坐以待旦。"

周恩来(1898—1976)百岁冥诞,在天津建立纪念馆。

1998年2月28日,天津周恩来邓颖超纪念馆建立,原南开中学周恩来青年时代在天津革命的活动纪念馆建制撤销,并入周恩来邓颖超纪念馆。

《易经》的文字是谁写的先不管,当时即有此思想,中华民族能不优秀?

人的思想与行为,不靠牌子、后人。

"病从口入,祸从口出",要守口如瓶。不懂忌惮者,乃成小人。"戒慎乎其所不闻,恐惧乎其所不睹"(《中庸》),戒慎恐惧即忌惮,曾子为懂忌惮之士,临终对弟子说:"《诗》云:'战战兢兢,如临深渊,如履薄冰。'而今而后,吾知免夫!小子!"免得战战兢兢。

谁看过"天命"?谁听过"天声"?"莫见乎隐,莫显乎微,故君子必慎其独也","视之而弗见,听之而弗闻,体万物而不可遗也"(《中庸》)。

要发掘智慧。对小孩要随时启发:不要如鱼整天摇头摆尾,什么都会,就不会动脑。有些年轻人,除了会追女朋友外,什么都不懂。

"奉元宗"如有成就,全在于你们。我吃得还不如你们,吃饺子,喝原汤。要想事,不可以索隐行怪。

益卦第四十二

《象》曰：风雷，益。君子以见善则（速辞）迁，有过则改。

"风雷"，风以导和，雷以动之，"雷风相薄"、"雷风不相悖"（《说卦传》），迅雷烈风，至速者也，雷以震儒，风以导和，风雷交相帮助，所以为益。

"见善则迁，有过则改"，"择其善者而从之"，"过，则勿惮改"，迁善改过，益莫大焉。

王船山云："益者，学以益性之正；损者，修以损情之偏。君子之善用损益也。"天下无难事，必须冷静想。主观讲学，投权势之所好，发得不中节，即情领性，以欲率性；发得皆中节，则情即性，性即情。

初九。利用为大作，元吉，无咎。

来子注："必其所作之事周悉万全，为经久之良图，至于元善，方可无咎。苟轻用败事，必负六四之信任矣。"有些人净作文章，根本没深思。做事"周悉万全"固然重要，然不识人，亦必"轻用败事"。

"利用为大作"，其利在于做有益于天下之事。"大作"，视有无智慧"利用为大作"。

是伯乐才识千里马，一般人将千里马当驽马用。"以小任大"坏事！具臣，备数之臣，难当大任。必善用天下之才，以济天下之难，才能"元吉，无咎"。

《象》曰：元吉无咎，下不厚事也。

有本原之善，才能元吉。"下不厚事"，没有显己，"无成有终"(《易经·坤卦》)。"元吉无咎",自"下不厚事"来。

下卦雷,为震,"帝出乎震",一切的主宰都出乎震。春雷动,生生不息。"初九"为震之主,乃大主宰之所出,确能成事,就看有无识才之伯乐。

在下位既不作秀,也不争功,最后无成有终,无以已为厚事者,才"元吉无咎"。"上下交征利"(《孟子·梁惠王上》),坏!要玩味。

孔子"吾犹及史之阙文也"(《论语·卫灵公》)。

要将几千年君主专制思想下的"伪"去掉,必须讲"真"的,但去伪存真最难。

应先知己,才懂得努力,不必专门看别人。

六二。或益之十朋之龟,弗克违,永贞吉。王用享于帝,吉。

"或益之十朋之龟,弗克违",同损之"六五",损受下之益,益受上之益。如有益人之德,连十朋之龟都不违,又何必卜?有其德,受其福。"六二"以柔居中,处益以谦冲,益不召自至。

"永贞吉","永贞"自哪儿来?坤卦"用六,利永贞","以大终也"(《易经·坤卦》),能择善固守,故吉。

"六二"以柔居中,当位,虚中,得"九五"之宠益,"王用享于帝,吉"。

治国不可以用暴力,必用谦逊之德,敬天爱民。

《象》曰:或益之,自外来也。

"六二"与"九五"为正应,中正虚中,有德受外来之福,永贞吉。

遇事大而化之，什么也得不到。再装腔作势，解决不了问题。有些年轻人聪明过了头！愚者好自用，贱者好自专。

现在全世界，天灾天天有，人祸也不断。世界之变，因果，在劫难逃。时局瞬息万变，非常人所能料也。乱必出奇人。各显其能，绝非常人所能。天下绝无白捡的事。

"古者包牺氏之王天下也，仰则观象于天，俯则观法于地，观鸟兽之文与地之宜，近取诸身，远取诸物，于是始作八卦，以通神明之德，以类万物之情"（《系辞传下·第二章》），懂得《系辞传》这一段，才懂《易》。

人求分外事，必凶。不想办不到的事，可以少受多少苦，求不得之苦！智慧非一天培养出来的。

人的修养、背景不同，作为绝对不同，不怕不识货，就怕货比货。

六三。益之用凶事，无咎。有孚，中行，告公，用圭。

"益之用凶事"，"六三"阴居阳位，处震之上，能安分守己，就能躲开凶事，危难正是最好表现的时候，无咎。"谦"可避一切凶。

人生无不在险阻盘错中，阅世愈久愈觉社会很残酷。残酷与幸福，乃由人之理智与不理智来。人必为自己活，要善用智慧。

"有孚，中行，告公，用圭"，断句不同，意思有别。

一，"有孚，中行，告公，用圭"，一切告之于众，无私。明于众人之前，大家互相合作，才能和谐。有事不自作主张。

做任何事，不可私自决定，得请示后才做，使在上者相信自己。《尚书·皋陶谟》称"允迪厥德，谟明弼谐"，做事按良知去实行，用计谋必让大家明白。

二，"有孚，中行告公，用圭"，凶事，乃上之所与。在险境中，行为必合乎中。以"中"为标准，"过与不及"都不行。中行，其行合于中道者，有事找一有力者转告。

读《易》，将每句话用到事上，就通理。

见面用圭，享礼用璧。圭，含信、节义，有如今之到任国书，回国时再拿回。敬圭，即敬其国。国宴交换璧，不可要回。每朝用璧不同，均有分类，代表吉祥、欢乐。符，传达之信物，虎符；琮，诸侯间的信物。

祭祀少用圭，多用于朝聘。祭祀用璧，圭璧，"故宫"没有，我有一件汉朝的。手中有的东西不要糟蹋。我的王阳明字，世界一宝。

私最难去。"私"字作祟，乃不能合作。证严才华也许并不高，但有德，言行一致，在佛教史上亦不多见。天下之成就，绝对是有德者居之。古今多少才子佳人，有如过江之鲫，而今安在哉？证严不错，不像有些人见利就忘义。

《象》曰：益用凶事，固有之也。

益卦是好卦，但三爻亦凶。"三多凶，五多功"（《系辞传下·第九章》），三爻是苦爻，"终日乾乾，夕惕若，厉无咎"（《易经·乾卦》）。"六三"虚中，守虚中之德。懂，能行？

"固有之也"，"固"，本，常也，能安分守己，就能避开凶事。在险境中，行为必合乎中行，有事要找一有力者转告。

益卦第四十二

六十四卦，唯谦卦六爻皆吉，谦不易，能避一切之凶。

人性，性之德，什么都有，恢复人性，本立而道生。社会习以为常，人性的基本问题都没了。修德非一两天之事。

知识分子应明辨是非。大学生应是人类良知的代表。五四，绝对有目标。

六四。中行，告公从，利用为依迁国。

"中行，告公从"，"六四"损己以益下，行为必合乎中行，遇事"合其谋"，大家对计划有共同的主张，则无阴奉阳违者。事事不由东，累死也无功。不可以好大喜功，如此，大家才会听从。

"利用为依迁国"，"依"，依山傍水，来子注："国有所依，则不费其兵，而民有所依矣。""六四"能有所依，如损"六三"之"得其友"。

"迁国"，"振恒，凶"（《易经·恒卦》），大无功也。民生为大事，迁国是缺德。

我最缺聊天的对象。读书得有功夫，有些人自其谈话就感其少有智慧，智慧是培养的，元培。

为子孙计，打蛇要打三寸，知要害。何以什么都不做，就任人宰割？脑子得日新。知耻，才近乎勇。

人必须自己做出样子来，才叫别人尊重。"非主流"转过来即主流。

《象》曰：告公从，以（因）益志也。

"六四"处益之时，居巽之始，若得中行，事事"告公"，得到信任，有权任事，以益天下为志。

四多惧，近君，伴君如伴虎，常投君之所好，才得君之所信，结果成了宠臣、佞臣，故多惧。

九五。有孚惠心，勿问，元吉，有孚惠我德。

"惠"，《说文》："仁也。"仁爱，《尚书·皋陶谟》："安民则惠。"益下之惠，"小人怀惠"（《论语·里仁》），益下之惠，则"惠而不费"（《论语·尧曰》）。为益之大，莫过于大信；为惠之大，莫大于心。信以惠心，则众望所归，"勿问，元吉"。

下于上曰"告"，上于下曰"问"。"六三""六四"，"告公"；"九五"，"勿问"，有诚信，"元吉"。以诚惠人，人怀其德，"有孚惠我德"。

"九五"为益之主，在巽之中，谦逊之君。"有孚惠我德"，有诚信，不必夸功，百姓会怀你的德。德不是空的，是有善行后之称。领袖人物必"有孚惠心"，百姓则"有孚惠我德"。

《象》曰：有孚惠心，勿问之矣；

惠民，惠而不费，"因民之所利而利之"（《论语·尧曰》）。圣人贵通天下之志，贵除天下之患，就是惠，非家至而日说者。

惠我德，大得志也。

"以贵下贱，大得民也"（《易经·屯卦》），志，心之所主，志于道，一切抱负均得以实行，"志大得也"，"民说无疆，自上下下，其道大光"。

益卦最重要的两爻，即"六二""九五"。"六二"，"永贞吉"，

"利永贞",臣之德。"九五","元吉","飞龙在天,大人造也",君之德。

终日之所思,不如须臾之所学也。懂得社会上的事不易,才知要发愤图强。好名者,必作伪。

读活书,明白"犁牛之子骍且角,虽欲勿用,山川其舍诸"(《论语·雍也》),可以振奋自己,父母好坏不影响你的伟大。碰上有"山川之志"者,只要你本身够标准,绝对用你。山川,代表公。

一句话,都可以写一篇文章;写完,慢慢改,讲出要点之所在。今天再写注解式的文章,没有用。

老百姓真"得惠",得经过什么层次?所说的话都到今天为止。"示惠",要百姓真觉得"得"了,才是惠,必经"贵通天下之志",才知天下人之所需。

一个家也成政,有家政。个人是"行为",团体即"政"。人与人相处,有一定的关系,即"序"。序,是一步步来的,有伦有序,天下没有白捡的事。

旁敲:知其看过谁,去过哪些地方。不直接问,拐弯问。没受过训的,就告诉人了。一言不发,则知你至少受过训,问不出来。

应知道怎么用脑,多复杂的社会,必须曲求之。声东击西,拐弯抹角,用激将法。

《人物志》熟,一看人即知。懂用脑,最后绝对成功。成功是要运筹帷幄的,而不是激声恶斗。

能齐家就能治国,不必想得太高深。《易》为智海,就看你怎么读。

不能掉到厕所里，出来绝对不香。老谋深算，不要太天真，要有万全的准备。

韩信（前230—前196）据说其貌不扬，居然登坛拜将，此必有内相、异相。相一人，不能光看其外相，特殊的必有内相。

上下，相邻关系。人不能每天独行，故君子必慎其独也。

汉儒以易有"变易、交易、不易"三义。设无交易，社会即无生生，生生乃自交易来的。变易，以流形言，阳极则变阴，阴极则变阳。阳数，以九为最高数，1+3+5；阴数，以六为最高数，2+4。中国以5为数之祖，《河图》《洛书》5皆居中位。

三天二地：天一天三天五，地二地四。一、二、三、四，生数；六、七、八、九、十，成数。生数，成之端倪；成数，生之结果。

人的"位"与"时"如果不合适，就是条龙也没办法；如碰到合适的位与时，即使非龙也成了，时势造英雄。

人生最苦的是求不得之苦！本是不可得，偏要求。名与利，最可怕！放得下，没有人能累你的心。"学问之道无他，求其放心而已矣"，安心为第一步功夫，然后理得。心安，不简单！得理，初步境界。心安理得，则心静如水。

理学很重要，是针对空虚而来的，"和顺于道德而理于义"，是实践之学。先把自己修好，才能站得住。得理（知）易，理得（行）不易！求知后，必过智慧的生活，理和欲要分清。将己欲当成志，是最糟、最可怕的事。

每天要静，"淡泊以明志，宁静以致远"，淡泊，欲少，初步功夫，无欲则刚，才能宁静，但非没目标，要致远。"人生不如意事，十之八九"，证明其志有十分。不想求不得苦，不想玄，想一句话，通了，就不要胡思乱想。

读卦时，必勤用手画爻，才知卦之变。每天看一爻，持之以恒。我常将一爻弄几个礼拜，看过几本重要的书，一爻一爻解决，否则如何明白？《易》注就有四百多本。卦爻辞，看法不同，注解乃有别。解经，不可有意气之言，标新立异，索隐行怪。当趣味研究，一生也有贡献，但必念兹在兹。

《易》有圣人之道四，卜只是其一。《易经》之道，放诸四海而皆准，"不可为典要，唯变所适"。

《易》有用，但并非马虎人所能了悟的。我虽是一介平民，但站得稳。立身，必须自己站得住。读书不能用到处世上，就没有用。

人世、宇宙间，即承、乘、应、与。六爻，代表宇宙中一切的行动，人与人的关系。

社会即需要而有用。会画画，还必须遇上文人领袖才有用。社会上没有绝对的真理，就是即需要而有用。

"生身是真真，哪有真孝人？"又有何真理？有些人为了金钱，亲兄弟都互不相让。说社会不公，社会焉有绝对的公？

中国何以有"仁"的观念？"君子之道，造端乎夫妇"，夫妇即仁，二人偶也，追不一样的。二人偶，最大的作用是合德，"阴阳合德，刚柔有体"，乃生生不息。

把最神圣的说成最肮脏的东西，就糟了！公的为父，父母与子女，均为符号。父母与子女，慈与孝。兄友弟恭，有先后之别。偶的作用是生，生生之谓仁，杏仁、桃仁。"仁"中最

易经日讲

宝贵的为"精"，精之用为"神"。蛋在灯下一照，看有无精，无精不能生。刚健中正纯粹精，存"精与神"不易，表现在外的为神。从精到神，即练气功。孟子"我善养吾浩然之气"(《孟子·公孙丑上》)，是气功的祖师爷。"直养而无害"，"人之生也直"，"率性之谓道"，违背人性就不是道。

养你小，养他老，孝；走了，称考。孝不是讲理论，是自"行"中来的，行孝。神，"体物而不可遗"，"妙万物而为言者也"，言，恰到好处。人身体的结构妙，惟妙惟肖。

发掘脑子的无尽藏，融会贯通，依经解经。讲课脑子要活起来，妙化每个人的脑，不必抄袭，过去的就过去了，再按环境想，绝对高明。环境复杂，应再建设思想。行尸走肉没有用，抄一辈子书，与你有什么关系？21世纪应再来个百家争鸣，人脑能造出前所未有的东西。

"玩其辞"，玩，口里含糖，舌头滑来滑去，真功夫，真滋味。

用古人智慧启发我们的智慧，性生万法。《金刚经》应是佛讲的，是思想，是智慧，无上正等正觉。"般若藏"较具智慧。

何不研究三国何以魏成功？不是偏袒谁，必须冷静。有《汉魏丛书》，可以参考。

《汉魏丛书》为明代新安人程荣所编辑。按四部分类，共收书三十八种：经部十一种，史部四种，子部二十三，集部无书。为了表明各朝代之间的递嬗关系和发展脉络，除了收录汉魏时期的重要著作外，也少量收录汉以前和魏以后的图书。

《汉魏丛书》收录诸书，巨细不遗、大小均收，且不做任何删节，举凡原书的序、跋等一律予以保留，能较完好地展现诸书原貌，提高其文献和版本价值。

上九。莫益之，或击之。立心勿恒，凶。

"上九"亢在上，居益之极，求益无已，贪得无厌，人弗与之，或攻击之。

不能损上益下，而"上下交征利"（《孟子·梁惠王上》），"放于利而行，多怨"（《论语·里仁》），守不住中，"立心勿恒"，"不恒其德，或承之羞"，当然凶。

恒，站得住，"其心三月不违仁"，始终如一，"天行健，君子以自强不息"。

《系辞传下·第五章》云："君子安其身而后动，易其心而后语，定其交而后求，君子修此三者，故全也。"安其身，身无愧怍；易其心，坦荡荡；定其交，以道义交，则淡以成。真滋味本是淡，淡味方能长。君子之交淡如水，乃道义之结合；势利之交，无不凶终隙末。

"立心勿恒，凶"，恒，杂而不厌，"久而敬之"（《论语·公冶长》）。家和乐，秘诀在于互相尊重。

"君子之道，造端乎夫妇"，在于"久而敬之"，"君子笃恭而天下平"，"笃"字最难！

《象》曰：莫益之，偏辞也；或击之，自外来也。

《系辞传下·第五章》称："危以动，则民不与也；惧以语，则民不应也；无交而求，则民不与也。莫之与，则伤之至矣。《易》曰：'莫益之，或击之。立心勿恒，凶。'"社会就两个行动："莫益之"和"或击之"。"偏辞也"，偏心眼，不能人我兼顾；"自外来"，祸自外来，太自私，人皆群起攻之，咎由自取。知道普通事，然行之维艰。

"上九"处益之极，欲，益天下之民，但贵而无位，高而无民，不能行益于人。位不对，环境不允许，且无对象，常会苦闷；立心无恒，乃反而取于人，尽做利己之事，自私，只为自己打算，凶。

为政不能从心所欲，只能留几寸，不能过几寸。做人亦如是，说话要留三分，做事多做三分。就是朋友间，也要有分寸，否则后继不足，就怨你。

不要妄想，把持住真的东西，想实际的东西。

一叶落而知秋，不要小人得志就妄为。

应落子不凡，把行家也吓住。要有修养，虽不能百发百中，亦可证明有功夫。每天读棋谱，即读历史，但看棋谱不如下棋。现已有二十六史了，何不脚踏实地建设祖宗留下的这块土地？汉、唐给人留下深刻的印象，人人皆知。

中国是"厚往薄来"的文化。人必须有远见。

披坎肩走路还有风。要有真实的问题研究，不要落空。

社会上有些人，不是累死，就是呆死（等死）。问自己："想些什么？今天做些什么？"治国平天下要有专学，自专学下手，懂自己能干什么，就忙不过来了。今天分类极为清楚，学一种东西就忙不过来。

尽性，如何尽己之性？己性之用在于良知良能，凭自己的良知良能做事。没有良知良能怎么理事？完全是"爱之欲其生，恶之欲其死"。没有守，能有为？有守有为，严守之。

夬卦第四十三

（泽天夬 兑上乾下）

"上古结绳而治，后世圣人易之以书契，百官以治，万民以察，盖取诸夬（guài）。"（《系辞传下·第二章》）"夬，扬于王庭"。

夬卦卦体：兑为泽，乾为天，水在天上，决之象。

泽上于天，满而必溢，必决堤，否则会有灾害。应使之不满，故益卦之后为夬卦。夬，《说文》释"分决也"。

卦德：兑为悦，天行健，健而悦，决而和。一阴在上，消而将尽；五阳在下，长而将极。五阳决一阴，刚决柔也，刚长乃终。

《序卦》："益而不已，必决，故受之以夬。"

益而不止，满而必溢，必决而后止，故益卦之后为夬卦。

《杂卦》:"夬,决也,刚决柔也,君子道长,小人道忧也。"

阳刚用事,君子道长,君子坦荡荡,因事无不可对人言。

益而不止,满而必溢,小人得志,趾高气扬,是社会上最怕的事。众君子决一小人,"君子道长,小人道忧也"。

《大象传》:"泽上于天,夬。君子以施禄及下,居德则忌。""泽上于天",必泽下,才不溃决。为政当"施禄及下",没有浪费,也不成灾,并惠及邻国;"居德则忌",当守德,擅财则招忌。懂《大象》,方知夬卦之义,应如此仔细读,玩味。注解不足以为法。

中国这套东西,真是智慧的产物。读书要想,计算机记录过去,而人脑开发无尽的未来。

要创造第二次百家争鸣,不许再抄书,新时代已经来临,建树新时代,必用新思想。要用古人智慧启发我们的智慧,小孩自小要学会用脑子。

领导必须有思想,思想绝非抄书可得,那不过是录士。对什么有趣味,自什么发挥,不要抱"集大成"的心理。要懂实学,泛论、空论、废话,言中无物,无病呻吟。读任何东西,要随时用脑,知有对有不对。红紫都不分,焉懂"恶紫之夺朱"?先把本体认清了,再看别人的解释,即可判断接受与否。

尽性,本良知良能。倡阳明学,光剩阳明山了!阳明山早改回草山。

说千道万,要你们冷静,详细想,要尽性,每天本着良知良能做事。不可以把持不住,助人为恶。

夬，扬于王庭，孚号有厉。

团体中最贵志同道合，同心同德。夬，一个人不像样，众君子决小人。《易》每一卦就是一部政治学，必须熟。

"扬于王庭"，将是非公之于众，诉诸公决。决小人，有罪者，不可以暗中处分，未来会造成许多阴影，须将其过扬于王庭之上。

"孚号有厉"：一，以诚心号召你，再胡搞，会有危厉；二，"厉"或当"励"讲，以诚心呼号，彼此互相劝勉，走错路就快快回头。

告自邑，不利即戎，利有攸往。

"告自邑"，自小村号召天下。"不利即戎"，不要即戎，大动干戈。自小村开始，不利于放炮，如此，方有利前往。有战争，则是以大欺小。

人活着不易，你没有毛病，别人也许还挑你毛病。你和他人不同，就有影响，有的人就会丑化你。危之，厉之，怀璧其罪，人家粗，你细，就不行。

《彖》曰：夬，决也，刚决柔也。健而说（悦），决而和。

"夬，决也"，乾为健，兑为悦，刚决柔，健而悦。

"刚决柔"，众君子决一小人，以多欺少，不光彩。

"健而说"，行健，持之以恒，绝不停止，决不反复，一决到底，有恒。但必须和颜悦色，保持快乐的气氛。

"决而和"，决心不变，最终能和。

扬于王庭，柔乘五刚也。

"扬于王庭"，将决的理由显扬于王庭，完全公开。

"柔乘五刚"，一阴乘五阳，五阳决一阴，一起吐口水，口水也淹死他。以大欺小，以多欺寡，胜之不武。

孚号有厉，其危（正）乃光（光化天下）也。

"孚号有厉"，小人得志张狂，好人都难以自保，这是社会上最怕的事，应以诚信号召感化之。

喊"逐鹿中原"，真是大言不惭！

"其危乃光"，使大家回到正道，"危言危行"（《论语·宪问》），正言正行，其道乃光。

告自邑，不利即戎，所尚乃穷也。

决小人之术，要达到目的必须和颜悦色，不要即戎，大动干戈，尚武乃穷也。

利有攸往，刚长乃终也。

"刚长乃终"，刚长到最后，小人变成君子，小人没了，乃有终也。虽慢，但可以收"潜移默化"之功，结果有终。此乃处世之道。

君子对小人仍不轻言放弃，以诚信号召感化之。小人变成君子，不是杀人是刚长，无一点阴私存在，才算"乃终"，如尚有阴私，则奋斗未终了。

什么都不重要，大本最重要。做人最重要。许多事要权衡利害，不要找借口。看破世情惊破胆！得像做吃的，火候不到也不行。怀璧其罪，不可乱说话。人家是粗的你是细的，就不行。人生很不容易！没做坏事，没得好报，这就是好报。

《象》曰：泽上于天，夬。君子以施（加）禄及下，居德则忌。

"泽"，恩泽，王泽，润泽。"泽上于天"，必来下润。既上于天，必有术，施禄要及下，不可以仅及高官，天无私覆，地无私载。

"施禄及下"，"小人怀惠"，因民之所利而利之，"泽施乎百姓，则安可也"（《说苑·谈丛》），"惠而不费"。

"居德则忌"，"节取于民而普施之"（《晏子春秋·问上》），自以为有德于天下，守住不放，则为天下之大忌，大家必对你不满。既是拿百姓的钱，何来德政？

明白"居德则忌"，则做事可以成功一半。有多少人做事不居德？凭下意识的感觉，真可笑、可耻！九十岁犹如此，笑自己的卑鄙，自以为解决了两百多年的问题，比祖宗强。谁曾如此责备过自己？

人到底是性善，还是性恶？"人之视己，如见其肺肝然"。想入德，先自"戒卑鄙"开始，不要自以为了不起。

初九。壮于前趾，往不胜为咎。

王弼注："居健之初，为夬之始，宜审其策，以行其事。往而不胜，宜其咎也。"

"初九"，阳刚主动，故壮。但"壮于前趾"，若壮得不得宜，

夬卦第四十三

壮的地方、时候不对，妄动躁进，没有必胜的把握，必咎。

人人应养壮，但要壮在有用之处。平日留心，胸有成竹，临事才能当机立断，不是平白得来的，如孔明高卧隆中，并非真睡。

《象》曰：不胜而往，咎也。

前趾，有往前奋斗的本能，但要看环境是否允许，不胜有咎，咎就来了。

一般人易躁。做事要以不胜为咎，不抱牺牲的精神，没有万全的把握，绝不轻举妄动。

要量力而行，这是功夫，并非退缩。知自己缺什么，才能养什么。就是平常小事，也要处理得井井有条。

九二。惕号，莫（暮）夜有戎，勿恤（忧）。

"惕号"："惕"，自警；"号"，警众。"暮夜有戎"，早有准备。"勿恤"，不必担心。

平时如战时，居安要思危，如何反应？往坏处想，就有警惕心，或能使坏事不发生。如不知警惕，必有祸端。

自警而后能警人，一个人如有所警惕，可以号召群众，则有辅助之人，即使暮夜有戎事，亦无须担忧。无私之人才客观，懂自警，还号召群众警惕，唤醒民众。思虑周，党与众。

决小人时，要防不测之祸。做事如打狗，必先考虑狗会不会咬你，遇到狗咬时才有对策。"害人之心不可有，防人之心不可无"，要有备无患。

《象》曰：有戎勿恤，得中道也。

"九二"以刚居柔，刚明中正之才，有惕己励人之智慧，能自警而后能警众，唤醒民众。

"得中道"，此为号召民众的本钱。中道启于惕号，不忘戒备。无明不能中正，刚明则中正。明之首要为自知，刚愎则自用。光自警，不警众，自私！"既明且哲，以保其身"（《诗经·大雅·烝民》），非圣人之道，太自私了！

现在有现在的时机，就视智慧随时能操胜算，要与时偕行。

我天天喊，是要在培你们的元。元为智海，放诸四海而皆准。遇事问"要用哪一爻"，那就没办法了！

九三。壮于頄（kuí，此处不读qiú，颧骨）**，有凶。**

"壮于頄"，壮在面子上，有错误不承认，好面子，虚内务而恃外好，有凶。

"九三"阳居正位，与"上六"相应与。但"上六"为纯小人，太可怕！有凶。

君子夬夬，独行遇雨，若濡有愠，无咎。

"夬夬"，遇决则决，决其当决，发狠。

"独行"，"九三"与"上六"为正应，当群阳共决一阴时，独自上行。"遇雨"，阴阳合则雨。

"濡"，浸湿，浸润之谮，遭人闲语；"愠"，心中不悦，别人不知。

自己有知见，处世时有些事做不做仍在于自己，必考虑此事是否君子之行，不要被人拉下水。职位保不住，再找一个；人格保不住，一世就完了！要有人格尊严。

"健而说，决而和"，绝不急躁，不用蛮力，就顺其自然，从容以观其变，委曲以成其谋，就和你决，也不叫你知。如生气叫你知，乃"不利即戎，所尚乃穷也"。

《象》曰：君子夬夬，终无咎也。

"九三"阳刚居正，"夬夬"，不系于私情，"义之与比"（《论语·里仁》），当夬则夬。虽决却不得罪，有朝一日恢复旧交，"终无咎也"。

君子欲改变环境，必须特立独行。为达目的也许会遭人误解，"虽千万人，吾往矣"（《孟子·公孙丑上》），日后成功，人就明白。

事尚不知，焉知谁是君子，谁是小人？事有了结果，方能辨真。非常人做非常事，在不好的环境下欲有成，必独行。"君子夬夬"之道及其特立独行，岂常人所能懂？

人世不易处，必善用智慧。发展己之才而有成就，曾文正难能可贵在此。坏环境中，他却能起来。在卑鄙龌龊中，犹能保全自己，有所成就！西太后有点器识，不听小人言，对曾宠信有加。品评曾者，能有曾之才，也有成就。

曾专会耍小人，不怕小人。对付小人，不要责之以君子之道，否则会种下必败的根源。在小人面前，绝不谈圣贤之事，能逢场作戏，绝不刺激对方，否则，他有机会必报复。

想处世，必先学自处之道。做事应有大人风，该说的说，不该说的不说。"望之俨然，即之也温"，不到这境界，无法领导别人。

九四。臀无肤，其行次（zī）且（jū）。牵羊悔亡，闻言不信。

这爻特别重要，为重臣、宠臣。

"九四"以刚居柔，为退爻，不能敏于决，故"臀无肤，其行次且"，居不安，进不前。

"牵羊悔亡"，羊性温和又合群，牵连三羊同进，则可得悔亡。

"闻言不信"，但居柔不正，刚决不足，虽闻是言，亦必不能信也。

君子刚明中正，才能不顾闲言，自行其是，人终得君子之益。当决时必须果决，当断不断，反受其乱。人之所以遇事不能决，都因有私欲。年纪大了，定力也得比以前好，外面的是是非非不要存于心。

《象》曰：其行次且，位不当也；闻言不信，聪不明也。

"其行次且"，遇事柔而不决，故"次且"，行不进也。

"位不当"，"九四"阳居阴位，不中正。找不到正应，就找亲比者。

"闻言不信"，柔而不决，闻言焉能信？"听曰聪"（《尚书·洪范》），听之不明也。噬嗑卦"上九"《象传》就说，"何校灭耳，聪不明也"。

闻谣言不问所出，谣言止于智者。

九五。苋陆夬夬，中行无咎。

苋菜，一年生草本植物。"苋陆夬夬"，把苋菜挖起，欲除之，则连所长的那块土都要挖掉，即斩草除根。坏东西必须连根拔除，否则春风吹又生，坏！

"九五"阳刚中正，居尊位，不可以感情用事，对所比之小人必须决而又决，除恶务尽。

《象》曰：中行无咎，中未光也。

有时魔鬼也当家，"九五"与"上六"相近，不免溺于其私。因君子相比于小人，处于嫌疑之间。

"中行无咎"，若"中行之德"守不住，小人就会投其所好，乃"中未光也"，不可以轻信小人。常接近小人，总会受其影响。但交友应择于始，不能交而后择，否则人家会说你轻薄。

上六。无号，终有凶。

"上六"柔乘五刚，一阴独处于夬之终，居兑之极，小人得志，趾高气扬。

"君子道长，小人道忧也"，不要叫，呼天天不应，叫地地不灵。

"刚决柔"，不因私而疑，对小人仍必以诚信号召，"刚长乃终也"。

《象》曰：无号之凶，终不可长也。

小人不能受感化，此凶不可长，唯有除之，因其必祸害天下。夬道之成，刚长，阴乃消也。

注是一家之言，人应有自己的看法。何时懂了，哪卦都有用，在生活中随时都能提醒自己。

天德，体之用，乾道之用也。乾道即体。有仁心，德之体；生德政，体之用。天德之中，没有首，即没有贵贱。天生此物必有用，又何必分高低？人人皆可为尧舜，又何必有首？"舜何？人也。予何？人也。有为者，亦若是。"人生，活着不易！往坏说，"十目所视，十手所指"；往好说，"礼仪三百，威仪三千"，嘉美之会也。性是体，情是用。人必得其当然之分，当然之分无法做到，如学生不尽学生的本分，将来出社会就无法应世。

多看《易经》，脚踏实地反复看，圣人诚不我欺也。"大易"之道包含无尽义，但必视人的智慧而有所得，"不知其所以然"就不能懂。读《春秋》比读《易经》费事，公羊大义讲半年，讲注解，讲要点。很多人一起读，收效小。

我的团体里，学医者近六十人，将来可以发展医和药，于国于家能有好处，对我们也不坏。来日方长，要善用智慧。

要有通盘计划，练达自己，使自己有组织。有勇气往前去做，懂得找麻烦。

假如有魄力，今天是最能得实学的时候！洞悉时势，用中国人的头脑、组织能力好好写一部"新战国策"。仔细观察，不感情用事，为后人争知见。做事不求现得利，知见即智，要脚踏实地，稳如泰山，养成气势，才能有担当。

商君能强秦，但不能自保，何以如此？有些人自以为是，非是之所必。智慧胜于一切，要如挖井，多一锹就愈近水源。

头脑要特别缜密，好好读书，坐想真问题。有些大学教授不知外面事。自以为是，则愚者好自用，贱者好自专。

孙中山，广东人，人称"孙大炮"。康南海，亦广东人，弄垮了光绪帝，他有目的地讲学，不客观。

儒讲"时中、文在"，佛讲"自在"，《坛经》"心即佛"，皆无外求。佛向谁学？自己下功夫，自己有宝——独，慎己独。

就你自不自在，"观自在"就成菩萨。禅宗，"心即佛"。我老想研究六祖，何以千年的肉身还可以敲出铜音，根本不必造铜像。寒山大师活了一百多岁，也是禅宗。

《心经》"行深般若波罗蜜多时，照见五蕴皆空，度一切苦厄"。《中庸》"喜怒哀乐之未发，谓之中"，跟着时，即时中；"发而皆中节，谓之和。致中和，天地位焉，万物育焉"，性即情，情即性。《易》讲通德类情。

人有妙智慧，将自己摆弄好就能成六祖。只要你能自在，无不能也。不是说给别人几个钱，就是利他。

"文"，郑玄解："经纬天地为文。"文王之德，即裁成辅相，为外王之业。君子而时中，智周万物，道济天下。人人皆有士君子之行，人人皆可以为尧舜。佛在家中坐，何必远烧香？愚人才朝山拜佛。

不是讲学，要真做。人总想有点成就，多看《三国演义》，看人家是怎么动脑筋的。兵不识字，作成说书，一举一动都是兵法。

其他满族人重视北京，我则重视兴京（后金都城，今辽宁省新宾满族自治县赫图阿拉故城）。北京是借地生财，不是自己所有，所以我重视兴京，将来还用这块德地，可发挥大作用。一切都得过去，唯有自然环境不过去，青山不过去，地势不过去，留得青山在，不怕没柴烧。不要争名，而要夺实。

姤卦第四十四

（天风姤　乾上巽下）

姤卦卦体：乾为天，巽为风，天风姤，姤，遇也，风行天下。

卦德：一阴生于五阳之下，柔遇刚，遇之时义大矣哉。

姤（☰），一阴在下，挟五阳。夬（☱），一阴在上，五阳决一阴。姤卦与夬卦互综。夬，刚决柔，不因私而疑；姤，柔遇刚，不因欲而苟。姤非坏，看怎么姤。

《序卦》："决必有所遇，故受之以姤。姤者，遇也。"

在决卦时，必有遇合，故夬卦之后接着姤卦，一阴始生于下，柔遇刚也。

船山云："不期而会曰遇。"人生就是遇与不遇。姤卦是好卦，但遇之道就难，因为不一定一拍即合。

《杂卦》:"夬,决也,刚决柔;姤,遇也,柔遇刚也。"

"夬",五阳决一阴,阳长阴消,成六阳。夬、姤互综,一阴下,消灭一阳,一女生了,此阴如不壮,如何攻破纯阳?

"姤",一女生了,"遇也,柔遇刚也",否则社会就绝了。现在进步,其实也不过聪明些。"过犹不及",中国讲中庸。

有所守,才有作用。看人,要看形。

姤,女壮,勿用取(娶)女。

一阴对付六阳,能消掉一阳,打入其圈中,使那个阳消失了,才证明"女壮"。

来子注:"以其女不贞,决不能长久从一而终也。"与经文本义距离远,以淫为壮,大错误!读书要冷静。来注前后有矛盾处,要好好调整。

阴一长,渐进,阴壮,阳就弱,女壮,故戒"勿用取女"。弱男娶壮女不合适,不能相处得长久。夫妇之道即一个"久"字,天下事亦如是。

要客观,"好问,好察迩言"。

《彖》曰:姤,遇也,柔遇刚也。勿用取女,不可与长(cháng)也。

"柔遇刚",阴主动求刚、求阳,故女壮。"刚遇柔",阳主动。

"勿用娶女,不可与长也",你的智慧比不上她,智不及她,不可能相处得长久。

天地相遇，品物咸章也。

"大哉乾元，万物资始"，"云行雨施，品物流形"；"至哉坤元，万物资生"，"含弘光大，品物咸亨"。

"天地相遇，品物咸章"，王船山云："天之遇地而品物荣，天不失其刚健中正之德，则化无不行。"一阴始生，与阳相遇，合德有体，生生不息。

刚遇中正，天下大行也。

"九二"阳居阴位，柔有刚性，女中丈夫。女子无阳刚之德，亦不能成事。

"九二"，刚，正中，臣之德，无成有终。"九五"中正，利见大人。刚君能用刚臣，则天下大行其道。

姤之时义大矣哉！

"时"，"当其可之谓时"，恰到好处，当其时，制其义。

天地不相遇，则万物不生。王船山云："以礼制欲，以敬制息，则无不可遇之阴矣。"见得思义，有阳刚则可制之。

"先时，治时，因时"，三个时，都不坏；"违时"，不识时，就坏！识时，就是知遇之时。

善恶之际最重要，能否把持住，就在一刹那间分野。朱熹云："几微之际，圣人所谨。""知几其神乎？君子上交不谄，下交不渎，其知几乎，几者动之微，吉之先见者也。"（《系辞传下·第五章》）

《象》曰：天下有风，姤。后以施命诰四方。

《大象》之辞，另立新意，不是解释彖辞。

帝，主宰义；王，归往义；后，天下的领导人，主事者。

光，容光必照；风，与光一样，无孔不入。"天下有风"，必遇，无所不遇，普及周遍。只要是有形的东西，没有不遇到风的，教化之风，春风风人。"天下有风"，天道之动，风行天下。以"天下有风"之教化来风天下。

"命"，没做不行，违者必受处分；"诰"，教令，指示如何做。为政之道："不教而杀谓之虐；不戒视成谓之暴；慢令致期谓之贼。"（《论语·尧曰》）

领导学姤之道，"以施命诰四方"，施教化、教令于天下，无贵贱、无贫富、无美丑、无大小，没有分别心，一视同仁。以德论，并非以法论。

初六。系于金柅（nǐ），贞吉。有攸往，见凶。羸豕孚蹢躅（zhí zhú）。

"初六"处姤之始，一阴始生，来势凶猛，是一壮阴。

"系于金柅"，"金"，五金，指所有金属；"柅"，止车之木。将车轮系于金柅，止也。

"贞吉"，正于其道，才吉。阴主动，得守住静，不知静，则人必生厌。

"有攸往，见凶"，有所往，但偶一不慎，就坏！

在人事上，初有际遇，必知所止，才可贞吉，不要捉住不放。在初遇之时，必须有分际，知己之所止，知进退存亡。

"羸豕孚蹢躅","羸豕",身体羸弱的猪。"蹢躅":一,徘徊不前,状似走不动,有所止;二,踯躅,蹦跳,犹不服输,照样蹦蹦跳跳。有生命力时,照样发挥其能,必须早日制之。

有些人不见棺材不落泪。做事一有偏私,即有失败的风险,因为不诚。谁能就谁做,既有集团就有领袖,选个领导人特别重要。

做事的原则:奉元、率性、尽三(尽己之性、尽人之性、尽物之性)、参天。

讲不完,接着讲,有连续性,《易》之必然性,要好好学,不要迷信。中国人应创造第二个百家争鸣的时代,创造思想。佛不着相,孔子无"意、必、固、我"。有相,非毁灭不可。书讲明白,于人有好处,才有影响力。

要多造就几个栋梁之材,是大希望工程。有志的青少年学生交不起学费,何以不修活的栋梁之材,而要修死的?我省吃俭用,但有个人的作风,活要活得有意义,做事于人有好处。人活着,就是要利他,此即仁。自私者今安在?阿房宫今安在?德,非建立在物质上,而是建立在每个人的心中。

《象》曰:系于金柅,柔道牵也。

柔道主静,为防柔道进,故"系于金柅",戒其往前闯。
"柔道牵",柔道进必影响阳,阴盛则阳衰,止其进,贞吉。

九二。包有鱼,无咎,不利宾(客位)。

"九二"正中,臣之德,无成有终。
"鱼",有其代表的意义:一,诚;二,美人鱼。"包有鱼",

要主动,就"无咎",被动可就不好。

"不利宾",宾,就不是主。"九二""包有鱼",但在此环境中,究竟谁是主?

虽有才,但所担之位对你的控制特别多,千万不能做,因为一般人看成败,不追其所以成败。有知识的人,不以成败论英雄。才刚位柔,有多大才都没有用,最后一切错都推到你身上。

《象》曰:包有鱼,义不及宾也。

"九二"与"初六"相比,"包有鱼",但对"初六"而言,不是正应,是宾,非主,所以说"义不及宾也"。

自己有鱼,自己包着,不要外露,有肉埋在碗里吃,自己香。一般人有什么就说什么,不智。

抄别人的成就,犹以为是自己的,自欺也。生在一个时代,必有一个时代的产物。好好发奋,几年可以有成。做活学问,不要抄书,做书呆子。

九三。臀无肤,其行次且,厉,无大咎。

"九三"想分杯羹,但理欲相斗,理胜于欲,坐立不安,难以前进,故"臀无肤,其行次且"。"夕惕若,厉无咎",无大咎,但有小咎。

《象》曰:其行次且,行未牵也。

"九三"刚正居巽,不轻举妄动,"独行愿也"(《易经·履卦》),"行未牵也",因理胜于欲,与谁也没有牵连。

痛定思痛，所见、所闻，皆材料。第一回垮了，必须弄懂败的原因，第二回才能上阵。事后检讨，才知下回怎么出手，完全文质彬彬也不行。

九四。包无鱼，起凶。

"九四"为"初六"之主，但"初六"为"九二"所包。"九四""包无鱼"，有所妄动，"起凶"。

《象》曰：无鱼之凶，远（yuàn）民也。

"无鱼之凶"，为"远民也"，居高位不能以贵下贱，"高而无民，贤人在下位而无辅，是以动而有悔也"（《易经·乾卦·文言》）。

"九四"阳居阴位，不中不正，既失德于上，又离心于下，远离民众，发挥不出效率，起而与"九二"争，凶也。

何以远民？与民争利也。做任何事，不一定自很小计划来，有时是时势造英雄。要培养己之担当，此为第一要义。平时有储备功夫，将来大事临头就能做。平时无储备功夫，事来则出一群狗熊。

不与民争利，则能真正团结。民之去己，犹己远之，咎由自取也。为政者，必先正己。

光知新民，不知亲民，则百姓只知法，不知亲，不知恩。光知亲民，则百姓成愚民。先亲民，而后新民，"在亲（新）民，在止于至善"（《大学》）。

九五。以杞包瓜，含章，有陨（从高而下）自天。

"以杞包瓜"，不懂，但在形容"含章"。此章美，如自天上自然落下。

九五之君以良材包瓜,才可以彰显己之美德,上天亦会降下有才德之士。

《象》曰:九五含章,中正也;有陨自天,志不舍命也。

"九五"刚健中正,内有含章之美、之德。

"有陨自天",有仁慈之心,就有仁慈的诰命。"九二"刚正遇"九五"刚中,"刚遇中正,天下大行也"。

"志不舍命",命,天命,"天命之谓性"。志不舍其性,即"率性而行"。文章、命令,性之为用。志不离性,诰命才能动人。

没有人性,怎么行仁政?有不忍人之心,才能行不忍人之政,"以不忍人之心,行不忍人之政,治天下可运之于掌上"(《孟子·公孙丑上》)。

上九。姤其角,吝,无咎。

"角",指刚而居上之物。穷极之时,必有吝。

"姤其角",有位无民,下无应与,虽不损害人,但必"吝"。穷则变,变则通,故"无咎",因物极必反,否极泰来。

《象》曰:姤其角,上穷吝也。

"上九"以刚据上,刚极亢极,"姤其角",走入死角,穷极,吝道也。欲求遇,不可得也。

大易之道,唯变所适,《易经》又叫"变经"。穷是吝,但"穷则变,变则通",不必悲观,否极泰来。

姤的卦象包容化合,相辅相成。"九二"与"九五"都有包容之量。"上九"与"九三"都独行。"初六""柔道牵",避免不好的事发生,必使之止之,防微慎始,贵微重始。"九二""包有鱼",懂得亲民,但忘了自己的本分。"九三"独行,"其行次且,行未牵也",与谁也没牵连。"九四""包无鱼,起凶",无包容之量,没有出息。"九五"有包容之量,含章,"有陨自天"。"上九""上穷吝",穷则变,无咎。

人有时干一辈子也没有成就,际遇不良。人活着,必须有价值。货高价出头,于人有好处。动物没有价值,下次祭拜时杀了,因为尽不到它的责任。社会即价值、需要而有用。红人,大家都抢不过来。

下棋,活棋子、活眼少,要找活眼、活穴。如没有发展,就呆死了,比不上思想活的。

想惯了,我做梦还接着想,让脑子活起来。仿佛脑子能支配宇宙,天天做梦,才有活的精神。"今之学者为人",应是为己,而不是为人。人想有成就,没有阿Q精神、心脏不强,绝对办不到。人骂我,证明你发现我"与人不同"。说我"讲错",证明你"看过对的"。

不好好读书,不是愚,就是痴。培元,元培,可以自主,就可以奉元。

少用一点,就帮助了别人,助人为快乐之本,大希望工程。人老了,就想家,我每天晚上都回家。到沈阳,乘车回家七小时。

我做事,如鲤鱼跃龙门。话能三句说完就绝不可以说四句。到什么时候,说多少话,一定,时也。话说多了,会出毛病。我与人保持距离,不上教授休息室,讲完课即走。骂我者,少有认识我的。做人，一定要有分寸。

事情发生了，使之不发生，最成功；其次要有智慧地处理，大事化小，小事化无。一般人无法叫事情不发生，但事情发生了，要有智慧地处理。

"儒者，术士之称"，未达此境界，即不是儒。骂人"不学无术"，反之，学就有术。术，有高招。"儒，人之需也"，即你找我，我都有办法。"为君子儒，无为小人儒"（《论语·雍也》），儒有君子与小人之分："君子喻于义，小人喻于利"（《论语·里仁》），一利他一利己，所以小人儒无不为矣！

"国人皆曰可杀，然后察之；见可杀焉，然后杀之。故曰：国人杀之也"（《孟子·梁惠王下》）。

"戒急用忍"，也得有目标才行，所以得"决定不疑"。这边看不懂中国书。

我最怪，但离一"正"字，绝不干。

敌人来，有对付之道，即智慧。不可以事情未看清，即贸然从事。有志之士，应好好努力。但文化基础不同，亦难以强求，此即根基、传统、教养、素养。

读书在于变化器质。必须要学，学，才有术。

人生一如航行，到危境能转舵，也得有智慧。陈毓祥"求仁而得仁，又何怨"，但他的小孩则遗憾。领航者忽略水文，应负莫大责任。

要养辩才，舌辩，如只有口而无舌，糟！

我今之所言，早晚应验，我亦可赶上。有些年轻人的毛病是太急躁。真有智慧，绝不可掀起旧仇新恨。

昔说"人生七十方开始"，人生确实五十才开始。好好养生，人生五十、六十才开始，一切到了一个境界，欲望也低。人没成熟，不能办事。

我做买卖亦有趣味，在兴京制人参，振兴祖业。制参与制药分开。中国地大、人众，要制药以救人。为善欲人知，即假的，是伪善。想做事，必须有内行人，不可以专说自己不懂的话。

中国学问就是道，《老子》又称《道德经》，《道经》在前，《德经》在后，道为本，德为用。德，将道在行为上完整地表现出来。

《老子》文笔简，就文章结构而言，应在《庄子》《论语》之前。孔子可能问礼于老子。

现在《孙子兵法》已经出土，只四个字不清楚。

中国以道立说，以"率性之谓道"作为界说。《大学》《中庸》第一章为经，真是圣人之意。谈中国学问，文不见道，即非中国学问，"道也者，不可须臾离也，可离非道也"。

社会上看到形形色色的东西。有奉元思想，所以有"华夏一家"的华夏社会。天下一家，中国一人（员）。天下为一大家庭，中国为其中的一员。没有国际的概念，才成天下一家。如何达成此一境界？学而不思则罔，要懂得思，学思并进，慎思。

学而时习之，"十有五而志于学"，学问是活的，有时，圣之时者，"法其生，不法其死"。要随时印证真理，不要净做殡仪馆化妆师。

《荀子》有精华，今天亦可用，"学而时习之"，不尽是注释之学。

奉元文化，产生一切文化之基，造就许多思想家。造谣对否，看百姓接受多少。要用古人的智慧启发自己的智慧。想有成就，必得超凡入圣。要多创新思想，别忙着抄书。

我以前办新农学院，培养具有科学大脑的农人。会花钱就是学问，有意栽花花不发，无心插柳柳成荫。在社会上，能独当一面不易，环境使然。有些人不好好学，自以为是，知足了就不再进步。

《中国可以说不》有何毛病？应是《中国怎样说不》。何以要"说不"？因为有个"准是"，即"放诸四海而皆准"。有"准是"，懂得"怎样说不"，才能领导21世纪的世界。要随时突破一切的似是而非。有智慧的民族懂得"准是""怎样说不"，才是将来领导人类文化的标杆。

脑子是愈练愈灵敏，以简御繁，乃统天。我现在没什么私欲，给什么吃什么。好好培养，不要浪费。一个人活到九十几岁，自有生活的道理。要处处显出智慧。脑子为智海，取之不尽，用之不竭。

随时训练小孩，孩子自小接触的就不同。家庭教育使人的器质不同，必须改变器质。

智慧是无尽藏，如同开矿，术不同，结果亦有别。无智慧解决，徒任人宰割。

现在研究康熙帝怎么用政术。"戒急用忍"是手段，但必须有"决定不疑"的目标。

培智慧，有学问，了解事。先立一个"准是"，大家才能主动以此标准衡量。不要急于"说不"，而要明辨是非。

不可以认贼作父，数典忘祖。"哀莫大于心死"，要自求多福。好自为之，不要盲从。

研究本身为当务之急，什么都有布局，棋子早摆好了，就是捣蛋也未能得逞。

有智慧，应知怎么"迎接未来"。要了解自己不懂什么，才能进步。"要有用时，自找上门来"，不必靠东靠西。"世路难行，钱为马"，钱要会花。好好用心思，在这儿发挥你的影响力，社会即需要而有用。

我告诫孙子：一不做官，保持尊严；二不做杀生买卖。做生意，也要知缺什么货，办货才能赚。有些人可以说是一无所知。

学聪明，面对现实，不必做白日梦。

明理不难，知所以用理为难，"可与适道，未可与权"。

一官半职都没有，还为人站台做什么？有些人只要有人找，就如同苍蝇见血。台湾地区没有比我干净的，坐在屋中"吹牛"，到大陆还"吹牛"。

读完一卦，必须知这卦在讲些什么，到底为什么。《易经》不论是谁作的，其结构极致密，是中国人智慧的产物。如真悟通了，无人斗得过中国人。

大弟子天天讲《易》，自卜了？自己的事都不能解决，还能为人解决？写书、抄书容易，会背也没用。

我将"骂我者"，看成与"赞我者"同一价值，其功一也。做人左右逢源，可是不容易。我四十年不站台，才有今天的左右逢源！

这一年多，特别重视老同学，一训练，才知他们什么也不明白。

你们既读《易》了，何以不自试？我所讲，皆实学。人最要，即自试。"世海茫茫，升沉殊易。前途如何，在乎自试。"此何时也？要识时，才知所当务。活着，最要为当务之急，焉可专做不急之务？

社会即需要而有用，人家用你，你也不必高兴。想当领袖，你有几个知心朋友？你能影响谁？连老婆都同床异梦，人家会找你？自试完，就要自修。人家找你，你必得有用。政治最现实。

华夏文化，肇始文化，自"元"开始。对社会认识不易，要自根上认识中国，即奉元。如到"元元"境界，就不必奉元了。

立元，绝顶聪明，在此之前是一。老子"天得一以清，地得一以宁"；孔子"吾道一以贯之"，但犹未跳出"一"的境界。"改一为元"，境界乃超出，因为元无终始。一为始，始必有终；终始，终而复始，"大哉乾元，万物资始，乃统天"。

自己的毛病，自己应知。我是老年人，志在必得。有些人光知读书，但不会用。没有深入，不能到最高境界。

我看着芝生他们长大，但他们现在似乎比我老。我能控制自己，不喜"愁城易破酒为兵"的说法。自持（控制自己），自试，自修。

我不买菜市场的青菜，明知有毛病，还遮遮掩掩的。也不吃不去皮的水果。要能自持，否则吃完了恐有无穷的后患。

真有抱负，必得持己，但此为苦事。懂多少，不能用，即没有学问。我是"旗人"，现成"奇人"，越老越健康。想健康，必须自年轻时持己，而不是退休了再打太极拳。我太累了，就不上课，此即"持己之道"。

此何时也？不要做不急之务，有勇无谋。

当务之急，既得的利益不能丢，未得的利益还得要，才叫成功，都得有术。

易经日讲

《论语》从哪儿读？我想开"夏学示要"，中国人有用的智慧太多。《尚书》有为法、为戒者，但为戒者多，为法者少。二"典"(《尧典》《舜典》)一"谟"(《大禹谟》)，即为法者。

有气势，自信也，就有精、气、神。孟子"吾善养我浩然之气"，元气，要直养而无害。直养，与逆养相对，逆养而害之。基础要打好，有守，然后才能有为。

不好，才有奋斗的机会。一个"认贼作父"的人，还能谈别的？一个人大本都不立，还谈什么？狗都不如，狗有义犬。本立而道生，"孝弟也者，其为人之本与"！

"贼仁者，谓之贼"，要懂得谋和之道。"太祖武皇帝"，止戈为武，不杀也。神武不杀，聪明睿智。我不愿"羽翼朝廷"，只好再收拾破烂，教书。

听完课，脑子要引申，想很多，应知我讲的不同，把许多东西凑在一起。有智，才知下一步棋怎么走。用的武器，不是刀枪剑戟，是聪明睿智。

聪明过火的即愚，人必须有分寸，自我陶醉并不能解决问题。

"乾纲独断"，有乾纲，才能独断。我至今犹有霸气。只要于国家民族有好处，专之可也。人必须有霸气，要好好培养。

好好磨炼磨炼，炼，即由外往里烧。经外在环境的锻炼，内心对环境形成认识，环境的考验多重要。在大冶炉锻炼之后，变成"金刚"才行。没有经过大磨难，能懂得什么叫"磨难"？在大磨难中长大，与在温室中长大，两者绝对不同。

炼成金刚，或是成废铁，乃因火候不同。好吃的菜，在于火候。青椒火候用得好，就很脆。

姤卦第四十四

萃卦第四十五（泽地萃 兑上坤下）

萃卦卦体：兑为泽，坤为地，泽在地上，泽润万物，萃。

卦德：上悦下顺，顺以悦，刚中而应，聚以正。

《说卦》"坤为众"，"兑为悦"，众悦而后萃，集合起来。萃卦为聚众之道，搞群众运动。做领袖应先修己，从此卦学如何得众。

《序卦》："物相遇而后聚，故受之以萃。萃者，聚也。"

"物相遇"，众悦而后聚，成群，聚众；"遇"，有遇之一定理，相知之遇，非偶然之遇，有知遇才能聚，报知遇之恩。自以为是圣人，不能包容别人，不群策群力。一个团体无法齐整，但不能相互厌弃，必须互相包容，否则水清无大鱼。应持之以恒，杂而不厌。

《杂卦》:"萃聚而升不来也。"

泽在地上,才能萃,生聚。水在地上,则涝。"萃聚而升不来","来,不还也",萃聚,能升而不缩。升,绝不可以缩回来,真理。

萃,亨。王假(gé,至也)有(语词)庙,利见大人,亨,利贞。用大牲吉,利有攸往。

"萃",草丛生。引申为聚,"萃,聚也",但两者不完全相同。"方以类聚,物以群分","出乎其类,拔乎其萃"。

"亨","亨者,嘉之会也",做事无障碍,无所不通,反之曰阻。萃亨,相聚会而亨,众而后亨。

"王假有庙",王,天下所归往,因有德,人人皆归往,为政以德,有德才能怀万邦。庙在维系人心,宗庙之祭,享德不享物,萃道之至。

"利见大人",其利在于有大德之人领导群众。强调德的重要,不在庙。如无德,虽有庙,神亦不至。

"亨,利贞",正而固,永远正,"其心三月不违仁"(《论语·雍也》)。大德之人调理天下事,以正道治天下,济天下之人。

"大牲",牛。太牢之祭用三牲——牛、羊、猪。

"利有所往",勇往直前,能为人做事,表现好,别人必会明白。在团体中应勇于负责,有所往。

人只要有所往,就能立群德。完全在于自己的表现,一切在于求己,人的精神很重要。

《彖》曰：萃，聚也。

卦辞，即彖辞。《彖》曰，即《彖传》曰，解释彖辞。来子注："卦大象为坎，坎为宫……皆有庙象也。"此为后人的观念。

《彖》曰，说的是人话。注，废话乱神，愈弄愈远。用智慧想，没有金科玉律。注，细看，值钱者少，因不见真理，尽是废话、梦话。

顺以说（悦），刚中而（能）应，故聚也。

"顺以说"，讲卦体、卦德，兑为悦，坤为顺，顺以悦。顺而不悦，利害之顺。

两人吵，因没顺，遇事顺，大家就悦。人家请吃饭，一面吃一面赞美，大家高兴；边吃边批评，做菜的也生气。

"刚中能应，故聚也"，"九五"与"六二"，阴阳合德，各当其位，生生不息，所以聚。聚，是自"阴阳合德"来的。生死与共，故聚也，生聚教训。仁，有爱意，二人相偶，能生。

一个团体，如全体都刚，虽不分裂，也不能成事。自己特别强，想要别人都服你，不能。让一两次还可以，久即分裂。"恒"字极其不易，"杂而不厌"，杂，非精，水清无大鱼，浑水里头才有大鱼。到社会上，看别人什么也不对，尽看他人短处，怎能成事？要把所学用出。

《说苑·指武》云："强弱成败之要，在乎附士卒，教习之而已。"真想率众，得懂怎么用情用义，才有号召力。

从"顺以说"到"刚中能应"，得有情义。过马路何以要急？谨慎。说"夫妇以义合"，实际是以情合。做领袖得聚众，人与人有"刚中而应"之分，但是缺情义也不能聚在一起，结义兄弟即自情来的。

人家找你，你必有用，要自求多福。你如果是半个死人，人还找你做什么？必懂得见什么人，动什么情。

志与妄想，必加以区别，许多人将妄想当志。对小孙子也得用术，但愈大愈不灵光，现在孙子已经可以唬爷爷了。人必须先了解自己，才可以领导别人。

读书没有不二法门，"或生而知之，或学而知之，或困而知之，及其知之，一也"（《中庸》），所以，用功很重要。知止，知其所止，"知止而后有定"（《大学》）。坐这山，望那山高，乃不知止。定、静、安、虑、得，是功夫，绝不是唱高调。

静特别难，静得下，才能思。骗人容易，解决问题必下功夫。自静中求，要冷静。

王假有庙，致孝享也。

"王"，天下人之所归往，代表德，不是一个人或是王位。孔子是"素王"，有王之德，无王之位。素，空也。

"庙，貌也"，祖宗死，修一庙，写其名，象征其貌。想要天下人归往，必须有一庙，即有信仰中心，有一象征的东西，能够维系天下人之心。

"致孝享"，荐时食，让祖宗尝新，有尝祭。

要建立自己的王国，必须聚集群众。民可载舟，亦可覆舟。为领袖之道，号召群众，领导天下。当立体看：领袖要以什么号召天下？

问自己：有几个推心置腹的好朋友？能影响几个人？

利见大人，亨，聚以正也。

"利见大人"，遇大德之人，"就有道而正焉"，"亲仁"（《论语·学而》）。

"聚以正"，"子帅以正"，蒙以养正，正，止于一，止于至善，太难了！"元者，善之长也"，改一为元，"止于元"的境界高于"止于一"。

"正"，不是用嘴说的，朋友相聚，有所作为，必聚以正也。读书不能用，做事就缺方法，临事仍将父母给的那套方法拿出来。高手成才，往往也得三十五岁以上，四十岁还算是聪明人。一般人得五十岁以后才能做点事。

真有用不易！不找外行，重视其专学，那是耳濡目染来的。

有领袖之德真不易，聚之以正。聚之以正，但不一定每个领袖都正，因为无"举皋陶"。证严法师既无学位也无学历，但是对《法华经》熟烂，其行为即一部《法华经》，感恩。修行后，对给其机会者感恩。有些和尚不懂，证明连《法华经》都没看。证严真遵师命，聚之以正。

今天只要你真好，就更能感召天下。太虚，民国三十六年（1947）故去，慈航、印顺，不讲迷信。太虚、倓虚、虚云。倓虚，我母亲的师父。我拜两个师父：九世班禅、虚云法师。学生与弟子不同，老师与拜门不同。拜门，有师承，犹父犹子。

用大牲吉，利有攸往，顺天命也。

大牲，牛。太牢之祭用三牲——牛、羊、猪。有时用面粉作三牲。祭祀不在物品多少，必须洁和美。

太牢之祭，祭天地、郊天。王死，可有一次用太牢祭。祭孔，亦用太牢，因"大人者，与天地合其德"，大人，天命之用。

"用大牲吉"，用大牲，不在丰俭，而在德，礼不可废。中国重视德，文德具备，用太牢、大牲吉。

"顺天命也"，即顺自然，顺人性。

顺自然，"体万物而不可遗也"，不得不承认有神。人什么都可以亏欠，但不可以亏欠良心，因果不爽。生生不息，在施与受，施比受更有福。

"顺天者昌，逆天者亡"，真顺天命很难，因我们不知"天命之所归"。顺人性，则人皆归往之。受名师指点，绝不违天命，懂"率性之谓道"，顺天命也。

我过"学生"生活，坐着想，精神健康。告诉孙子"想太太"，孙子哈哈大笑。满族人称祖母为太太。

忘了别人也聪明，聪明过了头，到哪儿提防？别人都比你聪明。没成型，就没对象。不能萃聚，绝不能发挥力量。

"乞丐赶庙公"，乞丐合作，所以可以赶庙公；如不合作，要饭都要不到。真想有点事业，必须学会合作。什么都有一套绝门儿。

观其所聚，而天地万物之情可见（现）矣。

"六爻发挥，旁通情也"（《易经·乾卦·文言》），由单纯六爻，发展至六十四卦。六十四卦，自"情"产生出。

感，一点假也没有，得拿出整个心，才能感人。稍有点保留，感情也不坚固。情，最青的心，最纯洁的心，包含很多，在哪一伦，就得有哪一伦清纯的心，此情才能巩固。纯、粹、精，无一点保留。夫妇间何以会有误会？真保持那颗"青心"，两人之情不会不稳固。人得自求多福，谁也帮不了谁。一旦心碎了，再回头，也无法弥补。要永保清纯，没有裂痕。以完整的心对待应该好好对待的人。

咸，"观其所感"；恒，"观其所恒"；萃，"观其所聚"，而天地万物之情可现矣。一个字真悟通了，在家、在社会才可以立住。政治之道术，即在此三卦。

如何应势？社会即理与势，《易》即谈此二事。道理讲通了，形势不对，也不能成。观其所"感"，观其所"恒"，观其所"聚"，而天地万物之情可现矣！时与势，错过一点都不行。

学生的结果，我看得一清如水，不要做自己不能做的事。利贞，更重要！

不做任何没有把握的事，至少要了解自己的立场。人可以有想法，但要问自己有没有做法。

恒，亙，久也，最难的为恒。天行健，亙己心，多难！

相传金圣叹批《三国演义》，看到关公秉烛达旦读《春秋》，不信，批："干柴烈火，岂有不燃之理？"忽觉关公刀往脖子上一架，乃灵机一动，又批"亘古一人"。

臭味相投，就一呼百诺。各人各习，要打开心扉。"羊羹虽美，众口难调"，不传之秘。

习性，不等于天性，习性是环境造成的。明理的母亲，会为子女选择环境，随机施教。

如无"情"字，《易》即六爻。但为"旁通情"，乃演为六十四卦。旁边的，不是没有关系。

神，"妙万物而为言者也"。明，"大明终始"，明，终始的

萃卦第四十五

原动力,终而复始,生生不息,今年吃香蕉,明年又吃。"生生之谓易",生生之象即易。通神之所以"妙万物",明之所以"终始",方可以"类万物之情"。

画八卦,在"通神明之德,类万物之情"。德,是看得见的;情,是无法看见的,但会有感觉。不通德,就无法类情。汉时,通六经,称通人;通一经,为博士。

人的习性不同,情亦有别。无通德类情,焉知"民之所好好之,民之所恶恶之"?不了解民情,又如何聚众?民情,是自"通德"来的。人的好恶,表现在其行为,即德。德,有善有恶,依此类情,到哪儿都受欢迎。由其行为的表现——即表情——而知其情。投其所好,以达目标。民之所好,即民情。

《象》曰:泽上于地,萃。君子以除(治)戎器,戒不虞(度)。

"泽",不是水。地上有泽,万物茂生,故萃。众萃,必有争夺之事,故要居安思危,有备无患。自此明白萃之道。

"除戎器,戒不虞",《春秋》无义战,治戎器的目的,是要戒想不到、度不到的事发生。《司马法·仁本》曰:"国虽大,好战必亡;天下虽安,忘战必危。"

台北观音山,外国人心中既无"观音",又如何看得出山如观音仰卧?境随意而转,不能解僵了。

天下本无事,庸人自扰之。不能治乱,而是造乱,真是日薄西山。从自哀到自怜,能够解决问题?太幼稚了!就是过日子,也不能这么过。

现在年轻人专注意"不急之务",我天天强调"当务之为急"。许多事应阻止其发生,不可以庸人自扰。

初六。有孚不终，乃乱乃萃。

"孚"，有诚信。先"有孚"，后有惑，持不住，故"不终"。

初与四相应，有孚以相从，但在萃之始，三阴聚于下，故"不终"，"乃萃乃乱"。

天天讲诚信，如有诚信，但不终，萃则乱，应"有孚永终"。

"乃乱乃萃"，有聚就有散，萃弄不好，即乱之始（端）。不是有群体就有力量，"群小"一点力量也没。聚了群体却无领导之能，即乱源。要识机，察隐微之所在。

处世，先察是否相应，相应则勿疑，勿嫉妒，否则常由妒生惑。又疑惑，又想与人相萃，惑于同类之所为，常因自惑而自我贬损，此"不终"之所来。社会上多半惑于同欲，乱于同欲，就臭味相投，一时凑热闹，拉帮结党，但"不终"。

若（如）号，一握为笑。勿恤，往无咎。

"若号"，初与四为正应，应从四之呼号，以聚于五，顺天命。

"一握为笑"，握，绝对控制东西，有对象，达到目的，故抓住不放。手打开，不要握，视自己为一拳之微，不敢有刚强之貌，露出笑脸；"勿恤"，不必担心，"以人治人，改而止"，"往无咎"。

你有孚，愈对你凉，愈在测验你，不是伯乐不识千里马，用人必须测试，看其是否能临危受命。许多人就专想捡便宜，不知当务之急，最后成为过眼烟云。

八十多年了，有多少东西能留在人的脑中？知此，又何必作伪？历代史书的《艺文志》有多少书？人人能上口的又有几

萃卦第四十五

本？为名，丢自己之所长，在名利下自曝其短。如在自己所长之处下功夫，可能对人类还有所贡献。

你们必须自试，自己试验，而不是叫别人试。自试，看自己到底在干些什么。许多人因小事而成为大人物，有研究番茄的，不到四十岁即成为世界人物。有所好，必有所长，应自此下手。光宗耀祖不在当官，小事亦有大成就。

今天很多年轻人净"逐空"，真研究学问者微乎其微！

今人奋斗，就是做坏事不要别人知。如不知社会的长短，又如何正世？物极必反，我的经验太多。

民国时期，袁世凯最为有权，但失败之快，因为欲速不达。何况一点基础都没有的，能够成功？袁自"小站练兵"起家（在天津小站训练部队），他的子弟兵有多少？

无一事能引起人的认同，反令人反感。一下冷，一下热，有用？

人为万物之灵，必须做灵的事，有所选择。想要共事，能不挑？嘴笑，心不笑，显出你的不忠，故作微笑，人不理。应处处显出你与生俱来的灵，才能成功。

思维方式、做事方法不同，谁高谁低，就看结果。自以为打出王牌，对方一点反应也没有。人家根本没把你当一个角儿。必须察微、识隐。

牺牲，也应得其时与所。乱世出英雄，解决问题必用人，有智慧解决则成英雄。

结党，必须找志同道合者，同志才可以一拍即合。萃，实际的问题，例子太多。

人既为万物之灵，就得通灵。有些人自以为是，所以不进步。本身没有一个"是"的标准，准是。都自以为是，就家自为俗，社会焉能不乱？国家必须有礼与法，才不乱。

真有志，有野心，应严格自试。现在有些人根本是遇事束手无策，头脑单纯，说的都是一套。

聚，乃为乱而聚。组织公会，萃，结果成乱源。

我看三四百种《易》注，愈看愈不懂，无所适从。有些注了无生意，与生活无关，没有生命力。

《象》曰：乃乱乃萃，其（己）志乱也。

全凭血气之勇任事，心中无主，"志乱也"，不能成事。真有志，"造次必于是，颠沛必于是"，"素富贵行乎富贵，素贫贱行乎贫贱，素患难行乎患难"。

知己最重要，不要失机，知己就不失时。天天有时，刹刹有时，但未必是我时，必须知道什么时候是我的时。"圣人不能生时，时至而不失之"，"知进退存亡而不失其正"，圣之时者。

谁也不能使你失败，是你自己使自己失败。在同一个环境中，有人走在前头，却失败了。

我在屋中坐五十年，不靠任何边，至今仍干净，到哪儿都可我行我素，乃"志不乱"也，有己之规。"先时"可不易，你们学不到。

乱经书者，腐儒也。《易》本身可以发人深省。

谁忍得住？好名者，诱之以名；好利者，诱之以利。能不上道？根本没人理我，证明我根本不理人。不能守住，到哪儿也不能见信于人。你来有所图，说话必有所偏，人家怎会相信你？既不属于哪一边，说的话对方能不好好分析？一切都在自

萃卦第四十五

修，不必怨别人。

来日方长，要好好领悟。斗争争的是利，争名夺利就不择手段，当然没有真理。有些人做一件正事，说一句正话了？就是利己，是个标准的愚人，原本可以千古留名，却留下千载骂名，就因为短见，将妄想当成志，除左右几个与他相应相求者外，又有几人与他志同道合？志，心之所主，当然不可乱。

真下功夫了，对《易经》会爱不释手。

六二。引吉，无咎。孚乃利用禴（yuè）。

"引"，来子注："开弓也。"此解太远。开弓，是本义，但在此不如此解。引文无关，观念乃愈远，要注意。读书要四到，慢慢品尝，天天读，有耐心，不可以怕麻烦。

"六二"中正，与"九五"相应与，故曰"引"，以诚信作为"引"之本，一诚天下无难事。有德之人以引后进为志，孟子云"尧以不得舜为己忧"，孔子云"为天下得人才难"。引小舅子，引不得人，即乱萃。

"孚乃利用禴"，孚，诚也，"六二"孚于"九五"；禴祭，薄祭，夏天时用，诚而祭，"东邻之杀牛，不如西邻之禴祭"（《易经·既济卦》）。

得不偏于左，才不偏于右，才能中的。"所恶于上，毋以使下。所恶于下，毋以事上。"（《大学》）

我常说"左手的事，不叫右手知"，不要学生多话，必然的事。将嘴封上，如囊一般，"括囊，无咎，无誉"（《易经·坤卦》）。

自有人类以来，最难以控制的就是嘴，祸从口出，乃纷争之所在。我不上教授休息室，下公交车，就进教室；下课，就进公交车。和谁也不说话，躲开是非之地。无守口之德，只好造一个环境，即先"环保"。

刚有所作为时，应赶快练习守口。时与势，瞬息即逝。今天什么是我们之所当为？

找一子书，好好细读。每一字的转变皆有智慧，子书均为智慧的快捷方式。我刚开始喜《墨子》，见穷人就流泪，我的舅舅骂我，说"好的政治家绝不如此"。政治家不同于慈善家，是要解决问题。《孟子》绝比不上《春秋繁露》致密。

《春秋》何以改"一"为"元"？孔子"吾道一以贯之"时，境界绝没超过老子。何以后来要"改一为元"？

《易》乃载道之书，"思之思之，鬼神通之"。至境在不言中，非能言诠。如男女相处之甜蜜，岂是文字所能表达？

《易》讲一"情"字，纯情，心之青，无贰。真有志，好好修正心，"宁静以致远"，诸葛亮绝对做到了"宁静"，但没有做到"淡泊"。人的"智"绝非自"欲"中产生，嗜欲深者，天机浅。

天下绝没有侥幸的事，不要看近利，要看远害。

我指导同学十几年，但对内在修为没有办法，有些人自己不能控制，没有自试功夫，也不能自律。我真是恨铁不成钢！

我为你们搭座桥，但将来你们也未必能用上。有些人做事跳不出己利，利害攸关，不客观就跳不过去。有些人往往过不了"钱"与"色"两关。

"形而上者谓之道"，注得太简略，读者不易懂。中国书均讲《易》。一部《大学》即内圣外王之道，亦即修己治世之道。外王，事功，利他的行为。

证严心静，真生智慧，动员环保，上山下海。你们有无替别人想过，能不惭愧？有无留心社会事？真像个人，也不过是书呆子，还必须有外王之业，大至救国、平天下，小至捡破瓶子，以免人受伤。

绝不可小看一个人，见贤思齐，心理环保。环保运动有其意义，要一起行动，由上至下推动。

我在台五十年，不属于哪一党派，游刃有余，"思无邪"！好好学，可累积自己的长处。自己吉凶未卜，还能为人讲《易》？

我坐在屋中，什么事都知。不知要问。中国什么不多，就是书多，还写什么书？

活学问要学，皆实学也。天下事就是一盘棋，要练习摆棋谱，练习斗争。有些人一切社会现象都不知，要随时注意，现况最重要，圣之时者。

《象》曰：引吉无咎，中未变也。

"引吉"，引者之吉，不太容易。"君使臣以礼"，否则三顾而不出，但得是英主，英主指有德。

"内圣外王"一词，出自《庄子·天下》。如何成就"内圣"之功？自"自试"得来的。别人说好说坏，不必在意。"乾坤，其《易》之门邪"，"乾坤，其《易》之蕴邪"，易，生生之象。

作伪，即骗人；自试，即自知不自欺。外面不管怎么歌功颂德，自知尚未被揭穿而已。懂自试，不会做失德的事。就在于自试，不在于别人试。学生自答卷，也看不出真正的程度。自己试验自己，才真有结果。

中国学问为一"正"字。无一人在"自试"中有虚假。想做好事，先自"自试"始。自试，为入圣之门，"蒙以养正，圣功也"。自试，绝不自欺。正不正，自试即知。

我每天看《金刚经》《坛经》，自"无所住而生其心"来。《心经》"色即是空，空即是色，受想行识，亦复如是"，"般若"的空，是"无所住"的空。

每天应随时教小孩学"外王"之业，慢慢养成"利他""替别人想"的观念。

积几辈子的德，能有九十几的老师？每天有几秒想到父母？所谓"入则孝"，问自己："孝顺父母了？"能欺人，能欺心？

一个人不能光有勇而无谋。因为没有自修，所以不能成为曾国藩那样的人。读书必须将智慧用到时事上。

一个团体热闹，结果都是"群小"，坏！许多"名学人"，就拿笔作文章。熊十力的文章，每句自己有疑惑的都自注，才是负责任的思想家。

想聚天下之萃，要如何"引"，才能"吉无咎"？有孚有中，才利用禴。

"六二"德与位均具备，与"九五"相应与，门当户对。文王"忧心忡忡，愠于群小"，有人骂你又何必伤心？"知人则哲，惟帝其难之"，尧犹有四凶。"方以类聚，物以群分"，以类聚，以群分。

瞪眼说瞎话，不知所为何来。自以为荣，一般人不知，有识之士看不起你。不萃，焉能聚天下之萃？

"引吉"，必有德有位。有孚有中，"中未变也"，始终如一，"乃利用禴"。禴祭，商之春祭，万物未生，用以祭的东西少，

萃卦第四十五

在有诚意。

中国何以将"文"看得重要？孔门四教："文、行、忠、信。""文"在前。孔文子何以谓之文？"敏而好学，不耻下问"(《论语·公冶长》)，"行有余力，则以学文"(《论语·学而》)。"文没在兹"，人人皆可以为文王，"文在中也"。

中国何以称"中夏"？中，体；夏，用。"夏，中国之人也"，可按中行事，中道之人也。中道，性之道，"喜怒哀乐之未发，谓之中"，即性。

先自"少说话"开始，交友必重视德与位。有德也必素其位而行，素其位而行，不愿乎其外。

"六二"告吾人如何聚天下之萃，有孚之人就可利用薄礼。交好朋友，不在乎物质之礼。中国祭政合一，祭在其礼，而不在其物。中道，性之道，"喜怒哀乐之未发，谓之中"，即性。

处于危机，可以乘势。刘邦由亭长造反。

世局如棋谱，天天摆，看着走。

非谁怕谁，就是利，利之所在就有变。必须细心，好好运用。

萃，《小象》都说：不聚以正，就乱。不怕聚，但必聚以正。证严，聚以正也。说易，行特别难！

"宁静以致远"，孔明是读书人，讲宁静。《大学》讲"定静"。"定"与"宁"，不同何在？

应乘时与势，导之以正。"蒙以养正"，"子帅以正"。现在不必再批邪，应言正。言正不易，行正更难！包公"公正廉明"。用不上，就没明白，皆实学也。为改变器质而读书，器质没改变即没读书。

一切都以类聚。"萃"的境界高于"聚"。

何以乱？已志乱也。有定的力量，天下就不会乱，一人定国。曾文正领一帮秀才定国，延长清朝国运六十年。

不懂大局，专看小利，多言，什么都没了，化为乌有，一言偾事。曾文正为名教而战，打的是名教战争。志，自己左右自己，谁也左右不了你。

必到终局才能判，盖棺论定。还没盖棺，说话都不可靠。

都见小，不见大，争！大小、公私、邪正。不要争目前，有限期。要有远见，才能致远。

"善教者，使人继其志"，奉元书院，何谓元志？"大易"与《春秋》讲元，又称"元经"。元之志，"万国咸宁"。世界不好，有界容易打架。中国思想——乐土、王道乐土、华夏乐土，以至于"万国咸宁"。

宁静致远，"宁"是什么境界？晏，"海晏升平"，不起波澜。宁，焉有乱？

说法有据，能令人首肯，活学问。时习之，要明辨之，笃行之。一个成功者绝对实实在在，脚踏实地。曾文正小时号"呆子"，祖训"满不点元，汉不封王"，辞谢封王，正合上意，换得"满床笏"，真知，一辞谢，反而优礼有加。

《曾文正家书》，忙中犹不忘教子。自己吉凶未卜，还为人算命，不要偶俗。

我不写应酬文章，凭良知劝你们。

遇事学，要学真知。曾文正解散湘军，不敢有"拥兵自重"之嫌。世路乍看似乱，但有一定的轨道可循。

学大人，必须知"定"；学奴才，也得懂"宁"。

萃卦第四十五

我的解脱术——读子书。经书含义深，子书则露骨。

要有忧患意识，21世纪应如何？得求真知。

《曾文正日记》无一篇语无伦次，按时有日记。还有杂钞、十八家诗钞、求阙斋日记、奏折等。忙人犹有成就、有学问，"誉之者曰圣相，毁之者曰元凶"。收复了半壁江山，得死多少人？

"监生不能入阁"，曾国荃是捐得的官，可以直接考进士，但不可以做宰相。"监生入圣庙，圣人吓一跳。何时入了学，我怎不知道？"

"谦，劳谦君子"，有复国之功，又兼具谦德。有复国之功的，可以陪葬太祖陵。有德者居之。

宁与定，在于己志。孔子"十有五而志于学"，经十五年才立于志，"三十而立"。

"自牧斋"字，于右任写给我的。培养苗子，我净出高招。

六三。萃如嗟（jiē）如，无攸利，往无咎，小吝。

自此研究人际关系。何以刚一萃，就有咳声？买进一个，又输一个，等于没买，又劳神。乱萃，聚不以正，无所利。

"六三"以柔居刚，为进爻，躁进，承"九四"，欲萃，对方嗟叹，"无所利"，唯往与"上六"萃，虽小吝，"无咎"。

《象》曰：往无咎，上（尚）巽（悦）也。

载舟亦覆舟，聚非正也，失于正，败事，并不是群众就有力量。

"六三"非好爻，能求其"无咎"，以其能"上巽"，即《象》

之顺以悦，怀悦之道以应人。但虽可无咎，亦未能脱去"小吝"。

九四。大吉，无咎。

"九四"阳居阴位，下据三阴，上比"九五"之君，近君，本"多惧"，上悦下顺，不劳心力，"大吉，无咎"。

此乃勉戒之辞，尽其臣道佐其君，否则为权臣。权臣，枉道以结民，使民只知有他，不知有上，终凶。

《象》曰：大吉无咎，位不当也。

此爻勉戒权臣，"大吉无咎"，应素其位而行，不愿乎其外；"位不当也"，不中不正，以刚居柔，不可强求，否则不吉有咎。

知中毒了，要求药方化毒。斗争，最后胜利的就一个。

说话做参考。琢磨我所说的闲话，都有用。

有忧时之心，应好好读书，以解决问题。"百姓日用而不知，故君子之道鲜矣"（《系辞传上·第五章》），君子之道少。就是知道，亦非真知。真知，必远己害。懂远害，就有福，如曾文正。

《易经》每一卦、每一爻到底讲些什么？

九五。萃有位，无咎，匪孚。元永贞，悔亡。

"萃"，聚天下英才而教之。"九五"处萃聚之时，在兑之中，天下归往之。

"有位"，仅有位而已。《春秋》"有年"，仅有年。有位，必有其德，此为正位；有位，无其德，则为窃位。有其位，还要有德，"致恭以存其位"（《系辞传上·第八章》），不懈于位曰恭，即在自己本位上一点都不懈怠，在其位，必谋其政。守位曰仁，必须有当位之德，念兹在兹。

九五之尊，必须明白"萃"之道，修己，识志，"居其所而众星拱之"，为政以德。反己自修，责己也重，不必责人。没有德，既得之又失之。"匪孚"，不信于人。

想"悔亡"，就必须"元永贞"。"元"，保持元德，本有之德；"永"，久也；"贞"，正固之道。守位与世竞，无咎。修"元永贞"三德，才有贤人来辅佐；"悔亡"，无悔了。

做事的目的是求成功，而不在于快或慢，所以必择人而事，快而失败，亦不如慢而成功。人与人合作很重要，光绪若不遇南海，恐能成事，变法求速，逼得老臣造反而生变，欲速则不达。

《象》曰：萃有位，志未光也。

每爻有其时与位，时不同，德行就不同。有其位，必须有当位之德。纵使有权可以得天下，但百姓若不信你，亦不能杜天下悠悠众口，"志未光也"。

一般人重视官位，以为官位一高就有权势，可以为所欲为，故以"有位"即做官。应素其位而行，思不出其位，素富贵行乎富贵，素患难行乎患难，则天下无不可居之位，能随遇而安。有天地之德、生人之几，则居什么位皆有利，故天下无不可居之位。

要懂分析术，知道逻辑。为政以德，缺德就完了。道德是一定的，谁违背谁灭亡。可以家自为俗，但不足以为法，无人步其后尘。

我老是讲《大学》《中庸》，因为不信人性唤不回。何以权势可以超过人性？权势与人性斗争，全、卢为前车之鉴，何以还迷恋权势？

为政以德，不必天天作秀。没见面还哭，哭从哪里来？不可以再迷糊，否则不可救药。政治完全是权势与人性的斗争。

宠臣、权臣如季氏。萃，"九五"至"上六"，为未来的结果，即不信于人，上午说的话与下午不同。

今天靠银行利息能过日子？伤品败德，乃"萃有位，志未光也"。

每一句话都要追根究底。不要先看注，先看本文，再看注与本文同否。看有病，怎么治病？许多注就作文而已，根本没说出真理是什么。

上六。赍（jī，叹声）咨（嗟也）涕洟，无咎。

"赍咨"，嗟叹之辞。"涕洟"，眼泪鼻涕。

"上六"处萃之终，内无应与，恐有忧患之身。"危者使平"（《系辞传下·第十一章》），忧思之过，有忧患就能生，故无咎。

如何萃聚？如何领导众人？了解自己为第一要义。修己，知己，识志。

《象》曰：赍咨涕洟，未安上也。

何以有此叹？君子之所赍咨者，在内则为德之未修，学之未讲；在外则为民之未胞，物之未与，没能尽到做领袖的责任。"上六"处于萃之终，求萃不可得，故有此叹。

"未安上也"，未素其位而行。而愿乎其外，必素其位而行。安于上，"恭己正南面而已矣"，修己之德，尽己之责，不必求全责备。

来子注:"六爻皆无咎者,水润泽其地,万物群聚而生,乃天地为物不贰,生物不测之理也。所以六爻皆无咎。"聚以诚,则无咎。

"矫枉过正",如何实行?离中,歪了,必下"矫枉过正"的功夫,弹回后才能回到中、正。读完任何一句话,会不会用?不会用,没用。矫枉过正者没多少人,知道不难,能用太难!学生不能用,书等于没有教。

多吸收中国文化,即使没有大成就,至少还可以保住令誉。

学而不思,故无所得,五十年没有成就。社会事如一盘棋,一子下错就满盘皆输。事"没法度",谁也救不了,自然毁灭。许多人做事都不留转圜余地,所以失败了就无法再起。

旁观者清。你本身低,怎可能看人高?

别人要灭亡,我们不一定陪葬。我教你们不要随便为他人殉葬,应自求多福。

势均力敌了,就没人敢对付你。社会上就是角力,不能做赔本的买卖。

"螳螂捕蝉,黄雀在后,一小儿拿弹弓等候",究竟谁代表真理?弄不好,就对不起子孙。当位者多斗两天,没当位者马上没裤子穿。

做自己喜欢的事,但不可以一味胡搞,自掘坟墓,不要使子孙陪葬。我每天都叫人走正路,不谈怪力乱神。人要走正路,看似笨。自以为聪明的人,其实最笨,瞪眼看他失败。

秦皇、汉武多欲,人一有欲就迷。秦始皇求仙药,后患无穷,徐福带五百童男女,出海到火烧岛。有欲,迷,头脑就不清楚。西安没有矿产，产帝王，埋了多少帝王？七八十个。

我不反对出家，但出家了，就必守戒。

何不法自然，而要违背自然？树长到一定程度，就不长了，自然。看任何东西，均要想其深意，卜筮时代已过，现在还讲卜？聪明反被聪明误。

要脚踏实地，好自为之，不要索隐行怪。

自文教、医药开始，事业要有目标，做买卖得有耐力，做事本身不可以存有侥幸心理。在社会上做事何以不走正路，像狗一样互咬？天下有定理的。

我今年真正满九十岁。同学必须练习能够读书。《易》为智海，仁者见之谓之仁，智者见之谓之智。

中国人法自然，是最高的智慧。

隐、微、无形，避祸于无形，"志如死灰，形如委衣"（《春秋繁露·立元神》），能修至此境界？委衣，如一堆衣服。志如死灰，别人用什么消灭我？你非要站在人前，人家怎么能不打你？到处出风头最傻。

"思之思之，鬼神通之"，学思并进。"终日所思，不如须臾之所学也。"学问自哪里来？不要天天装"生而知之"，要多看点书。

不必找一知半解者学气功，真功夫在此，看看我何以如此健康？精、气、神，人之三宝，我五十年养出了精气神。

吴康（1897—1976）说话没人听得懂，我说："看我比你少什么？"我没孙子吃得好，只喝茶、水，吃些简单干净的东西。身体好的不二法门在于顺应自然，不可以过力，超出自己的境界。

施与受，唱和。低调，才占便宜。装聪明，不懂"保合太和"，"保合太和，乃利贞"。

有些人吃亏在浅见。"读象辞，思过半矣！"从一点可以想通很多，要思。

读书，要懂要点之所在。《尚书》的重要性何在？许多人会讲文章，但不见道。中国人文章在"文以载道"。

《爱莲说》是思想、哲学，"中通外直，不蔓不枝"。《陈情表》多好的文章！韩愈口号喊得好，人称"文起八代之衰"。

除旧更新，更于始，打更。学的不在文句上，而在于如何用智，即遇事知如何用脑。

人要有精神，我有生以来如一日。独子少有成才的，我母亲猛训练我。不要顺习气活，要多读书。看书要慢，上句不懂，不读下句，三天看一本书，自欺！

升卦第四十六
（地风升 坤上巽下）

升卦卦体：坤为地，巽为风，地风升，往上升。升者，进而上，往上升，往前进一步。

卦德：内谦逊，外柔顺，柔以时升，刚中而应。

来子以升卦综萃卦，说："萃下卦之坤上升，而为升之上卦，亦升之象。"此讲法乃随心所欲。

《序卦》："萃者，聚也。聚而上者谓之升，故受之以升。"

萃了，乃萃乃升，必有深厚的力量，才能往上升。萃而能上，升也。升，进也，登也，升级、升官、升财。

知止而后有定，定静安虑得。群众基础雄厚，自然能往上走。要培养深厚的实力，知过必改，危者必平。

《杂卦》："萃聚而升不来也。"

"升"，日升，如日之升，每字都有深意，要了悟。升，生，二者机能、境界、力量均不同。"升不来"，"来，还也"，不还，不回来，升了，绝不可以缩回来。"他来了"，升堂入室。萃聚了，升就不回来，萃、升二卦互综。

升，元亨，用见大人，勿恤，南征吉。

"继之者，善也"，善不等于好，"元者，善之长也"，元是善之长，善的老大。止于至善，元亨，善之长的亨，大亨，大通。

"用见大人"，二、五不是相应就完了，"六五"确能用"九二"。用臣之道，一个"用"字，富有深意！有升的元亨之德，便可用见大人，"一乡之善士，斯友一乡之善士；一国之善士，斯友一国之善士；天下之善士，斯友天下之善士"（《孟子·万章下》），所以不忧，可以任道以往。

"勿恤"，有升之德，所以不忧，不是靠武力。

"南征吉"，南，向明而治，任道以往，用明征就吉，不服者马上就服。以前有不服，就因为不明。不明，乃昧于私。

今天听到不合理事不首肯，即是英雄，正知正见！必严格训练自己，对自己有严格的约束。虽难，但仍有少数人成功。不知求之在己，净看别人不对，何以两眼单看别人，而不看看自己？有些人两年没见，一见面，什么正事没谈，先说某人不对。这个时代太可怕了！

《易经》就世俗解释，即趋吉避凶。要多用心，千万不要马虎读过。

《彖》曰：柔以（因）时升，巽而顺，刚中而应，是以大亨。

升，上坤下巽，坤、巽皆柔顺，柔之德最宝贵，柔克、刚克，刚柔并济。柔本身不能升，或环境或本身柔。人生在世，常有柔不济刚的坏环境，因环境不许你那么刚强。专门钻顺境不能常，必须学会应逆境。

"柔以时升"，柔因时而升，要乘时、乘势而升。人一己百，人十己千；虽愚必明，虽柔必强。

只要精神充足，注意力不分散，趁老虎打盹时可升。你既升上去，就无人能拉下你。天下无难事，亦无易事，事在人为，一切操之在己，因时升也。应善用智慧，不发牢骚，君子"无所不用其极，无入而不自得"。

《易》讲数，实术也。王弼、程子、船山讲义理。

"巽而顺"，处世要内巽外顺，此为升之大本。"六五"为一柔君，本身有所不足，其中隐含不服之人。柔之德最宝贵，以柔克刚，刚柔并济。

"刚中而应"，"九二"有刚中之德，"六五"以柔顺应之。人要修到不躁不妄，心不躁妄，行不悖理。做事如无章法，只从心所欲，焉能成功？

"大亨"，也得有大亨的条件——"巽而顺，刚中而应"，否则大亨难成。

用见大人，勿恤，有庆也。南征吉，志行也。

"用见大人"，想治国平天下，必须用大德之臣。

"勿恤，有庆也"，勿忧，有善也。

"南征吉","征",奋发,主动,不同于进,征不服也;"南",向明而治,绝无黑暗、不法。"志行也",乃"大得志也"。

不论国君或是大小衙门,均南面而坐。县官衙门前有影壁,前为"夸父逐日",象不知足;后为"贪",戒见财就贪。既不可贪位,也不可贪财。皇族见官大一级,袍上绣"贪",四爪;皇帝龙袍,五爪龙。

"志行也",乃"大得志也"。

我每天写五副对联,"华文五洲同,夏化一统时"。有理智,做事有步骤。感情用事,则进退无据。

读书当学技术,要有趣味。社会问题应仔细研究,穷人是否都有饭吃了?革命,是为革不平。年轻人要做自己能做的事,不要梦想。

一个人不能善用智慧,是最大的悲哀。聪明人什么都怕,如临深渊,如履薄冰,什么都怕,最后都不怕。没有敌人,是自己制造敌人。不要自投罗网,就海阔天空。我一介平民,靠倒多少英雄好汉。遇事,以人性做标准,就能解决问题。如以人情做标准,则绝对会失败。

《易》讲理与势,明理不难,知所以用理为难,"可与权"的境界。

看书时,先问自己:懂否?越读越糊涂,自糊涂达到不糊涂。以传道为业,必得真明白。

有些人自以为能,做事才知一无是处。做官三五年,换得一辈子"不是人"。

政治必得有智慧。先虚虚实实,再谈政治目的。

《象》曰：地中生木，升。君子以顺德，积小以高大。

"地中生木"，木生地中，渐长渐高，升之象。

"以顺德"，"敬以直内，义以方外"，内圣外王，"主敬立人极"，敬己能信。自"主敬立人极"入手，知止，而后有定、静、安、虑、得。有无决定一辈子为志向奋斗？知止，于此奋斗，最终成功了，此即功夫。

"敬业"，必有一抱负，一心专摆一事，必有所益。教一辈子书，研究改进，必于教育上立人极。曾文正两大弟子，李鸿章拼命做官，俞樾拼命著书，皆能立人极。必立志，而后一心为志奋斗。志，心之所主也，心有所主，才能念兹在兹，而后有所成就。有些人忙碌一辈子，也不知自己干了什么。做事能合乎义，才能成就外王之业。行事立人极，人生有一目标，天天做，很有精神。天天琢磨之，心中必有所乐，乐此不疲！念兹在兹，一辈子也能搞出名堂来。深思，才知自己功夫浅，必须加工。如无真知灼见，就不要妄动。

"积小以高大"，积，日积月累，如"地中生木"，因山以为高，因而不失其新。《中论·修本》云："《易》曰：'升，元亨。用见大人，勿恤，南征吉。'积小致大之谓也。"做事之前要先认识自己，有自知之明了，才懂得假物，骄者必不能先认识自己。骄傲、说大话，皆不能成大事。人必自知，然后才能假物、乘势。

财富、学富、德富，均非巧取能得的，真功夫很重要，皆日积月累而来的，做学问、善事，都要天天做，靠己不求人，"但问耕耘，不问收获"，"种瓜得瓜，种豆得豆"，积小以高大，

升卦第四十六

积沙成塔。读书不要当死文章读。

现在正是锻炼自己的时候,试想:自己应怎么活?成功者之所以少,因为净想虚的,哀莫大于不知耻!天天看环境,检讨自己。

"行远必自迩,登高必自远",卑、迩的功夫。积学,即一天一点,日积月累,日久就能成为大学人,不要轻视积沙成塔的功夫。

应懂得运用思想,年轻时得如"常山之蛇"般灵巧。能踩死蚂蚁不易,必须有内功。一个男子汉要有内力。

观音慈悲,但必要时仍现罗汉身。得培养气势,到什么时候现什么身救世。违时,落伍,孔子"不时不食"(《论语·乡党》)。

察微特别重要。应常如此想。不信人性唤不回。有几件事本着人性做?人之视己,如见其肺肝然,要做不会自愧的事。自己做完事,是否会在儿女面前感到惭愧?

有些人做事净想名、利、势,均未入流。认识真的,才能深入。

初六。允升,大吉。

"允",信也,诚也,真的。"允升",脚踏实地,有诚信,因信而升。

因"柔以时升",因畜极而通。人之所以不成,皆因一个"浅"字,什么都浅尝就不成。高深的东西也可以因畜极而通,人的成就皆自"畜极而通"来的,绝非巧取豪夺来的,真功夫很重要。这块土地上最缺允升。

升允(1858—1938),蒙古族人,溥儒的岳父,第一个反对逊位。

《象》曰：允升大吉，上合志也。

"初六"以柔居于巽下，为巽之主，巽之至也；在升之始，因人成事，上合"六四"之志，"柔以时升"，大吉。

民主亦有主从，做事必"上合志"。人人都做主，就乱了套。做事必与领导人心之所主相合，才能成事。专说假话，以多为对，现已成风。应弄清在某一环境下，首要是什么，应先自哪一点入手，方能取胜。

拼命读子书，看如何破九连环。代代读书人都要解决"时"的问题。

所讲与生活配不上，岂不成空？"云行雨施"才能生，"品物流形"。"大明终始，六位时成，时乘六龙以御天。"乾、坤为《易》之门，生生之谓易。易，生生之象，一切生之门。自此领悟以用事，即奉元行事。元，资生、资始。

要发挥自己的长才，以济时困。你们要懂得合作，合作一定有利，但在利中不言所利。永久的基业，不是吃特效药。

性、生，均在刹那间，新陈代谢，所以没有灭绝。道家修至童颜鹤发了，即新陈代谢控制得好。道家的气功其实有，并不神秘，因隐居于深山中，可以静静地，什么都不管。一般人则易触景生情，费心，伤身。触景→生情→老。

时势，亦必新陈代谢。必须认识时与势，才能与事周旋。时转，则势移，事变。

有无以自己的专学应世？还是用非所学？试验自己的想法、做法与事实有无三位一体、三合一？

升卦第四十六

每天花点时间,将时事演一演,如同摆棋子。

九二。孚乃利用禴,无咎。

"六五"柔君,病态百出,必"用见大人",但必用"孚"之人。孚,德之基。君以诚相接,臣以敬佐主。

"利用禴",薄礼,心诚,礼到,不在厚薄。重厚薄,为贿赂。用人,定要用有德之人。

同学少有懂得礼的。礼者,理也,履也。学生之道,第一个即礼。没练习用礼,又如何用礼?物薄,礼没有薄。

办事有分别心,乃不能办成,因为没有孚。任何事都不落实,就因无孚。

要练达,关心别人。不懂得关心别人,习以为常,坏。要诚信,没诚信就有灾。

《象》曰:九二之孚,有喜也。

君柔臣刚,用见大人,有诚,"刚中而应",故曰"有喜"。合乎标准,则人必用你。

早晚得有事,有事必解决,要想,实际研究,假设……如何解决?有策、有略。

我天天琢磨,老不舍心。你们要少不舍力。

九三。升虚(空)邑。

"九三"为阳刚之才,为进爻,又有应与,但切忌骄傲!
升空邑,不可以自居百乘之家,否则为柔君所疑。

《象》曰：升虚邑，无所疑也。

君弱臣强，正是人主之所疑。升空邑，不逼君，就无所疑。

六四。王用亨于岐山，吉，无咎。

"六四"近君，在升之时不可复升，必顺事而为，才吉，无咎。周文王"三分天下有其二，以服事殷"（《论语·泰伯》），知其子武王必有天下，其奉殷，并非尊君，乃顺势而为，高瞻远瞩。

《象》曰：王用亨于岐山，顺事也。

"顺事也"，顺势而为。
"六四"当位，为退爻，居坤巽之间，顺之至也。
不怕没好事，就怕没好人。以声音笑貌取悦人，是不正经的人，没有正知正见，只顾私利，不考虑后果。

六五。贞吉，升阶。

"六五"以柔居尊，"贞吉"，正固能吉。
"升阶"，阶，梯阶，登阶而升，做事按部就班，名正言顺而升。

《象》曰：贞吉升阶，大得志也。

"六五"为柔君，能得"九二"贤才辅佐，"用见大人，勿恤，有庆，南征吉"，事业一步一步而升，"大得志也"。

上六。冥（昧）升，利不息（止）之贞。

"升"，有一定的界线。"冥升"，不明事理而往前做，不知止。

"利不息之贞","不息",不止,"天行健,君子以自强不息",用于进德则利矣。

《象》曰：冥升在上，消不富也。

"上六"处于升之极,"冥升在上",昧于升而不知已。

"消不富",消而不富,"君子尚消息盈虚,天行也"(《易经·剥卦》),终则复始,谁也逃不出"消长盈虚"的天则。

《春秋繁露·二端》讲什么？"夫览求微细于无端之处,诚知小之将为大也,微之将为著也。"要学会怎么看书。你们就是记忆力不好,要查书。

有些人书读得多,也记不住,说："上一代出毛病,我们来弥补。"大放厥词！不要做梦,说话要有根据。

"一阴一阳之谓道",朱注："阴阳迭运者,气也,其理则所谓道。"与本文有关系？这是他的思想。

老子说"道生一",道即为"一"之父；"一阴一阳之谓道",一为动词,控制,控制阴阳的就是道。元,乾元、坤元。"成之者,性也",神；"继之者,善也",明。性善。

"阴虽有美,含之",坤含乾之美,乾施坤受,故曰"地道无成,而代有终也"(《易经·坤卦·文言》),坤代乾而有终。乾坤两卦要好好看。

我爱中国,要写,尽国民责任,别人看不看无所谓,要素其位而行,头脑必须清楚,知为什么而写。

毓氏献策,董子有《天人三策》,做有用之才。报告不作为敲门砖,不要浪费自己。

以自己所学作为敲门砖？一言以为智,一言以为不智——

以此判断一个人。当作敲门砖,动机即拍马。为己之所当为,就是社会乱了,自己仍不乱。做事有目的,绝不会客观。我做买卖,无关名利,必有所为。

"卧龙岗"(孔明出佐刘备前躬耕处)还非真卧龙。我,潜龙也,"龙德而隐者也,不易乎世,不成乎名,遁世无闷,不见是而无闷。乐则行之,忧则违之,确乎其不可拔,潜龙也"(《易经·乾卦·文言》)。

做任何事,不要有副作用。

有些环境能逼人发疯。我孤守五十年,至今头脑犹清楚。回去被称为"金爷爷",姓都被改了。还叫爷爷,何不叫"小伙子"?

愈是客观,别人愈相信你。一个人绝不能白活,苦也要有代价。有些人根本不了解自己是什么东西,不要浪费智慧。头脑要有所主,不要天天妄想。脑子妙极,能专一就不得了,惟精惟一。我小时读书上课,玩小老鼠拉墨。有些人每天把有用的脑子放在哪里?成与不成,在于自己,必须精一。

不要把妄想当成志。定于一,可能对人类有贡献。

董子的书,句句金句,都有用。

《系辞传下·第五章》:"天下何思何虑?天下同归而殊途,一致而百虑。天下何思何虑?日往则月来,月往则日来,日月相推而明生焉。寒往则暑来,暑往则寒来,寒暑相推而岁成焉。往者屈也,来者信也,屈信相感而利生焉。尺蠖之屈,以求信也。龙蛇之蛰,以存身也。精义之神,以致用也。利用安身,以崇德也。过此以往,未之或知也。穷神知化,德之盛也。"据此去悟,我据此解释。

孔子到汉朝四百多年，以己意解经，自由，汉《易》成《火珠林》，才刺激王弼扫象、注《易》；到《程传》(《周易程氏传》简称)，又到《船山易传》(《周易内传》《周易外传》合称)。

《易》为智海，怎么解都行。我依经解经，不掺杂其他。慢慢读，演完，必能还原。

熊先生在《读经示要》中解《序卦传》，只解到同人卦，他以为《序卦传》非圣人不能作。

天下事没那么容易，都是功夫，我们有修养的德？连老婆都不能号召。证严法师何以能号召那么多人？我德不及十岁顽童。不要嫉妒人家，看证严的号召力。

人贵乎自量，看自己究竟是半斤，还是八两。无愧于心，别人说没关系。就怕伪君子，是人就做人事。是中国人必须办中国事，读书人要把脑子贡献给国家。

如果认真，至少还是个人。大丈夫"居天下之广居"，国土得守得住，此为做人的准则。中国人守华夏，日月所照，霜露所坠。《大学》《中庸》读好，绝对可以立身。

《中庸》"凡为天下国家有九经，所以行之者一也"，九经，三重，三世，据乱世、升平世、太平世。三世中复有三世，三三为九，九世。

说讲得不对，其实是顿开茅塞。不学无术，"虽有贤者，亦莫如之何"。

要练达正视问题，到"又日新"的时代了，即复。要把什么都变成活学问。

困卦第四十七

（泽水困　兑上坎下）

困卦卦体：兑为泽，坎为水，泽水困，阳为阴所掩，小人掩盖了君子，穷困之象，困穷而不能自振。

得不到，说不出穷的滋味，没自穷出来，不知穷人之苦。体验很重要。

卦德：下险上悦，险以悦，处险能悦，乐天知命，复何忧？

《序卦》："升而不已必困，故受之以困。"

"大易"之道，有兴就有衰，有成即有败，消长盈虚也，故在升之后，有衰之困，非外力之故，而是本身力量衰竭了。

升，有一定的限度，人必须知道限度。树无论怎么长，长到一个限度就不长了。必知此一限度，知己。"知进而不知退，知得而不知丧"，亢龙也，故有悔。

宋七力知升而不知已,结果受困了。必知己之所限,才能不受困。"不困在于早虑,不穷在于早豫"(《说苑·谈丛》)。

《杂卦》:"井通而困相遇也。"

"井养而不穷",通了,就不困。"困相遇也",相遇于事,人因而受困,单方面就不受困。有大困,有小困,每个人都经过。安于所遇,就不受困,"君子固穷,小人穷斯滥矣"。

《系辞传下·第七章》称"困,德之辨也",在困时好好分辨是哪一类的德,"观过,斯知仁矣"。"困,穷而通",穷,没有职业,没有谋生能力,当然贫了,"穷而通"即功夫,穷变通久。无水之沟,一遇有雨,就可以淌水,通了。"困以寡怨",困而怨,少怨,难也!知命者不怨天,知己者不尤人,"求仁而得仁,又何怨"?

困,亨,贞,大人吉,无咎。

困之后,必亨通,穷极而通,否极泰来。

"贞,大人吉","大人者,与天地合其德",有大德之人才吉,小人穷斯滥矣!"人之有德慧术知者,恒存乎疢疾。独孤臣孽子,其操心也危,其虑患也深,故达"(《孟子·尽心上》),德慧术智是由穷困中得来的,素患难行乎患难,正是大人成德的机会。在困中能吉的,太少了!"贞",正固之道,正道必得固守。

在困中不通,又如何贞?"动乎险中,大亨贞",在险中必须行动,一突破就不得了,在困中能打出一条路来,别人会觉得你是英雄。

易经日讲

孔子困于陈、蔡之间，弟子皆有饥色，读《诗》《书》，治礼不休。孔子曰："贤不肖者才也，为不为者人也，遇不遇者时也，死生者命也；有其才不遇其时，虽才不用，苟遇其时，何难之有！故舜耕历山而逃于河畔，立为天子则其遇尧也。"

有言不信。

"有言不信"，并非唱高调，美言几句就能解决？在困中，言都没人信，语更不必说了！

言，常道之事，"子所雅言"（《论语·述而》）。语，什么都说，"子不语怪力乱神"（《论语·述而》），一般人语怪力乱神。《论语》什么都讲，传了；《法言》讲正经的，就没人读。"食不言，寝不语"，食不言大道理，寝不语怪力乱神。懂得生活境界，才知怎么活。

我这五十年尽在"困"中。在困中，尽说正经的，也没人相信，明白者就不辩了。人家骂你，还分辩，骂得更凶。

真有知识，心里没有不舒服。皆自明也，皆自幽也。

想要通，必自通其道，锦上添花时时有，雪中送炭有几人？懂处困、脱险之道极为重要，必须有深的体悟。人生总在困境中，人生不如意事，十常八九。

《彖》曰：困，刚掩也。险以说（悦），困而不失其所亨，其唯君子乎！

"困"，受强敌所掩。刚为柔所掩，君子为小人所掩，"忧心悄悄，愠于群小"（《诗经·邶风·柏舟》）。虽能掩其位，绝不能掩其德与学。

"险以说"，是修为，以笑脸迎之，险中求！无论环境怎么坏，遇到什么坏事，都不影响自己的情绪，险中求悦。

"困而不失其所亨"，虽受困，亦不失亨之道，自明。人骂，当歌听。"其唯君子乎"，君子"无所不用其极，无入而不自得"。

我五十多年，得"大易"之道帮助。

贞大人吉，以刚中也。

"贞大人吉"，守住成大人之德的贞，吉。

"以刚中也"，因有"刚中"之德，皆真功夫也。外虽有阴柔，但仍不失刚中之德。中必正，中无不正，正即能吉。中一定正，正不一定中。

宇宙是圆的，人在天地之间，顶天立地。得有刚中之德，才是中国人。应培养胆、量、识和毅力，知之明才能守之固。

真懂得做人滋味了，必得没有邪僻之行。如活死人，焉有快乐可言？有邪僻之行的人，永远没有快乐。

有言不信，尚口乃穷也。

受困之时，"有言不信"，必用行为取信于人，而不是唱高调，美言几句就能解决。"尚口乃穷"，韩愈三上宰相书，皆不获回应；颜回在陋巷，不改其乐；孔子厄于陈、蔡弦歌。皆真功夫，而非麻木不仁，以此当药吃。

我在台不想站班，也不想沾光。"居易以俟命"（《中庸》），虽处困境，当作磨炼，不影响大通之路。

《象》曰：泽无水，困。君子以致（委）命遂（成）志。

《中论·修本》："知者不以变数疑常道，故循福之所自来，防祸之所由至也。遇不遇，非我也，其时也。夫施吉报凶谓之命，施凶报吉谓之幸，守其所志而已矣。《易》曰：君子以致命遂志。"

"说万物者莫说乎泽，润万物者莫润乎水"，泽，潮湿地，无水则成沼泽地，困之象。君子以困之道，拼命以达自己的志向。

人都有受困之时，没钱是小人之困，不能展其志是君子之困，所以才要"致命遂志"。"致命"，不要命的才能"遂志"、成志。

致命，致远，"宁静以致远"。志，心之所主，有志者事竟成，成志。就怕没有志。

人在困中，不可失其所，要"致命遂志"，老命不要了，成志，"蹈仁而死"（《论语·卫灵公》），我就靠此四字活，活出真滋味，越老越有精神。"死生有命，富贵在天"，又何必怕？"人固有一死，或重于泰山，或轻于鸿毛"（司马迁《报任少卿书》）。

战争，绝对是毁灭性的，减少人口，扩大生存。人增、土减、消耗量多，必然以战争解决问题。

我提倡奉元，元胞。战争唯有用"元"之爱化劫。

初六。臀困于株木，入于幽谷，三岁不觌（见）。

"臀"，坐着，点出"臀"有感觉；"株木"，无叶之干木头。

处困之始，第一步就不好，致进退失据，在困境中坐以待毙。困于欲，一错再错，终致身败名裂。自己错了，在于自知，不在于别人知否。

"臀困于株木"，不等于坐困于株木，是感觉的层次。

感受最重要。光讲书没作用，因为没有感受。我所说的废话，在于引起思索。

"入于幽谷"，是意境，"幽"，不明也，白内障了。"三年不觌"，三为多数，即多年不见。

困，阴掩阳，小人掩君子。人要倒霉了，事接二连三来，株木、幽谷不见。

懂法有用？必有德才不犯法。以此锻智，正见，修无上正等正觉。我每次出题，是要你们懂得正觉。

一个人必须真有智慧，正知正见。不懂道德之为何物，不懂本着人性做事，焉能成德？一个人的修养多么重要！

培道与德，在容，有容乃大，一天天不小。我快变成真的了。

没读《易》，不懂说"干父之蛊"。

"泰山崩于前而不动"，稳即是功夫。好好训练自己。

《象》曰：入于幽谷，幽不明也。

没见地，乃不明；听不清，乃不聪。怎么说，也不了悟。一步错，尚不知止，一直向前，就"入于幽谷"，出不来了。暗于事而不明其理，常人多犯此毛病。

"初六"处困之始，居坎之下，若肯往上走，行得正，则有"九四"相应与之助；若愚昧无知，而与"九二"勾结，就"入于幽谷"，永不见天日。

自以为宇宙无人，如入无人之境。没等到"时"，政治生命已夭折，不识，乃"幽不明也"。时不同，背景、环境亦不同，不能相提并论。

九二。困于酒食，朱绂方来。

"困于酒食"，"并日而食"（《礼记·儒行》），一天吃的东西，分两天吃；两天吃一次。

"九二"刚中，居坎之中，处困之时，并日而食，"困而不失其所亨，其唯君子乎"。

人必有德，绝不可因困穷而乱德，不养德，绝对成纯小人。范仲淹"断齑画粥"（宋魏泰《东轩笔录》），画粥而食，卒谥"文正"。

谥法，对人的一辈子下评语，有政府谥、私谥两种。弟子给老师，乡人给乡贤。赐"文"，进士出身，曾国藩，"文正"；张之洞，"文襄"，因得罪摄政王；左宗棠，"文襄"，因得罪恭亲王。

"九二"刚中，有刚中之德，才能"困于酒食"。孔明"困（睏）"于卧龙岗，非困。"酒食之困"是个德行，求仁得仁，又何怨？

清官奉诏还债，最为荣宠。唐朝最为完整，人才辈出。提古人，要你们神往。

"朱绂"：一指红色蔽膝，皇帝的护腿子。套裤，近乎朱绂；二指系佩玉或印章的红色丝带。"九二"受困之时，"九五"之君来请。"困而不失其所亨"，因刚中。

利用亨祀，征凶，无咎。

"亨"，享，烹，古时是一个字，享祀，祭天、祀地、享祖宗。祭如在，祭得诚敬，不能代祭。

"利用亨祀"，其利在于虔诚之德，以至诚应之，无咎。

"征凶"，勉强去求，必凶。宜静待，不宜自求，自求则凶。

关西老先生临死祭地，谢地。西方讲"原罪"，佛教讲"今生、前生、来生"，三生因果。

《象》曰：困于酒食，中有庆（善）也。

"九二"有才无处发挥，唯"困于酒食"而已，必如"潜龙勿用"，顺以处险，以悦处险。不溜须拍马，不出卖人格，因有中德才有善。

有幸身为"中人"（夏），守住中道才有善。自求多福，好坏全操之在己。

有几人不陷于小人之困而卖文、卖人格？"造次必于是，颠沛必于是"，有人格，有先识之见，乃以刚中之德自守。

为恋栈而流泪，或是怕受连累而流泪？

六三。困于石，据于蒺藜，入于其宫，不见其妻，凶。

三爻多凶，上下不得，进退失据，苦命的一爻。

"困于石"，困于石室，绝对走不出了。"据于蒺藜"，满树的荆棘，进退不得，再三倒霉。

"入于其宫，不见其妻，凶"，退回家中，又不见妻子，凶。《系辞传下·第五章》云："既辱且危，死期将至，妻其可得见邪？"自己处处表现不够，连妻子都看不惯。此爻，家破人亡，处境最不堪！

《象》曰：据于蒺藜，乘刚也；

在阴掩阳时，好好体会这爻。

"六三"以阴居阳，却以刚用事，乘"九二"之刚。"乘刚"，以柔乘刚，净耍性子，则必"困于石，据于蒺藜"。不能素其位而行，今之政客失败于此者为多。

入于其宫，不见其妻，不祥也。

《系辞传下·第五章》云："非所困而困焉，名必辱；非所据而据焉，身必危。既辱且危，死期将至，妻其可得见耶？""非所困而困焉"，前进无门，后退无路。进退安身，也得有机术。要慎择委身之所，鸟之栖枝，绕树三匝，狡兔三窟，况人乎？"非所据而据焉"，求不得之苦也。人到无求品自高，就是求也得用点术，逃不过苦也能逃过辱。

真手段高明，则求而得之。"己所不欲，勿施于人"，"以人治人，改而止"（《中庸》），宽大为怀就没有敌人。

九四。来徐徐，困于金车，吝，有终。

"九四"与"初六"，正相应与，但为"九二"所隔。二以刚载初，四"困于金车"。

"来徐徐"，慢悠悠地，慢慢等待"初六"。

四与二均刚，但二刚中、四刚正，"二多誉，四多惧"，故四"困于金车"，吝；放弃金车，不与二争，终与初相与，乃"有终"。

《象》曰：来徐徐，志在下也；虽不当位，有与也。

"来徐徐"，居阴尚柔；"志在下"，志在"初六"。"九四"与初六，"虽不当位"，但相应与，有终。

凡事要往宽处想："孰能与之？""天下莫不与也。"（《孟子·梁惠王上》）到哪儿找同志？同志必相与。怎样才能使别人与自己同志？通志。

知人太难，连太太都可能同床异梦，何况其他人？"德不孤，必有邻"，有德者绝不孤。

人情太多，苦亦多。一见钟情，终生难忘，永无解答。我留情太多，绝不随便试情。悟了，就断苦，一笑置之。人的审美观不同。

佛，觉也，一点神秘都没有。悟，我心的事，我都懂了。没有悟，所以苦哈哈。

李克用（856—908，沙陀人，后唐庄宗李存勖之父）怕老婆。虽是元帅，听老婆派遣。《珠帘寨》在笑谈中解困。

陈靖怡（星座专家，和男友谈分手不成，遭情杀身亡）临死前问其男友："你为什么要这样？"真是至死不悟！

九五。劓（yì）刖（yuè），困于赤绂，乃徐有说（悦），利用祭祀。

"九五"人君之困。"劓刖"，割鼻断足，丢了脸又不能行，上下皆受伤。

"困于赤绂"，赤绂之困。"赤绂"，皇帝之玉玺。"九五"受困，在于臣子营救太慢。

"乃徐有说，利用祭祀"，但此时宜静待，要有耐性，君臣终必合德，渐渐则有悦事。尽己之责，诚敬为之。

光绪帝（1871—1908）即朱绂之困，困于瀛台，吃饭时面前只有几道菜。皇帝吃饭，全席有一定数。德宗景（大）皇帝，庙号。

《易》真难懂，皇帝都受困，赤绂之困。在困时，懂得容就好。天下事，说变就变。

《象》曰：劓刖，志未得也；乃徐有说，以中直也；

此爻是脱险之用，以悦解决之。

"贵而无位，高而无民，贤人在下而无辅，是以动而有悔也"，自困愁城。

以悦解决，必"徐有悦"，乐极不好。"以中直也"，用中，喜怒哀乐不发，直性而行。

儒家功夫在一个"缓"字，此为中国人做事的功夫。

利用祭祀，受福也。

"利用祭祀"，得如祭天地之诚敬，即能以"诚"脱困。

"受福也"，自求多福。说容易，用上可难！

许多当务之急未解决，不懂用神武不杀之"聪明睿智"。作秀也得会秀，最笨的作秀，得的效果少。

上六，困于葛藟，于臲卼（niè wù）。

"葛"，一种植物，纤维可以织布；"藟"，蔓草也，藤。"葛藟"，比喻受困的环境。"臲卼"，形容惊惧不安。

"上六"以柔处困之终，居兑之上，乘"九五"之刚，柔掩刚，入于葛藟中，坐立难安，困之至也。

曰动悔。有悔，征吉。

"曰"，自讼之辞；"动悔"，动而有悔，动辄得咎。

"有悔"，错了，马上后悔，后悔就停止，吉行也。有自知之明，能悔过，然后再向前，"征吉"。

"过，则勿惮改"，但难的是知过。你知过？哪个人知过了？有些人每天都看别人不对。知过必改，如不知过，改从何来？人最难的是知过。

《象》曰：困于葛藟，未当也；动悔有悔，吉行也。

"上六"处于困之终，脱困不得其道，乃处之未当也。处困当思变，不掩刚，动而有悔，悔而能改，吉行也。

此爻教人脱困，过则困，处险以悦，不乘刚，有悔能悔改，就能出困。懂得道理，才容易去行。

能做的事很多，做法很重要。"见小利，则大事不成"，欲速则不达，无欲速也。今天多少年轻人抱住既得小利不放，则大事不成！中国的戏有许多深意，《捉放曹》！历史一字之贬，严于斧钺。

我活得如此长，常想：又成就了什么？但绝对有操守，在屋中坐五十年，绝不参与任何活动。一个人成就，太难！太难！一个人的志太重要，中国文化即尚志，志什么？什么志？解答了，才能尚。

有没有感到自己一事无成？自己一事无成，还谈什么福国利民？不要把妄想当成志。

要培养自己，不分男女。至少要把自己的生活安排好。人生最重要的就是有个美满的家庭。刚开始，彼此要容忍，夫妇无是非，是爱。什么叫幸福？择偶、择业。聪明人择偶、择业，本立而道生。

有神，不然全世界的猫或狗，叫声怎么都相同？

必须细想，书不只是看过而已。一爻一世界，一爻一宇宙。

井卦第四十八

（水风井　坎上巽下）

井卦卦体：坎为水，巽为风，水风井，地中泉，养而无穷，其德不渝。

卦德：井之德，多而不溢，天天用而不竭。

《序卦》："困乎上者，必反（返）下，故受之以井。"

困上返下，最低也得有返下之术。返下，并不是等死，得有返下之道、返下之术。困上返下，困上必返下，所以必须行动。

不是返下即可福寿康宁，得看返下的环境，必须有做法，保持自己的立场。

《杂卦》："井通而困相遇也。"

井通了，打水的人往来不穷，往来井井，"往来不穷谓之通"

(《系辞传上·第十一章》)。相通,就相遇,不受困了,困与井二卦互综,"井通而困相遇"。

人到了困境中,第一步必须先了解环境。什么时候正是"时"?此为最大的智慧。《隆中对》,有先见之明。一问三不知,神仙怪不得,"圣人不能生时,时至而不失之",时至,你叫他爷爷,他喊你祖宗。我天天等此时,但觉得等不上,台湾地区的问题可能十年内无法解决。

《系辞传下·第七章》称"井,德之地也",井之水,人人可用,没有分别心,"生而不有,为而不恃",故曰"德之地也"。"井,居其所而迁",井就守在那儿,但其德日新不已,德博能化。"井以辨义",井井有条,井之德之义,真义也。

富在深山有远亲,穷途末路谁来问你?

德者,得也,用德来得。不要梦,真想做,有入手处。你没有用,人就不理你。

"井,居其所而迁",井没动,但其德日新。修为不足,因为没有继续修。证严什么奖状都不去领,但荣誉屡至。

台湾地区弹丸之地,有六千位中学老师,地位不高,但能承上启下。有些人不知价值,皆成"尾人"。人为买一条够格的小鱼,跑了两天。有此能,何以没智慧运用这个能?

"礼运",以礼运世。我们要以智运世。科技再怎么进步,智慧非一日能成。五十年的工夫。元月六日,阮芝生择日开学,今天整五十年了。门口经过者,有两三万人。

有井,没变,那块土地永不变。有是就有非,有好就有坏!德有了,没能继续修,等于没德,凶也。迁,有什么毛病?"不恒其德,或承之羞",承羞之凶。

有用时，人自会找上门来，因需要而有用。我失业五十年，讲学是遮羞，为了混馒头，都不必多求！

"井以辨义"，就看你们的鉴别力，辨你义不义。成功了，亦不得"德迁"。

井，改邑不改井，无丧无得，往来井井。

"改邑"，迁村了；"不改井"，但哪个井搬家了？

井永不毁灭，有永恒之用，不失其用。什么都不可靠，唯有德可靠。

"改邑不改井"，天下人都用，"无丧无得"。"往来井井"，来来往往者，都可以用井。

练习引申义，还有什么是"无丧无得"？一盏灯，可以点千万盏灯，发挥光的功用，发光作盐，人做好事，无得无丧，法施，财施。

汔（qì，水涸）**至，亦未繘**（jú，井索）**井，羸**（缠绕）**其瓶**（钩羸其瓶而覆之），**凶**。

井，本无得无丧，往来用之者不穷，济人利物之功大矣！

"汔至，亦未繘井，羸其瓶"，井有其用，但任它干涸，未放绳索、桶子，还加上盖子，人亦无法取得水。虽有万善之德，但也不能忽略小器具，少一样，也不能成其德。井有其大本，在客观环境下，井亦未能尽其用，人亦然，一个井没有打水的绳子、盆子，怨谁？自井，可看出你义不义，以公德心看此人义不义。井，有人家锁上，义不义？有能力，不能与人为善，是德？要懂义、德，不当走狗。为谁修德？为天下人。如井要

井卦第四十八

有绳子、盆子，修成后不可以盖盖、上锁。

我母亲可有一套，我的选学（《昭明文选》之学）就是跟她学的，其实是偷来的。写信，得叫对方马上能背起来，他才会念念不忘。要下功夫。

古人从小读书，十一二岁即念完"四书""五经"，今天有些人连一千字也不认识。求智于前人，不会读前人之书，又如何求智？第一个得认字。

昔日县官必进士出身。以前人二十多岁就成事，当县官了。今天有些人却还是"大孩子"！

《象》曰：巽乎水而上水，井，井养而不穷也。

巽为木，木上有水。"木上有水"，乃有所指。《易经》常用"利涉大川"，因不懂用木时，过河仍然危险。上水的工具用木，已经是不同时代了。可见《易》绝非一人所作，在文化上考古有价值。读东西，必须细心。

"巽乎水而上水"，木桶没入水，能汲上水？要入乎水而上水。引申义：不入虎穴，焉得虎子？没被老虎吃，而吃了老虎。如不能降虎，能得虎子？

一，以什么东西入水而得水？二，不入虎穴，焉得虎子？问自己：有无入水之能、降虎之力？

未来想有伟大的前途，有无牺牲的准备？革命事业是要有牺牲的，不是用嘴说的，故曰：入乎水而上水。"国父"可是用命换来的，并不是白得的，不要做梦！

得有什么智慧，使器皿入水？得一壶水，也必须有力量、智慧。

政治靠智慧，不是靠吹牛。

居庸关长城已修复。上承德避暑山庄，要上金山长城。清三百年不修长城，康熙帝修外八庙，修得比热河行宫（即承德避暑山庄）漂亮，说"一日军费就够了"。有小布达拉宫，请活佛住，边疆得百年和平。

要善用智慧，但要看会不会用。不怕不识货，就怕货比货。"井养而不穷也"，井，利万物，养而不穷，民无水火，不能生活。

改邑不改井，乃以刚中也。

"以刚中也"，无欲则刚，欲，包括名、利、色，形形色色。色，包含一切，即"颐"。嗜好皆一，无所谓雅不雅。

泡茶，要有火候。真有味，能叫外行人弄？有许多茶叶不能喝，我用来洗澡，皮肤细。

"喜怒哀乐之未发，谓之中；发而皆中节，谓之和"，"致中和，天地位焉，万物育焉"，发而皆中节，体用不二，你就是一小天地，故曰"大人者，与天地合其德"。违中和，变态。中德，喜怒哀乐不发，不存"伪"。哪个人不伪？结果苦处连连！

汔至亦未繘井，未有功也。羸其瓶，是以凶也。

有本钱，无下水之功，亦"未有功也"。汲水之具亦丧失，所以凶也。

自己印证自己：我每天做些什么？"苟日新，日日新，又日新"，自哪儿入手？"日知其所亡，月无忘其所能。"

井卦第四十八

有些人一旦得势，绝对会出卖一切。许多人为了达自己的目的，而牺牲人品，"人之视己，如见其肺肝然"。你眼一转，我即知你想什么。

《象》曰：木上有水，井。君子以劳民劝相。

"木上有水"，从陶器时代到了木器时代。

"劳民劝相"，"劳民"，犒劳有功者；"劝相"，裁成辅相，相劝以礼，辅仁，"以文会友，以友辅仁"（《论语·颜渊》）。

劳民，非一次而已，在于永续不绝。劳一次，得了甜头，想；得不到，就怨。

来子注："人有五性之德，即地脉井泉，流行不息者也。逸居而无教，则近于禽兽，不能成井养不穷之功矣。君子劳民劝相，则民德可新，父子有亲，君臣有义，夫妇有别，长幼有序，朋友有情，井之不穷矣。是劳民劝相者，君子之井也。"此即人生之道。来子下的功夫极深，杭辛斋以为应作为读《易》之入门书。

初六。井泥不食，旧井无禽。

"初六"处在井底，与"六四"应而不与，无援助之人。无帮手，得自己进修，充电。

"井泥不食"，井中有泥巴，井水不可食，井的作用没了。"旧井无禽"，成弃井，缺修的功夫，至此，不仅人不理，连鸟也不理。

旧井，弃井，冷静想，此话多发人深省！你没有价值了，什么都没有。

何以"井泥不食"？居下，有居下之道；事上，有事上之术。

有些同学头脑简单。许多病由心理问题造成。

失去价值，则什么作用都没了。记住：因需要而有用。不必靠拢，有用时，人自会找上门来。

真有抱负、智慧，要好好在原地干。不必乱摆棋子，就是儿子放到北大也没有用！

积众贤绝对成事，大家包容，天下事绝无一人成功的。

有守，太难！外诱，太可怕了！

我在台湾地区办过三人丧事：康老太太（康有为二房梁随觉，1880—1969）及其子（康同凝，1909—1978）、溥二爷（溥心畬，1909—1978）。

不要把自己变成一个弃井，弃井连鸟都不来，为时所舍，完了！

我每天以"大易"与《春秋》修为自己，绝对走得正，行得正。"不太喜欢热闹，下次不来了。""请客还要戴狗牌！这么乱，签个名就走。""教圣人之学，怎么可以演武？"我嘴上总是不让人的。

人都自弃，自绝于人，就完了！我绝不给人歌功颂德。

许多事不该知道的，绝对不要知道，不去，一旦有事，于你何干？不要自找是非，君子不处嫌疑之间。

先树立牌子，与自己无关的，绝不过问；不应知的，多知就多祸。

《象》曰：井泥不食，下也；旧井无禽，时舍也。

什么时候是"时需也"，而不是"时舍也"，此即"时义大矣哉"。

"时舍",为时代所舍弃,被时代淘汰,尽"想当年……"最没出息。人不可叫时所舍,"赵孟贵之,赵孟贱之"。

我因自己是人,所以如此做,净打前锋。人死后,看其对世间的贡献。

与时偕行,不够力量得治时。不愿意死,还要出风头。

不必不舒服,时所舍也。我对数人言,不是王八,是忘八。新八,忠、孝、仁、爱、信、义、和、平。"八骏图",马是寓言,格、致、诚、正、修、齐、治、平。

《大学》《中庸》是中国思想之胆。《易经》《春秋》《尚书》乃最重要的三经。《尚书》可以了解治世之方。不要以为《尚书》只有二十八篇,片言只语皆宝,又不是开当铺,要辨真假,《大禹谟》"人心惟危,道心惟微;惟精惟一,允执厥中"十六字心传,大家都用就真。

九二。井谷射鲋（小鱼）**,瓮敝漏。**

井,"巽乎水而上水",井的作用。

井不能如谷,谷往下,水渗下。井如谷,则只能养泥鳅、鱼鲋,如"瓮敝漏"了,本身及客观环境都完了!

井,本用以养人,"井养而不穷也"。"瓮敝漏",不用,自然会慢慢消耗掉,不用的东西易坏。

读书要仔细,上句不懂,不读下句。静下来,是功夫。

《象》曰:井谷射鲋,无与也。

"九二"与"九五",相应不相与。人到没有相与的了,就坏！即使是阳刚之才，亦无作用。只能下与初相比，成"井谷射鲋"。

井要漏水，没有外力了，无辅相，"无与也"，根本无人进入此环境，没人性也。东西置之不用，不行。

"井谷"，或用石或用木，如果木、石坏了，旁边会渗水，水浅只能养泥鳅。什么环境都有其产物，酱缸第一层有蛆。什么环境养什么东西，鳟鱼贵，但养也费事。

打水，有瓮等于没瓮，"无与也"。环境破坏了，水浅，只能养泥鳅，别的鱼来会干死。

"井以辨义"，井何以坏了？"无与也。""无与"，能找到同志？到了穷途，无与你相应者，所亲比的不足以成事。

不要争名，要夺实，唯有自然环境过不去。好好研究实际问题，如何为社会谋福利。

井，入水上水，利于众生者。一爻一乾坤，一爻一宇宙。

九三。井渫（xiè）不食，为我心恻（痛）。

"井渫不食"，"渫"，水清洁。治井，清洁的水在那儿，但是没人吃。有用之人无人用。

"九三"阳刚居正，居巽之上，上应"上六"，为进爻，能成井养之功，但"上六"无位，不得施其用。

"虽大行不加焉，虽穷居不损焉"（《孟子·尽心上》)，不损、不越己之所守，人处穷不易，往往为人所利用。

"为我心恻"，"恻"，心痛。这么好的水无人饮用，所以"心恻"，心凄凄焉。旁观者清，为我心恻。

可用汲王明，并受其福。

有两种断句法：一，"可用汲，王明，并受其福"；二，"可用汲王明，并受其福"。我主张后一种。

"可用汲，王明"，希望有个王，是个明者，才能起用贤才，并受其福。此为传统解释。

"可用汲王明"，"汲"，求也，求王明。没有比求还可怕的，是个功夫，但也急不得，要放长线钓大鱼。有用之人无人用，彼岂会因此而成废物？会用之人可用以"汲王明，并受其福"。

汲修，整理环境。人生最重要的是有一美满的家庭。

我这支是最有学问的，有汲修主人、汲修居士。汲修主人第一个与皇帝冲突，由王变成庶人。

爱新觉罗·昭梿（1776—1833），清朝礼亲王代善第六世孙，字汲修，自号汲修主人。嘉庆二十年，因虐下获罪，革除王爵，圈禁三年。半年后释放，但未复其爵。道光时病故，其文稿大多散失，后由端方搜集整理，有《啸亭杂录》十五卷。

汲修不易，我不敢再修，乃称安仁居士。

人之修，要汲修，可以用此清洁水汲王明；若成功，则能成井养之功，并受其福。

《象》曰：井渫不食，行恻也；求王明，受福也。

《小象》与爻辞不同在哪儿？"求王明"，"王明"，王者之明。

王，天下所归往也。

爻辞：把环境弄得乱七八糟，再整理好，亦无人相信，旁观者"为我心恻"，仍不用井水。如果尚在等待，即以道殉人。

《小象》：东西作废与否，就看有没有用的人。但我们不要停留在"为我心恻"之境。若有头脑，"行恻也"，用此好环境，"求王明，受福也"。

"井渫不食"者，若有智者，则可使其对人类有用，并受其福。

"求王明，受福也"，"汲王明"，就为"求王明"。"求王明"，得知谁是"王明"，识人、识势。"求王明"，寻找一个王明，革命思想。革命，创新，"天下非一人之天下，乃天下之天下也"（《六韬·文韬·文师》），有德者居之，"残贼之人谓之一夫。闻诛一夫纣矣，未闻弑君也"（《孟子·梁惠王下》），不是效愚忠。"求王明"，非愚忠之士，是革命的。

假设另辟蹊径，还可以慢慢汲王者之明，犹可受其福。有时正应固然重要，但正应用不上，亦不得不另求王明。得王明之君提拔，亦得有知人之明。

不必正应，除与父母正应外，谁都不必正应。有此德行，另辟路线，另求王明。胆、量、识，缺一不可。明乎此，则无不可用之环境，无不可用之人。

此爻于我们现在很值得反思。昔日求"王明"，现在求什么？

"汲王明"，慢慢寻找，如找圣贤一样。"汲王明"，对方是否"王明"？

井卦第四十八

六四。井甃（zhòu），无咎。

"甃"：一，砖砌的井壁；二，治也，以砖垒井，修井的模范。既渫且甃，则井日新。坏环境，加上人工，则无咎。环境坏，整理整理。

"六四"以柔居正位，在坎之始，上承"九五"之君，下无应与，虽不能成井养之功，但不至于废其事，无咎。

《象》曰：井甃无咎，修井也。

来子注："修井畜泉，能尽职矣，安得有咎？"讲人生，讲得淋漓尽致。

要常下功夫，每天下"渫""甃"的功夫，除去自己内心的污秽，补己之短，不可以大而化之。自己先把德、能修好。

之所以"无咎"，因修身、修法、修井。修井，石头、木板，缺一不可。修法，亦得有法的专家。修身，人不能遗世独立，永远在特定环境中，身不修，家也不能和。

强梁者，没有脑子，不是勇者。《中庸》有"南方之强""北方之强"。

"阋墙之斗"会养奸，足以养奸。人要善用智慧。

事说完，应酝酿至滴水不漏，修井要备好人、木、物料。料不足，小儿科！

九五。井洌寒泉食。

"洌"，甘美之泉，又凉又甜；泉，以寒为上。

"寒泉之食"，指德，中正。中，未发之性；正，止于至善。

"天下之动，贞乎一者也。"

"九五"阳刚中正，以刚居尊，在上坎中，井养之德已具，井养之功已行。

《象》曰：寒泉之食，中正也。

井水清新，大家都吃。当令，井洌、泉寒，食。因其中正也。

发挥的力量多，井德立，井的作用得到完全发挥。得中正，才能如此，"天明畏自我民明威"，老百姓对环境都满意了，天德也明了。天何以明威？自我民明威。天要明德，自我民明德。反之，说得再好，而所行男盗女娼，举世皆如此，即共业。吃生猛海鲜，人类也得如生猛海鲜。我不信宗教，就信因果。正，止于至善。我觉得慈济忙死也难救天下人，因为一人无法为全人类修善。

上六。井收（成），勿幕（盖）。有孚，元吉。

"上六"居井之上，井德之成，井功大成，"井养而不穷也"。"井收"，井修好了；"勿幕"，不要用盖子盖上。把井修好，必须有井之德，不用盖子，不擅其有，不私其利。

井晚上上锁，是为了避免掉东西，怕晚上有人跳进去自杀。看井之人叫井官，看猪之人叫猪倌。

"有孚"，诚信；"元吉"，善吉。

很多人为善，并不是有善心。有些人舍钱，是把老佛当保险公司。十多年前初一，我去圆通寺后面的庙，看到许多关公像及佛像被毁，庙里尼姑说是六合彩不中者所为。这不是信仰，不能有守，不会成功。

到底道德能不能影响这个世界？释迦牟尼佛究竟影响了什么？

印度人不信佛，所以是"佛教中国"。唐朝最崇佛也灭佛，佛教对唐朝无作用。如此，若想"咸宁"，是不是应用中国之道？"大哉乾元，万物资始，乃统天"，"首出庶物，万国咸宁"。"乾道变化"，才能"各正性命"。读《乾坤衍》，不接受也得读，可以再续《乾坤衍》。

求人间净土，但佛教并未开药方。中国开药方，字句何所指？如何下手做？

奉元祷告文："秉大至之要道，行礼运之至德。通志除患，胜残去杀；智周道济，天下一家；强德未济，复奉元统。"此祷告文才能行。第一步要"万国咸宁"，以"群龙无首"为终极目的。现在国家安定，应好好想。

有些人当和尚是职业，佛经都不明白，如《法华经》。不明白，是没慧根，应言慧道。儒"先迷失道，后顺而有常"。

鸠摩罗什译经有得处，非常人所能了解。证严释《法华经》，自己写序，修苦行，一个半榻榻米挤三个人。《静思语》中有智慧。台湾地区佛学有境界的，印顺、圣严。印顺念经，好议论，讲完无人信。出家人僧团，生活在一团。"师父领进门，修行在个人"，师父未领进门，如何修行？

人的问题，应正视。发而皆中节，而谁中节了？什么都是圣人的，话也是圣人的。说"喜欢老虎"，"食色性也"，叫他不失"中"，还愉快。明乎此，地狱能不空？

阋墙之斗则养奸。要懂得用脑子，先保持客观，不要迷途。走错路，悔之晚矣！

近一百五十年来,几人成就了?王船山无书不注,人格好,道德观强,但论智慧,以熊十力为高。

《象》曰:元吉在上,大成也。

"大成",井养之功大成,元吉在上。

孔子集大成,大成至圣先师。"齐天大圣"比"至圣"高一级。元始天尊,中国道教最高神,"大哉乾元,万物资始,乃统天",尊者,至高无上,师尊、令尊。

"井,井养而不穷",掘井、修井、缮、瓶,不穷。何以做事皆裹足不前?

井卦说什么?读完书,不觉得有用,就不行。

不用外力,内斗就可以断送你们的幸福。

教五十年都没教出名堂,都快进棺材了!没有比我更关心这块土地的了。人穷,胆子就大,唱高调。

不要私斗,要养群德,"百忍堂中有太和"。"赵孟之所贵,赵孟能贱之。"如想要成功,必须厘清观念,不要如喝"爱河"水,一迷,前世都忘掉。

什么是"谦"?有无改造自己的大魄力?保持清醒,将来才足以有为。

陈学圣,我的学生;陈健治,半个学生。到处都是我们的同学,但成事的没几个。遇事,必慎思之,明辨之,然后笃行之。斗,总有人收渔利。

中国是老大的文明古国,中国人看人有步骤。

有德,多难!德在,仍要天天注意修,否则德就"迁"了。修德,得"时中",日新又日新。"仁以为己任,不亦重乎?死而后已,不亦远乎?"(《论语·泰伯》)有难处即退却,忘了"造次必于是,颠沛必于是"。

好好努力,不要妄想。我替良知宣传,为讲道,行道。

满身狗屎,怎么洗也有味道,跳到黄河都洗不清。《易》讲"洗心"。不要怕,从现在开始脚踏实地,还来得及。在原则内办事,绝不吃亏。

研究清史的,重视《啸亭杂录》,我自小受此书影响。

《啸亭杂录》十卷,《续录》五卷,昭梿作。述及有清一代之掌故、制度、轶闻,足以补正史之不足,其价值于史学界早有公论。

我写《啸亭续续录》,要这一代人死了才出书,不想使这些人受到刺激。我写的东西存在美国。

我们的同学如真会利用环境,可以承上启下。老师说的话,小孩会听,全家行动。中学老师合在一起的力量,真足以成事。我怕死后不安宁,一人比不上王永庆,多人合在一起则足以成事。资产得会利用,不要看不起自己,成就在自己。

《金刚经》释迦讲的经,有智慧。每天看一卷《六祖坛经》,心就很清,《六祖坛经》多用中国话。

知识分子贵除天下之患,千万不能把步子走错了。

都未出毛病,"往来井井",外王功夫成了,当修养读书,好好看,不要当工具。井卦,船山讲得最啰唆。

我得"大易"与《春秋》的好处多,坐在屋中,该做什么就做什么,待了五十年,五十年来风风雨雨太多了,人说好道坏,我都不在乎。有守才有为,守最难,守得住?燃眉之急,不必做梦。要悟，不要再糊涂了！

怎么叫水桶入水？此为功夫。入水，才能上水。不入虎穴，焉得虎子？在一个原则下，要什么得什么。在"一个中国"原则下，要什么有什么。权、力量、势，必须把持得住，取之不尽，用之不竭。

要时常开会，看怎么模拟"入乎水"，能"得水"与否。我的高招多得很，奉元书院若无智，如何叫顽石点头？读书，在于读智慧。

伏羲如何画八卦？"近取诸身，远取诸物。"一看环境，井最有德，人皆离不开井，就叫人"法井"。一般人"则井"就够了。法天，尧才有资格成为"文祖"，"唯天为大，唯尧则之"。

人皆教子，但都成了吗？我为馒头而教书。得自己去用心，不是天天来此就成了！

才智不足，就得下功夫；才智足，向谁学？想学，得好好学。

欧阳修《醉翁亭记》，定稿，原文剩"环滁皆山也"一句。为文，贴文，来回念，一再修改。

王羲之的儿子王献之学写"鹅"字，他母亲笑道："写鹅费尽一缸水，唯有一点似羲之。"而那一点，正是王羲之所填的。

我自从海洋受污染后，就不再吃生鱼片；怕市场的菜有农药，就到乡下买菜。此为长寿之秘诀。

识时，才知自己要做什么。"求王明"，亦得有智。

年轻时不挨骂，能好好读书？人好玩，但必有一时候，不可以到二十多岁了犹不知为何而活。救国救民必须有大智，"敌国不可狎"(《春秋繁露·俞序》)。讲过的东西不可以忘，必须深入才知讲什么。

世情变化，有演绎性。近代史必须知道，知道历史的演变。《易》即讲一个"时"字，孟子称孔子"圣之时者"。

中国传统文化即一"仁"字，仁者，生也。大至之要道——乾元、坤元。仁，二人偶也，必然会生。中学生不是不叫他生，而是太早生了，太忙。为人父母的要如何生？得优生、优育、优教。三优，优要用智慧。不叫孙子怕，优教也得有办法。

没有高的天资，就学欧阳修写《醉翁亭记》的精神。王羲之以一部《黄庭经》换得一群鹅。要下功夫，此二人皆非庸才。有些人一问三不知，还不知好好学，等着捡谁的便宜？问题到门前了，你不找它，它来找你。必须懂自求，非求"王明"。

井卦穷上必返下，返下，就得有返下的做法。如绳断了，应创造环境；井治不成，则井的作用就没了；旧井无食，成了废井，不仅人不理，连鸟也不理。

有特殊立场，才有特殊地位。一失去立场，地位就没了。

穷上返下，也得保持自己的立场，不能成为滞泥，泥之细，虾食之。上无应援，则自己动。

井有井的作用，若未好好部署环境，则会失去自己的本能；失掉之后，不但人不理，连鸟也不理。若还活泼则还有人来，有人来，总比门可罗雀强。

我对学生不客气，是在刺激学生努力。最少比别人多活五十年。

什么环境养什么东西，什么环境有什么环境的产物。何以坏了？环境被破坏了，只能长泥鳅，别的鱼来了就干死。

　　到了穷途，穷途末路能不反？人最可怕的是"智不及事"，净以一己之孤陋寡闻谈论。

　　作文章，还有伏笔——李密《陈情表》"舅夺母志"，掩饰他母亲改嫁之事。几人能有此智？

革卦第四十九

（泽火革　兑上离下）

革卦卦体：巽为泽，离为火，水火相息，泽火革。革者，变革。

卦德：文明以悦，顺天应人，革而信之。

一天十二时辰、二十四个小时都不同，刹刹生新，革故取新，时不同，境亦不同，时过境就迁，再回头已经来不及了！

《序卦》："井道不可不革，故受之以革。"

井，要日新，常新，"苟日新，日日新，又日新"。从修井到清井，要去其污泥，要革故取新，故受之以革。

《杂卦》："革去故也，鼎取新也。"

去故不留，去故是自然的，"疾固也"（《论语·宪问》），"无固"(《论语·子罕》),固陋则不前。"穷则变,变则通"(《系辞传下·第二章》),"变通者,趋时者也"(《系辞传下·第一章》),"不可为典要,唯变所适"。

革,己日乃孚,元亨利贞,悔亡。

"己",乃吾性分之所固有之,非自外来的,故言己。

王弼注:"民可与习常,难以适变;可与享乐,难与虑始。""己日乃革",信我而后革,以诚信相结合,不可以盲动,如以利、欲相结合,危险!做事假公济私,带私欲,成功的少。

"元亨利贞","元者,善之长也;亨者,嘉之会也;利者,义之和也;贞者,事之干也。君子体仁足以长人,嘉会足以合礼,利物足以和义,贞固足以干事。君子行此四德者,故曰:乾,元亨利贞"(《易经·乾卦·文言》)。

"元亨利贞",简言之,即天道之自然,有如春夏秋冬,自然之运动,周而复始,生生之道,讲现象,非空的。孔子赞彖辞,完全用在人的行为上,将之变成四德。乾卦以四德为体,以刚健为用,完整无缺。革卦亦四德具备,寓意深长。

为己之所应为,人在被需要时多么美,此时必须要有用。

"悔亡",革之当其可,革得恰到好处,该除的必除,留下则成祸患,"削迹无遗根,无与祸邻,祸乃不存"(《韩非子·初见秦》),所以悔亡。反之,不应革而革之,失德,失革之德,以革成己私,不堪言状,必生悔,甚至毁亡。

天下本无事,皆庸人自扰之,把什么都看清了,为所当为,就无烦恼。

易经日讲

《彖》曰：革，水火相息，二女同居，其志不相得，曰革。

火在下，泽在上，火炎上，泽中有水，水性下，火水相息相灭，王弼注："火欲上而泽欲下，水火相战，而后生变者也。"

革，上兑下离，"离为中女，兑为少女"（《说卦传》），二女同室相处，"其志不相得"，二人心之所主不同，志不同故不相得，不相得而为变革。

己日乃孚，革而信之。

"天之所助者，顺也；人之所助者，信也"（《系辞传上·第十二章》），人心不信，虽强行革之，亦不能成。商鞅变法前先立信，徙木立信，树立民众对变法的信心。

立信，通志，"以通天下之志，以定天下之业，以断天下之疑"（《系辞传上·第十一章》），除天下之患。

文明以说（悦），大亨以正，革而当，其悔乃亡（无）。

上兑，"说言乎兑"；下离，"离也者，明也"，文明以悦，"明于天之道，而察于民之故"（《系辞传上·第十一章》），识事理，顺时势而有所革。

"见龙在田，天下文明"，"善世而不伐，德博而化"（《易经·乾卦·文言》），除弊兴利，大亨乃正。

"革而当"，"当其可之谓时"，必趋时，则人心安，其悔乃无。革而不当，其咎在己。

天地革而四时成，汤武革命，顺乎天而应乎人。

"广大配天地，变通配四时"（《系辞传上·第六章》），"法

革卦第四十九

象莫大乎天地，变通莫大乎四时"(《系辞传上·第十一章》)，"天地革而四时成"，成其新。

来子注："王者易姓受命也。王者之兴，受于天命，故曰革命。"此自传统思想来解释。以汤武才是革命，错误。世运有自然之序，人世有伦常之序，革也。

"顺乎天而应乎人"，顺天应人，顺时应势，识时务者为俊杰。革命必顺时应势，才能有成。

革之时大矣哉！

奉时行事，革命不是冲动的，兴利除弊必须识时，顺时势而为之，不可以贸然进行。做事无准备，贸然进行难以成。

革而当，"礼以时为上"，并非一成不变，当其可之谓时。圣人不能生时，时至而不失之，必须奉时行事。

孔明，自山东迁到南阳，后又迁至卧龙岗，是"识时务"的英雄，"识时务者为俊杰"，或以进求进，或以退求进，或以隐求进。徐庶走马荐诸葛，刘备三顾茅庐。

《象》曰：泽中有火，革。君子以治历明时。

泽为水，泽润下，火炎上，水灭火，火涸水，水克火，相息相灭，变革也。

"治历明时"，王弼注："历数时会，存乎变也。"四时之变，寒往暑来，阴阳代变。

夏历，非禹的历法，唐尧之历，中国为夏，夏历乃中国之历。尧造时，叫天下人都懂得用时。尧之德最重要即"治历明时"，《尚书·尧典》："乃命羲和，钦若昊天，历象日月星辰，敬授人时。"尧明天道，"天地革而四时成"；则天，"与天地合其德"；观四时有序，"与四时合其序"，制定历法，以明四时之运，"物之所以有而不绝者，以其动之时也"（《说苑·辨物》）。"黎民于变时雍"，教百姓懂得用时，民与时合，是尧的成就，此为民族精神之所在。

尧时百姓已懂得用时，尧即逊位于舜，尧传舜曰："咨，尔舜，天之历数在尔躬，允执其中。四海困穷，天禄永终。"（《论语·尧曰》）奉天应时而治。

初九。巩（固）用黄牛之革。

"黄"，中色；"牛"，有驯顺义。"黄牛"，有中顺之义，守中、顺时。

"初九"处于革之始，革道未成之时，居明之下，无位无与（客观环境），没有实力，孤掌难鸣，"不可以有为也"，必固于中顺之道，守中顺时。顺时，不是服从某人。

《象》曰：巩用黄牛，不可以有为也。

"初九"以阳刚居下，有才德而能济世者，但不遇其时，亦不可以有为也。最初步的智慧：识时。不识时，穷酸！

革命，非轻而易举之事，虽有才、有德，但时不至，亦不足以有为。应时至再做，时至则水到渠成。不可以妄动，要看客观环境、本身实力。强做，自毁。

六二。已日乃革之，征（前进）吉，无咎。

"六二"中正，在明之中，与"九五"正应，得其位，得其时，人都相信你了，即可往前去干，"己日乃革之，征吉"。

时候到了，就革；不革，失其时。当革则革，无咎，元亨。"六位时成，时乘六龙以御天。"

进退之道明，可以出社会。有些人什么都看懂了，但不动，失其时。

《象》曰：己日革之，行有嘉也。

"六二"与"九五"，相应相与，"大亨以正"，"己日乃孚，革而信之"。

尚志→信志→"行有嘉也"。"嘉"，嘉会之美，"亨者，嘉之会也"，元亨，善之至也。信志，征吉，结果，"行有嘉也"。

九三。征凶，贞厉。

"九三"为进爻，跃跃欲试，但为三阳之下，又居离之上，而不得中，"重刚而不中，上不在天，下不在田"，危厉，要特别守正，否则有凶。你理直气壮，对方亦理直气壮，不能也要做困兽之斗。

爻，过柔，则征吉；过刚，则无往，征凶。

革言三就，有孚。

"革言三就"，"三"，多数；"就"，《广韵》"即也"，迁徙以即所安也。应再三检讨，有万全把握再做。

今文家三世说：据乱世、升平世、太平世。《春秋》拨乱反正，随时去故取新，但拨乱亦必行之以渐，不能骤至。革时，不可诏书一日数下，操之过急，欲速则不达。

"有孚"，从为信之母，革必有所从，信而后从，是服你之言有所本，有根据，不是胡乱做。

《象》曰：革言三就，又何之（往）矣！

革之言，利害详悉，可否分明，既信而有所从，则可以革矣，又何轻往矣？过则凶，节外生枝又多事。

九四。悔亡，有孚，改命吉。

"九四"阳刚，为革之才，居水火相交之际，处革之时，为革之盛，文明以悦，"革而当，其悔乃亡"。

"有孚"，无信不立，尤其是革命，并不是普通人所能做成的。

"改命吉"，改旧立新，改弦更张，另起炉灶，必也盘皇另辟天。

"临渊羡鱼，不如退而结网"（《汉书·董仲舒传》），信而革，改命吉。

《象》曰：改命之吉，信志也。

"九四"虽非中正，唯其居柔，刚而不过，近君而不逼，信志而行，诚服其志，"二人同心，其利断金；同心之言，其臭如兰"（《系辞传上·第八章》），故"改命吉"。

自己做一事，自试，人不信其志，不易成功。谭嗣同说"革命必流血，流血从我开始"，才是革命精神。

革卦最宝贵之言："信志也。"士尚志，即"信志也"，结果"行有嘉也"，"改命之吉"。

证严"信志也",自五块钱开始,今天"行有嘉也"。台湾地区无人能及证严。耻什么?耻不若人,人家好,我们比不上。最可耻的是,看人家好,心里不舒服,卑鄙!知"耻不若人",从早上起床,即有一定的做法。

革,信志→行有嘉。同学能"偕行",则我有成就。"与时偕行"与"时乘六龙以御天"不同,乘变,不是随变。"与时偕行",是一时,不是永远。"偕行",并排走。"时乘",乘马、乘车、御天,不是并着走,是骑在上面,所以不言"应乎刚",而言"控制刚"。

尚志→信志→行有嘉。人不信其志,成功不容易。"长白又一村",我未向人讲,办不到;向前跑,"心诚求之,虽不中,不远矣"(《大学》)。

九五。大人虎变,未占有孚。

"九五"居尊位又中正,"大人者,与天地合其德",居革之时,以德化民,有文采之变。"大人虎变","云从龙,风从虎"(《易经·乾卦·文言》),可以风偃天下。

"未占有孚",不占而已矣,"不恒其德,或承之羞"。既有诚信,又何必占?革而信之。

《象》曰:大人虎变,其文炳也。

"文炳","炳",明著,"焕乎其有文章"(《论语·泰伯》)。

大人风偃天下,德昭著于外,百姓信而从之,"草上之风,必偃"(《论语·颜渊》),收风行草偃之效。

上六。君子豹变，小人革面。

君子与大人，层次不同，虎、豹之文大小亦不同，君子只到豹变，大人虎变。

小人面从，小人乃未成德者，小人怀惠，有点好处就面从，不要以为这就是成功。百姓易面从，不一定心悦诚服。

征凶，居贞吉。

为政有一定的目标，走正面才吉。小人怀惠，虽事事不经心，但仍知是非。

《象》曰：君子豹变，其文蔚也；

"君子豹变"，君子只到豹变；"其文蔚也"，小文采彰显于人。

"上六"居革之终，乃革道之成，但也不能为之已甚，"征凶，居贞吉"。时与位不同也，都是一样的人，时不同，位也不同；位不同，时也不同。"大易"之道，无一成不变，易即变易。

小人革面，顺以从君也。

百姓难以驾驭，事事不经心，事事应付，不经大脑，心很少动，面换心不换。洗心革面，谈何容易！历代革命，谁当皇帝，向谁纳税，百姓不重视这些，见谁来就应付谁。

革卦特重"征凶，居贞"四字。革命，并非征，征则凶，守正则吉。革命以德不以力，是以德号召天下，用政治主张，而非用武力。

革卦第四十九

王安石《周官新义》，敢在那个时代倡"革故取新"，必有特殊智慧。王莽，不论其成败，其必有成熟的思想，绝非私情用事。两人皆用《周官》，见识必有相近之处。

　　外贼天天攻击，若再加上内心之贼，里外交攻，那就完了。欲，即内心之贼。要有阿Q精神。

　　奉命来革，也必与下面的人相孚契后，才能谈革。

　　任何时代多半皆因"私"字而失败。太阳底下总是光明的。

　　民初之合，完全是利害之合，用谁就拉谁，也是为了利。

　　真有抱负，必须有诚信的同志。以利相合，早晚必倒戈。人生知己，二三人而已矣。不信而革，必生其悔。

　　一般人认不清自己，总以为外边人皆拥护我，而轻举妄动，坏！许多事在决定后，又会节外生枝，又多事！

　　读完《易》的注解，不要受注解的约束，自己再去体悟。

　　狗皮最为暖和，讲究的皮袄根本不暖和。

　　东北冷，冬天零下三十几度很普遍，江东六十四屯零下四十几度，堆的雪人一冬也不坏，十七八岁小孩做雪屋。

　　北京正月十五有冰灯，里头点蜡烛不会坏。师傅有家传秘诀，做法不许人看，做得很细致，有各种图案，有钱人家买。

　　样式雷，雷家修北京宫殿，绝对好，不马虎。

　　昔日书画，两三百年了，颜色依然如故，今天已做不到了。当年颜料内必加白芨，从中药店买的才不会褪色。

　　称世家，必是有袭爵的，无袭爵的为豪门。封爵不世袭，也不能称世家。

　　每个地方都有好东西。万銮猪脚皮很脆，鹿港猪油苤好吃。酸菜肚片汤，可以进御厨。

易经日讲

淡水海鲜也不错。我到每家店，点几道特殊菜，就知好不好吃。不要看盘子大小，与好吃与否无关。

熏肠，是用熟的去熏，需要工夫，工夫到了才有滋味。火候，少一分也不行。中国吃食，讲究火候，火候到了才行。

鼎卦第五十

（火风鼎　离上巽下）

鼎卦卦体：离为火，巽为风、为木，火风鼎，烹饪之器，取新，日日新。

卦德：巽为耳，离为目，巽而耳聪目明，柔进而上行。

古时看重鼎，国亡曰"覆鼎"，客气说为"易鼎"。国君，主鼎之器，是主器者，以鼎告庙，国家建立称"定鼎"。

民间用饭三盂，其他用鼎以祭庙，也是主器，长子主器，所以长子就不能绝后。

《序卦》："革物者莫若鼎，故受之以鼎。"

"鼎"，烹饪器，日日用，必日新，去物者莫若鼎，故革之后接着鼎。

《杂卦》:"革,去故也;鼎,取新也。"

革、鼎二卦互综,去故之后即取新,革既变,则制器立法以成之。

鼎,元吉,亨。

鼎,国之重器,以鼎传国。

元亨,"元者,善之长也;亨者,嘉之会也",吉。主事者,正出正入。

小人物要做正经事,小人物不必出卖良心。《大学》身修而后家齐、国治、天下平,身修因意诚,意诚则不心猿意马。我们是小人物,小人物要做正经事。

必须真知,真明白一卦、一爻即成。读多少年书,而行为呢?小人物,女人尽女人的本分,男人尽男人的本分,孩子尽孩子的本分。夫妇以义合。

有些人虽身残,但心不残,而多少同学却心残,执迷不悟,聪明,但不做正经事。要洗尽大家的迷,"先迷失道,后顺得常"。

学"大易"之道,依"大易"之道行事。做正经事,心里也舒服。光斗争,谁也不成,必须正出正入。

干五十年,人未承认做人事,有的人批评证严,不过是嫉妒。论胆大,能说,利他,几人向慈济捐款了?做一点事,都要耍心机。卑鄙。小人物何不坦荡荡?威乎其威,严乎其严,胡子好看,证严可没有胡子。我说话,是要启发人性,不信人性唤不回。人有美,必扬善。要遏恶扬善,什么都不做,光会批评，最是无耻。

老师启发心灵，唤醒良知，昔人奉养老师一辈子。空想、空讲没用，必须能做，要牺牲。我们说得多，做了多少？

人问我："吃什么如此健康？"我说："心理健全。"想得正经，做得正经。我想家人，希望能做事，怕以后弄得乱七八糟，反而不好。

我脑中无"死生、利害"四字，虚名既不能成功，也不能惊世，都是虚影。各人因做法不同，成就也不同。想法不一样，做法自然不一样。"长白又一村"内容，即我的正经事。

真发心，不必上万人，一二人足以有为。闲得无聊，所以做坏事。人细想，究竟是啥玩意儿？真了悟，过独身生活。人没多大意义，生儿育女责任重。必须真明白，不真明白，净假惺惺，就懂造孽。说"不正经"比"不是人"好多了，越普通越没想到，自早晨起床，一天想一件正经事了吗？

每天分析自己，即知如何做正经事。"天下熙熙，皆为利来；天下攘攘，皆为利往"，每日熙熙攘攘是人的事？一天挣几个钱？何必把良知出卖了，到什么时候都做正经事。正经事做得多，能培养智慧，有智慧，能把人领入正轨。

过去事，当故事，必须了解近代史。过去即过去，了解昨天才能建设今天，有今天吉才有明天结果。不必色庄，实事求是。

《象》曰：鼎，象也。

"鼎，象也"，容实。烹饪不是煮水，内里必有实际的东西。人要有实德，要容，不要净批评别人。

鼎，中为腹，下为四足，上有二耳，穿于耳者铉，此鼎之象。

鼎，方也，正也，取鼎以象人事。

以木巽火，亨（烹）饪也。

巽为木、为风，"桡万物者莫疾乎风"，"风以散之"；离为火，"燥万物者莫熯乎火"（《说卦传》）。鼎，下木上火，以木入火，象烹饪。有木有火，加上风，才能成其用，上下全其用。

圣人亨（烹）以享上帝，而大亨（烹）以养圣贤。

鼎，祭祀用，代表国之重器，中国祭政合一。

鼎，上下全其用，不止取新而已，而是享上帝，养圣贤。

"享上帝"，是"明明德"，感谢自然，妙物者、役物者，科学再发达，也晃不出此圈。"在明明德"，感恩，万物皆备于我。何以"明明德"？他们有好事，我们岂能不"明明德"？

我们不称"上帝"，称"元"，元神。造人，何以造得如此妙？什么叫神？妙万物而为言者也。有妙物之元，就应是妙世之人。人因为程度不同，而分为士、君子、贤人、圣人、大人。

"养圣贤"，上离，离之明，在于中虚，明，不昧也，虚中、纳言，无不容也。容实、感恩、集才，"舜好问，好察迩言。舜无一不取于人"，不能容，就不能养圣贤。养贤集才，天下事不是靠一人成功的。

《礼记·祭统》："夫鼎有铭，铭者，自名也。自名以称扬其先祖之美，而明著之后世者也。""铭者，论撰其先祖之有德善，功烈勋劳庆赏声名列于天下，而酌之祭器；自成其名焉，以祀其先祖者也。显扬先祖，所以崇孝也。身比焉，顺也。明示后世，教也。

夫铭者，壹称而上下皆得焉耳矣。是故君子之观于铭也，既美其所称，又美其所为。为之者，明足以见之，仁足以与之，知足以利之，可谓贤矣。贤而勿伐，可谓恭矣。"

巽而耳目聪明，柔进而上行，得中而应乎刚，是以元亨。

"巽而耳聪目明"，下巽上离，顺能明，耳聪目明。

何以忽然提耳目？《管子·宙合》称："耳司听，听必顺闻，闻审谓之聪。""听曰聪"，听的最高境界是聪；"聪作谋"（《尚书·洪范》），闻其事，能审其意，而谋其事。"视曰明"，"视远惟明"（《尚书·太甲》）；"明作哲"（《尚书·洪范》），"浸润之谮，肤受之愬，不行焉。可谓明也已矣"（《论语·颜渊》），不管外面如何刺激，绝不改变本色。知人则哲。

聪者，耳不软，孔子"六十而耳顺"，境界不易！外面的反应皆不重要，不聪则尽听闲言闲语，对事情的判断就不正确，没达到耳的最高境界。听其所当听为聪。聪明正直之谓神，其直如矢，活神仙！

"明者视于冥冥，谋于未形；聪者听于无声，虑者戒于未成"（《说苑·谈丛》），不耳聪目明，不能办事。有目的的人，我不用。人必耳聪目明，不能叫天下好，但要能遏恶，叫恶不发挥作用。

圣人不能生时，时至而不失之。时至，不是你需要他，而是他需要你。有多少人打坏主意，要能遏恶扬善。

"柔进而上行"，指"六五"。鼎卦"六五"，即革卦"六二""柔进而上行"。鼎、革二卦相综。上离，"六五"为鼎之主，虚中，柔进而上行。

东西必须读活。科学家根据几个公式，就发明了很多东西。

我们根据公式御自然，"时乘六龙以御天"。《易》的公式明白，就能治世、治事，此为中国治事的公式。

"放诸四海而皆准"，"准"，名词，用以测量是否平，水平。言行放在四海之内，人人皆以此为准，言为世法，行为世表。

何不发愤图强？此时正是机会。我们祖宗为人类留下御世（事）公式，一公式演变都能成。明白一句，即能治世（事）。此一《象传》，即能写一部书。

以女制男，成功了。柔，有玉之德，故能控刚。玉有五德。如有玉之德，再厉害也控制之。玉有润德，君子比德于玉。

《孔子家语·问玉》："夫昔者君子比德于玉，温润而泽，仁也；缜密以栗，智也；廉而不刿，义也；垂之如坠，礼也；叩之其声清越而长，其终则诎然乐矣，瑕不掩瑜，瑜不掩瑕，忠也；孚尹旁达，信也；气如白虹，天也；精神见于山川，地也；珪璋特达，德也；天下莫不贵者，道也。《诗》云：'言念君子，温其如玉。'故君子贵之也。"

《说苑·杂言》："玉有六美，君子贵之：望之温润，近之栗理，声近徐而闻远，折而不挠，阙而不荏，廉而不刿，有瑕必示之于外，是以贵之。望之温润者，君子比德焉；近于栗理者，君子比智焉；声近徐而闻远者，君子比义焉；折而不挠，阙而不荏者，君子比勇焉；廉而不刿者，君子比仁焉；有瑕必见于外者，君子比情焉。"

"柔进而上行，得中而应乎刚，是以元亨"，所以"元亨"，乃得柔之德。

有玉之德→柔进上行→得中而应乎刚。刚而能顺，故能成德。有刚中之德，能居下最难。得中而能应刚，并不是巧取豪夺。

"应乎刚"，我们应乎欲，如动物之逐欲，分东西时，就想多占点便宜。人与动物之别几希，君子存之，小人去之。有信仰，至少做正经事。有些人从早至晚，未想正经事，每天醒来净逐欲，乃逐臭之夫也。

《象》曰：木上有火，鼎。君子以正位凝命。

巽为木，"木上有火"，象鼎，此象启发君子"正位凝命"。此即公式。

他看此象"正位凝命"，我看此象"长白又一村"。怎么看都行，此为公式。读完公式，应演变。

"正位"，大居正，安天下。做正经事，即正经。人人都有位，可是不一定正经。

"凝命"，凝什么命？凝固其命，凝其所禀之命。凝天之命，时。"正位"，正以居位；"凝命"，凝以行命。

"凝命"为什么重要？《易》言时、位，时位连一起。《春秋》"大居正"，居正则命凝，命凝则天道继，人道立，可谓"继志述事"。

想，何以如此？练习能想。我每天如小学生读书，一字字读。中国东西太多，取之不尽，用之不竭。

王符《潜夫论》，潜龙，潜夫论世，讲马路上捡垃圾。未了解《易经》，所以作注、作文章。徐干《中论》有修本、务本篇，必读之书。

潜心于中国之学、之术，即夏学，自此得前人之所想；弄完了，可以御天。自然统天，人御天。御天，以时乘六龙（变）之术御天。《大学》《中庸》好好读，定能用世（事）。

我遗憾不懂梵文，不知佛经的原义。《法华经》，五人所译，皆不同，现通行本为玄奘所译，真面目难以认识。

人类国家之中，没有哪个像中国这样，有这么多智慧的产物。《内经》(《黄帝内经》) 无人真懂。我讲我了解的《易经》，是否为《易经》的真面目？不得而知。

《易经》《春秋》《墨子》《离骚》《内经》看不懂，用看得懂之点，即震惊世人。在实用上下功夫，不要在文字上下功夫。

我五十多年来，每天读《易经》《春秋》，仍然不懂；同学读，有用即重要。以《易》安床，但作《易》时无床。读的人志在安天下，即按《易》安天下。

古人的生活环境单纯，何以想得那么丰富？六七年前，我到伏羲出生地天水待了一天。大弟子问我："何以待一天？"他不知看什么，待一天，就不耐烦。君子看鼎，想到"正位凝命"；有些人看鼎，想到吃，觉得太多了，再好吃也不能吃。

到达某地，即到目的地，而不知布局。自己不知为何而忙，就混到届龄退休。有尚志？信志？岂能行有嘉？跑完，看棋谱了？时到，一摆即将军。去结交权贵？不是关系不关系，而是能不能。

正位、凝命，不是一个。识本，没有自然，就没有我们，"万物皆备于我"，乘万物，"财成天地之道，辅相天地之宜"，御自然。

科学家辅相万物之宜，靠"智周万物"，结果"道济天下"，将所得的道，使大家得好处。了解了这些，再没有比治人事更容易的了。应找志同道合者一起研究，嫉妒，不能合作，也不能成功；巧取，东抄西抄的，一点用处也没有。

初六。鼎颠趾，利出否。

"颠趾"，颠倒其趾。"初六"居鼎之始，颠倒其鼎趾，将鼎反倒，是在去污，什么都不留。"利出否"，为了顺利出其否，以取新。

"鼎颠趾"，虽反常，但无咎。为了出否，不怕鼎不正。

非常人做非常事，有大魄力改弦易辙，一般人修修补补而已。

得妾以其子，无咎。

鼎为宝器，主器者莫若长子。古人想要有子，为了继志述事而找妾，无咎。

鼎卦之利害观，为了中心思想之达成，必找妾辅。

《象》曰：鼎颠趾，未悖也；利出否，以从贵也。

"鼎颠趾"，以去污；"未悖"，未悖于理。

"利出否"，其利在于出否；"以从贵"，目的在于从新贵，因旧贵已覆。出否纳新，去故取新。

九二。鼎有实，我仇（qiú，匹）有疾（毛病），不我能即（接近），吉。

"有实"，实德，丰富的知识，道德。

"九二"与"六五"相应，具有刚中之实德，虽与"初六"相比非正，但不轻于所与。自守以正，不与"初六"随便处得近，吉。

《象》曰：鼎有实，慎所之（往）也；

"九二"有实德，"慎所之"，慎己之所往，良禽择木而栖。

出社会，择业很重要，可以说是人的第二次投胎，"矢人唯恐不伤人，函人唯恐伤人。巫匠亦然。故术不可不慎也"（《孟子·公孙丑上》），要慎择。

我仇有疾，终无尤也。

与"初六"相比非正，有应与"六五"，慎己之所往，终无过尤也。

九三。鼎耳革（变），其行塞，雉（野鸡）膏（肥）不食，方雨，亏（损）悔，终吉。

"鼎耳革，其行塞"，鼎以耳行，鼎耳宜空以待铉，今变空为实，故"其行塞"。"雉膏不食"，鼎中食物不得食。

"九三"具阳刚之德，其才足以用世，但上无应与，人不知其贤，不见知，故"其行塞"，不能施展其长才。

"方雨，亏悔，终吉"，下雨，鼎不热了，就能提鼎进食。

"九三"无刚过之失，有朝一日，才能必会彰显，得"六五"之遇，则雨，其悔可损，终吉。

《象》曰：鼎耳革，失其义（宜）也。

义者，宜也。烹饪之道，贵乎适中。过与不及，皆失中、失宜。

凡事缺一个条件都不可成。

九四。鼎折足，覆（倾）**公𫗰**（sù，鼎中食物），**其形**（同"刑"）**渥，凶。**

"九四"权臣，位高权重，与"初六"相应，取养于民，而忘其上，病民而病国，"鼎折足，覆公𫗰"。"其形渥"，刑于屋，保持其尊严，不刑于市。

《春秋繁露·精华》称："夫鼎折足者，任非其人也；覆公𫗰者，国家倾也。是故任非其人而国家不倾者，自古至今，未尝闻也。"

《系辞传下·第五章》云："德薄而位尊，知（智）小而谋大，力小而任重，鲜不及矣，《易》曰：'鼎折足，覆公𫗰，其形渥，凶。'言不胜其任也。"德所以诏爵，智所以谋事，力所以当任。委之非人，则不能胜其任也。

《象》曰：覆公𫗰，信如何也？

鼎，国之重器。看鼎的人信如何？看鼎人不忠，不能任事，故鼎覆。鼎覆时，君死社稷，将死沙场。

"所任者得其人，则国家治，上下和，群臣亲，百姓附。所任非其人，则国家危，上下乖，群臣怨，百姓乱"（《淮南子·主术训》），"小人之使为国家，灾害并至，虽有善者，亦无如之何矣"（《大学》）。可见人的重要，官职委之非人，完了！

六五。鼎黄耳，金铉，利贞。

"鼎黄耳"，黄，中色，"黄中通理，正位居体"（《易经·坤卦·文言》），"六五"有中德，能通理。

"金铉"，铉所以举鼎，金铉系耳以举鼎；"利贞"，其利在于正固。

《易经》曰象，《春秋》为况。

"九二"为阳刚正中之才，与"六五"正中之君相应与，"得中而应乎刚"，"大烹以养圣贤"。须居中守正之人，才能成就鼎实之功，治理好国家。

《象》曰：鼎黄耳，中以为实也。

"鼎黄耳"，六五黄中通理，为鼎之主，得鼎之道。

"中以为实"，以中为实德，鼎中之实，非山珍海味，以中为实。

有中德之耳，鼎就能行，作用完全发挥，尽其能。"黄耳"，黄中通理，正位居（守）体，体即元。

元不变，根不变，变的是用，所以要抓住智慧的源泉，自根上谈问题。

我读了一辈子书，要看有用无用。"可与适道，未可与权"，知理容易，知所以用理难。

学生问，为师的必告之，但学生多半不听，知所以用理难！

人必尽己责，写东西不在于对方看不看，在于有无脑子写。

读书人是天地的良心，"复其见天地之心乎"，复是天地之心。知识分子是天地的良心。《易》言天地之"洗心"，不能染色，要尽到天地的责任。

"君子而时中"，体；"与时偕行"，用。现在应重视什么、应搞什么，彼此研究，往前推动。失败是因为走"欲"的路子，不走"智慧"的路子。

要有群德。谋，某人言；计，十人言。谋与计，有何不同？我天天说，即出谋划策，告知该走哪条路，哪条平坦，哪条不行。出谋之后，有人合计，十人言，看用得上否；不用，即不时。所以，孔子说"学而时习之"。习，鸟数飞也，是自己训练自己，不是与人比。有谋之后，还有人加之计，此皆实学也。

每日必须有所用心，每天问自己："我能干什么？"忙，问自己："我忙什么？"有所感触，检讨成败，不是万能，五十年给人当走狗都不够。

不能空过，化繁为简，叫人接之。奉元，不能有色彩，有则没良知。努力，自己管自己，"时习之"，"君子而时中"，"与时偕行"。

鼎重要，鼎发挥作用得有黄耳。黄，代表中，目的在通理，通了，成通儒。"黄巾不入通德门"，不是崇拜郑康成读书，而是崇拜其结果——大儒。什么都是假的，结果是真的。我未进过台北的百货公司，书呆子外面的事不懂。

自基本解决问题，不是修观光区，那只能一时温饱。人一温饱，即想入非非。

人不要有偶像，有偶像即错误。人得天天时习，时习了才知错。

上九。鼎玉铉，大吉，无不利。

"六五"，金铉系耳以举鼎。"上九"，玉铉虽贵重华美，但不能承重，易碎。"玉铉，大吉"，不行，还得"无不利"。

玉，温润坚韧。"上九"居鼎之终，为鼎道之成，宜如玉之温润，戒过刚，要刚柔适度。

《象》曰：玉铉在上，刚柔节也。

"上九"以刚履柔君"六五"，居明之至，知"刚柔节"，正全其用之地，故享有成功之美，而有此象。

"大吉，无不利"，因"刚柔节也"，刚柔恰到好处，都有节。

全鼎之人，必须"刚柔节"，曾文正一例也，伊尹亦然，郭子仪则勉强。

中国人喜竹子，因其有节。理学家修得过火，不中节。尽放厥词，即不节。"慎言语"，言语节，则不离。

人生不易，人生事必须"刚柔节"。

天天想像个人，不想像君子、贤人、圣人、大人。送我东西，除吃的以外，无用。我不喜甜食。一个人到什么阶段就要像什么，此为识时知人。

圣人的大儿子死，传二子，何不传长孙？行难！窃嫡不返，圣人之门尚且如此，从金至今。人皆望子成龙，明乎此，每天时习之，必须检讨得失。

每天到此，所为何来？每日必须用脑，对别人有所贡献。中国人是为别人活，中国人是为求仁，"求仁而得仁，又何怨"？

如何求仁？"仁者爱人"（《孟子·离娄下》），"仁者无不爱也"（《孟子·尽心上》），所以儒家不提倡杀生，但不吃素。基督教讲"信、望、爱"。人活着是为了爱，爱人而无不爱。为了国家可以杀生，但杀一无辜者而得天下，不为也。

其次，"仁者不忧"（《论语·子罕》），不忧己私，先天下之忧而忧，忧天下，为人民服务。求仁而得仁，又何怨？求仁不得仁，即没有仁德。

道家求一，得一，所以一心一德。中国思想家多，显学即老、孔。不是会说即成，有成绩即有德。

震卦第五十一

（震为雷 震上震下）

震，一阳始生于二阴之下，震为雷，震，动也，"雷以动之"，"动万物者莫疾乎雷"（《说卦传》），雷有动之义、生之义，雷动万物生，有朝一日春雷动。

春雷惊蛰，二十四节气应认识。养自己的生机，微阳，应好好培养，有希望。天地是大宇宙，人是小宇宙，亦必按自然规律好好养。摄生之道，到什么时候吃什么，斋戒。想身体好，必在年轻时就好好养，以养微阳。

《序卦》："主器者莫若长子，故受之以震。震者，动也。"

"震"，一阳生。《说卦》"震，一索（求）而得男，故谓之长男"，得男即得仁，生生不息。每日读《易》，则做事有把握。

《说卦》:"帝出乎震","万物出乎震"。帝,主宰义,"震者,动也",一切主宰出于动,主宰是由奋斗中锻炼出来的。

《杂卦》:"震,起也。"

主宰义、动义、起义,主宰出于动、出于起,亦即主宰是由奋斗中锻炼而起的,无能、不动,不能成事。"天下之动,贞夫一者也",动要正于一,止于一,止于元,元为善之长。

主宰,主器者,震为长子,主器者莫若长子,家中盼有长子。人必会死,这是实际的事。我重视年轻人的行为。

这要第一,那也要第一,凡人也,庸俗。好坏应由别人说,伟大与否,看后人是否接受。

震亨,震来虩虩(xì,戒惧貌),**笑言哑哑**(中规中矩)。

来子注:"盖《易》之为理,危者使平,易者使倾,人能于平时安不忘危,此心常如祸患之来,虩虩然恐惧,而无慢易之心,则日用之间,举动自有法则,而一笑一言,皆哑哑而自如矣,虽或有非常之变,出于倏忽之顷,犹雷之震惊百里,然此心有主,意气安闲,雷之威震,虽大而远,而主祭者自不丧匕鬯也。此可见震自有亨之道也。"平日居安思危,无懈怠慢易之心,有训练功夫,此即修养、素养。

"震亨",震中即含亨之道,但是不易,尧之子也未能亨。想动能亨,不易。

"震来虩虩","虩虩",恐惧貌,动之时得"虩虩",有所戒惧,"戒慎乎其所不睹,恐惧乎其所不闻"(《中庸》)。不可以轻举妄动,要戒惧小心。

"笑言哑哑",莫轻言笑,要笑得中规中矩。"巧笑倩兮"(《论语·八佾》),巧笑得倩兮。人最难的即笑,失笑。"博我以文,约我以礼","以约失之者,鲜矣",以礼约身,以礼作为一切行动的原则,约束自己。

震惊百里(百里之众),**不丧匕**(勺、匙)**鬯**(chàng)。

此为比方,《易》曰象,《春秋》曰况。

"震惊百里","寄百里之命",百里之众,诸侯之国,有"震惊百里"的功夫,"造次必于是,颠沛必于是",自有主宰。

"不丧匕鬯",鬯者,百草之本也,上畅于天,下畅于地,无所不畅,故天子以鬯为贽。"主敬立人极",何等镇静,不失其常。

"震惊百里,不丧匕鬯",处大变而不失其常,绝不失态,则近悦远来。说话总得"震惊百里",人修到"震惊百里"而绝不失态的境界,必有"震惊百里"之能。平时必有训练功夫,临危难时不至于手足无措。

人有修为,一语能吓得人掉筷、跌跤。我担心有些人"不知以为知"之愚。不能谨言之人,不能打入团体核心,无决策能力。

天下最没用的,莫过于书呆子。孟尝君养鸡鸣狗盗之徒。

得任何位,都要尽全力发挥作用。没有成绩即恶德,不重视此位,就不要接受。

赞美人的长才,用其能。"贤者在位,能者在职",主管必有德,干事者有能即可,有能则不能责其不能之处。我当年,干事的工人边做事边喝酒。

震卦第五十一

中国传统大买卖，有钱人有几个当铺，是赔钱买卖，有钱懂得舍善。乡下人将棉衣送进当铺，老板问："需多少钱？以后不来取，只有烧掉。"到时必来赎。

酒看酒花，用人用其才。就怕是废材，是废材，钱放在那儿都不花。"世有伯乐，然后有千里马"，千里马常有，而伯乐不常有，伯乐识人。我们批评，是以我们的尺批评一切。自己如是废材，又如何知人才？

棋看不懂，不要说话，莫以为己看即对，他人即非。事之复杂，了解不深则不知。

我不腰酸背痛，常嗑瓜子，越来越精神。同学要有素养，不因五十平方米即跌倒，莫轻言笑。

蔺相如完璧归赵，没被吓住。廉颇，一介武夫，最后"将相和"，识大体。

《象》曰：震，亨。**震来虩虩，恐致福也。笑言哑哑，后有则**（规矩）**也。**

震来，何以虩虩？动时，不可以轻举妄动，要戒惧小心。生于忧患，死于安乐。平时，安不忘危，居安思危。

此"福"自何来？因有"恐"的功夫，所以"致福也"。"恐致福也"，由于懂得戒慎，所以致福，因戒惧而致福，"必也临事而惧，好谋而成"（《论语·述而》），不能轻敌。对什么都掉以轻心，糟！

"后有则"，所以"哑哑"，中规中矩，规矩即则。人在有经验后之得，才是法则，经验之则。

震惊百里，惊远而惧迩（近）也。

"震惊百里，惊远而惧迩"，"是乃仁术也"（《孟子·梁惠王上》），此为治国平天下、做人之要道。

一般为政者往往"刑近略远"，则人积怨在心，左右尽覆舟之民。刑近，则民可覆舟，清朝之失败在于此；略远，则屏藩不固，国威不达。

出可以守宗庙社稷，以为祭主也。

"出"，进也，有万全准备之后，出可以担负重责大任，出任、出仕、出征、出生入死。

"守宗庙社稷"，震为长子，一家之主宰；国君，一国之主宰。有担当，才能负国之重任，为社稷之主。

"以为祭主"，鼎，祭也，诚敬者方可主祭，为国家之主。

震卦讲修定的功夫，修"震惊百里"不变色的功夫，"造次必于是，颠沛必于是"。"夫有文无武，无以威下；有武无文，民畏不亲。文武俱行，威德乃成。"（《说苑·君道》）"望之俨然"，气势足，就有几分威慑力，气势要壮！

"主敬立人极"，平时有训练，临难时不至于手足无措。"主敬立人极"，欲少，不偶俗。承任者必修至此境界，平日有修养，不但能"不丧匕鬯"，更能临危受命。

读每一卦，自问是否有此一修养，何以每天庸庸碌碌？

做事业，必须懂得"狼狈为奸"，都不能容则不成。要他人都必须像自己一样，合己即人，不合己即不是人，如此，岂能养才？

今天读书人，自年轻时即要培养度量，研究彼此才之短长而用之。

《象》曰：洊（jiàn，再也）雷，震。君子以恐惧修省。

"洊雷"，震再震，威震，震慑。

以威修己，严己身，"出门如见大宾"，自尊而后人尊之，"君子不重则不威"，平常就要培养威仪、气势。

一个人必须有威慑力，否则谈不上威仪。"望之俨然"也是修养，要慢慢来，一旦养成了，造次必于是，颠沛、患难皆必于是。

养的功夫是随时的，自己调整自己。昔人自铜镜中看自己的行住坐卧，以改正自己的怪样，此即习的功夫。习，鸟数飞也，最后乃鹏程万里。"或跃在渊，自试也"（《易经·乾卦·文言》）。人没有一次就成功的，做事要看自己有无自试功夫，有万全的把握再做。做事先想到自己的好处，无欲则刚。

"恐惧"，戒慎恐惧；"修省"，修身省察己过。人欲太重，足以亡身，当政则足以亡国，不能救国救民，甚至能害民。

愈懂得谨慎，愈能成功。居安思危，时时心存警惕，吃亏就少。处处给人难堪，人必永记在心，而思报复。人找你麻烦时，绝不可以躲避，愈是躲愈来得厉害。不惹人、不欺负人，则无真正恨你者。不积怨在人，但也不要怕事，必须有勇气面对一切困难，先礼后兵。

要找助力不易，不惹人则少一些阻力。做事业有据点，互相合作。不能因各有据点而相互竞争，致两败俱伤。

一个人的器质低，人品就低，"人之视己，如见其肺肝然"，人品决定一切，人品高，价值亦出头。有真精神，则人不忽略其长处。好坏皆在自己，出人头地，则走在人前头。谁做事都想成功，想成功没有不用人才的，自己必先站得住。勤能补拙，中国书太多，生在中国"太累"，学无止境，死而后已。

初九。震来虩虩，后笑言哑哑，吉。

"初九"处震之初，为下震之主，知震将来，知道戒惧，有所惕厉，其后才能"笑言哑哑，吉"。

《象》曰：震来虩虩，恐致福也；笑言哑哑，后有则也。

"震来虩虩"，不惶宁处；"恐致福也"，因恐惧修德而致福；"笑言哑哑"，中规中矩，知有则而不违法度。

亲身做事，不怕做错。责其不做，不责其错。

六二。震来厉，亿（大，十万曰亿）丧贝，跻（升）于九陵；勿逐，七日得。

"六二"乘"初九"之刚，当震来时，其势猛烈，故大丧其贝，去而避于高陵之上。

"勿逐，七日得"，"六二"居中得正，开始虽不免有失，但能以柔顺守中，终则不求自得。"七日得"，七日来复，一阳生，复其见天地之心乎！

"勿逐"，弱国不能以硬碰硬，必静待其变；"七日得"，至极而变时，七日得矣。物极必反，"反者，道之动也"，否极泰来，人有亏损，天有补报。

震卦第五十一

《象》曰：震来厉，乘刚也。

"六二"乘"初九"之刚，又无应与，所以震来，自处危厉。此时，当以柔顺中正自守。

六三。震苏苏，震行无眚。

"苏苏"，后来其苏，死而复生。"苏苏"，《释文》："疑惧貌。"不安。"眚"，灾难。

"六三"居的不是正位，但在震之时不能坐等，必拼命往前干，才能免于灾难。

用刚易，用柔难，用之不当则懦弱。久炼之刚，刚中之柔。百炼成钢后，才能成绕指柔。

《象》曰：震苏苏，位不当也。

"六三"阴居阳位，不中不正，"位不当也"；处上震将尽、下震继之时，若能奋发有为，去其不中不正，震惧能行，可以无过。

人得正位之时很难，不在正位之时就要奋斗，当震来时才能免灾难。

九四。震遂泥（nì）。

"遂"，无返之意；"泥"，致远恐泥。"遂泥"，沉溺于欲而不能自拔。

"九四"居震动之时，不中不正，且陷于重阴之中，而不能振奋。

《象》曰：震遂泥，未光也。

以刚居震，阳刚本能震动，但溺于欲不能自拔，所为不能正大光明，故"未光也"。

六五。震往来厉，亿无丧，有事。

"六五"柔君，为震之主，"夕惕若，厉无咎"，能励，有所事事，故无大丧。

处太平世都不易，况乱世乎？才虽不足以济变，但中德犹可以自守。如中德皆无，就亡了。

《象》曰：震往来厉，危（正）行也；其事在中，大无丧也。

处震之时，居尊位，"危行也"（《论语·宪问》"邦有道，危言危行"，正言正行；"邦无道，危行言孙"，正行言逊），正行。

"其事在中"，处事不失中，有中德，故"大无丧也"。

"不得中行而与之，必也狂狷乎"，"狂者进取，狷者有所不为也"（《论语·子路》），有守方足以有为。

上六。震索索，视矍矍，征凶。

"震索索"，心神不安宁，元气萧索；"视矍矍"，视而不专，目光惊惧不安；"征凶"，往前凶。

"上六"阴柔，处震动之极，所处环境不安，惊疑未定。人到绝望时，看什么都化成阴。

震不于其躬，于其邻，无咎。

"震不于其躬，于其邻"，震虽未临己身，看到别处有事，千万得警惕小心，未雨绸缪，才能"无咎"。

婚媾有言（闲言闲语）。

处震之极，惊恐未定，夫妻间亦不免闲言闲语。

夫妇之间尚有言，何况其他？自己要知轻重，"刑（型）于寡妻，至于兄弟，以御于家邦"，诚意、正心、修身、齐家，一部《大学》，家齐而后国治、天下平。

《象》曰：震索索，中未得也；虽凶无咎，畏邻戒也。

"中未得也"，未能得中道，失中，失性。

得中，方不至于"索索"，心神不宁，魂不守舍。

"畏邻戒也"，有所戒惧，看到别处有事，应有所戒备，要小心，好好谋划，防患于未然，则虽有凶，无咎。

如何修养震的功夫？威仪，震慑，雄赳赳，气昂昂，有点杀气。必养些生气，杀气，有气概才行。

真有学问、智慧的，必有镇定功夫。"博学、审问、慎思、明辨、笃行"，明辨之，才有正知正见。无能明辨，就无正知正见。

"世卿非礼也"，不做世卿了，即必过平民生活，要知足常乐。不管是什么出身，皆过自家生活。小家庭三部曲：始有、稍有、富有。知足常乐，天下本无事，庸人自扰之，千万不要为自己找欲。先修己，有诸己而后求诸人，人之视己，如见其肺肝然。

成功的家庭都像样，成就是自脚踏实地来的，曾文正家传了四代，子孙犹能循规蹈矩。要锻炼自己，练成铁肩，铁肩挑重担，人人皆可以救国。

孔子之志未能实行，乃志在《春秋》，《春秋》为其政治蓝图。司马迁受腐刑后，之所以不死，因志在《史记》，《史记》上承麟书（《春秋》）。你们怎么读《史记》《春秋》？

奉元是本钱，就看你们的智慧怎么去发挥，识元之源，百家争鸣。中国什么都不多，就书多，有几本有用？"养浩然气，读有用书"，有智慧者可把史书都读活了。

21世纪非用中国思想不可，人类才有幸福，这不靠吹牛，得有一套思想。中国思想外国人不一定看得懂。学已立，要安澜，四平八稳就可做。如无奋斗目标，朝什么方向做？

以实践证明什么叫真理，真理与权势无关。道理与真理一样，什么政权都影响不了。怎么用心？必以道，绝不可以奸诈。怎么做事？头脑不清楚，能做事？唯道与德永存。

艮卦第五十二

（艮为山　艮上艮下）

艮卦卦体：一阳止于二阴之上，阳自下升，极上而止。

卦德：兼山艮，艮为止，有止于至善之义。

艮卦，来子讲得并不高，本文的文义高。

《序卦》："物不可以终动，止之，故受之以艮。"

动而知其所当止。一部《大学》，知止，而后有定、静、安、虑、得，得其止之所宜。

《杂卦》："震，起也；艮，止也。"

震、艮二卦互综，震、艮有其时，动静应其用，主宰起于动，动而止于至善。

"止"，止于至善，何谓至善？"元者，善之长也"，至善。

止于至善，即止于元。孔子之前得一，求一得一，说"吾道一以贯之"，证明得一了。其后"改一为元"，境界更高。

"艮，止也"，知己之所止，有目标了，望着标杆拼命往前。最笨的人如肯下功夫，亦可三年有成。我教了五十多年，学生里一个成器的也没有，连做人的标杆都未达到，何况成器？

何以不成器？因为本不立，不足以言其他。"本立而道生"，绝非老生常谈。越过本位，希圣希贤，净写自己得了多少第一，聪明过度即愚。

康熙帝以乾隆帝为可造之才，亲自调教。乾隆帝在位久，自称"十全老人"，骄，清可以说是亡于乾隆帝。乾隆帝活到八十九岁，在位六十年退位，又做了四年太上皇。忘了真正善，伪装，"十全"即伪装，忘了如其祖康熙帝之谦虚，心中有"骄"和"傲"，又有和珅，所以准失败。

嘉庆帝因为其父活得太长，有遗业。

曾文正六十岁死，守正之人，对国有丰功伟业：清朝中兴、学术再造、文章一派之主。

人无知无才，才会嫉妒；有知有能，多豁达大度。见人好，心中不舒服，是下贱心理，不能成。

曾在复杂环境中能成，即守一"正"字，故卒谥"文正"。《曾文正公日记》，曾的日记其实是写给慈禧太后看的；家书则亲切，看《曾文正公家书》。曾编有《十八家诗钞》《经子百家杂钞》，在戎马倥偬之中尚能如此，何等能力！

你们忙，能如曾忙？得守住正，否则必无成。不讲群德，有正知正见者不如是。

曾文正造就其子惠敏公（曾纪泽），不幸他早死；退而培养李鸿章，结果贻无穷之军阀后患——淮军，安徽帮。之所以如此，因李无那本质。

李鸿章为人恃才傲物，其父与曾同科，知儿子谁都不服，请曾教之。李到曾处报到，马弁打水，曾洗脚。李心中不舒服，告辞。一出辕门，觉得其中有道理。慢走，曾派人追。后做文案，抄稿十多年，一放即江苏巡抚。临去时，曾告之，实尚不足，但因时间急迫。李在老师面前应付，不下功夫。李为中国留下后患。

今天最需人才，同学中谁能胜任？用时无用，则皆非人才。同学之所以无成，乃仗恃小聪明，不肯下真功夫，就手拿书抄论文。告之养正，绝不养正。

养正，首先"艮其背"。大家喝茶，不能喝，止不住。眼不见，在背后，始能止。摆在背后，因不见可欲。人皆有可欲，形形色色，各有不同，嗜欲有别，其为欲一也。真能止，不见可欲。眼看见，马上犯毛病。"艮其背"，得无视其身的存在。

止于善，止于正，不易。康熙帝用功至吐血，其师即孝庄。乾隆帝师即康熙帝。康熙帝自幼循规蹈矩，乾隆帝则自恃聪明。"本立而道生"，做人的本质不足，不能成才。

好好扶正中国文化。此地讲学，必带"康德"。所以，我们要"奉元"。不扶中国文化，如何正中国文化？

止于至善，"元者，善之长也"，止于元。得一，一为数之始，有始就有终，所以改一为元，元无终始。"大哉乾元，万物资始"，"至哉坤元，万物资生"，所以"元者，善之长也"。止于一即正，止于元的意义更深。

从小养正，蒙以养正。失去做人的立场，即失正。想成就，本身做人的功夫不够，不会有成就。之所以无成就，因不像人的样子。

艮其背，不获其身。

"艮其背"，止于自己的背后。养正，首先"艮其背"，眼不见，始能正。不见，可欲，"可"为动词，把欲限制住。

不见可欲，行；见可欲，怎么办？得"不获其身"，不得己身，忘我，得没有"身"的存在。没有我的存在，还有什么欲？止欲。牺牲享受，享受牺牲。"四十而不惑"，不惑于欲。有我的存在，即有欲。"我"，《说文》释："施身自谓也。"段注："谓用己厕于众中，而自称则为我也。"

止什么，即"可欲之谓善"（《孟子·尽心下》）。什么叫善？朱子解："天下之理，其善者必可欲。"有人喜欢即善，此解，对吗？

止于善，有至善。至善是什么？是善之长，能资始、资生，仁之至也，仁者爱人，而无不爱也。

中国今日，"正学"为第一要义。我加"扶"，扶正学。真能"不惑于欲"，成就可不得了！

行其庭，不见其人，无咎。

在院子走，看不到那种人；见其人，则有好恶、爱欲。

好恶都一样，不喜抽烟不一定就是圣人，可能喜欢喝酒。

至此修养，不见其人，才真止。有欲，则不能止。止于至善，多难！无咎，才能至善。明乎此，才知如何修至善之境。

想扶正华夏之学，得先在"人"的格里，人像人，鸭像鸭，鸡像鸡。

《彖》曰：艮，止也。

"艮，止也"，有欲，有所留恋，就不知止。

喝茶，不浓，觉得不够味，不能可欲，即不能善。红茶，以印度的为好。

读完书，半点不能用世，废物！必活泼能做事才行，好坏事皆做。人必有志，或有欲，则必做。书呆子，就知道满足自己，什么事也不知道，能不穷？知必能用，"载之空言，不如见之于行事之深切著明也"，在行事上有所表现。

知止，才能定，止即止欲。佛教讲"戒定慧"，讲得高，欲没能戒住，就没法定；欲戒住，就能定。儒讲知止，而后有定、静、安、虑、得，有修为的步骤。意淫也是盗，有些人看其颜色，也不信其得道。有功夫，必有所得。今天有些人无真功夫，到用智慧时，什么都无。《易》为智海，必好好吸收。自经文下功夫，再看注解。

时止则止，时行则行，动静不失其时，其道光明。

该止则止，该行则行，得多么无欲之人！此即境界。

无欲，不是什么都不干，而是都干，但"动静不失其时"，即"知进退存亡而不失其正者"。内圣外王，止于至善之境，才能"其道光明"。行止，动静不失其时，说割断即割断，乃英雄人物。如连做法都没有，那还谈得上什么结果？

孔子集大成，将华夏思想收在一起讲，可见孔子之了不起。可惜传人先死，叹"不得中行而与之，必也狂狷乎"，是退而求其次。曾国藩亦如是，李鸿章即狂狷之士。曾如活到八十，中国应不至于如此。

艮其止，止其所也。

"止其所"，止其应止之所。死得其所，至善之地。

止，不易！必须无欲。《大学》曰："於（wū）止，知其所止，可以人而不如鸟乎？"

知止，而后有定、静、安、虑、得，得于道之全，此功夫即真理的显现，是非就明。

世俗的得，即真的失。有欲的人能止？把持不住，有欲，尽往好处想，看社会事不都如此？有些人都行将就木，还是定不住。

人老了，就近于圣人。讲臆说，净耍小聪明。求学，要自基础入手，有点臆说也必自基础来，不能完全耍小聪明。教书，必教自己专修而且有兴趣的。人愈老愈扎实，年龄很重要，"吾十有五志于学，三十而立，四十而不惑……"是孔子的自传，也是体验。自己到了那个年纪，要体验是否到了那个境界。

做任何事，必问清楚。我买这地下室做讲堂，因有执照。天下没有一件事能完整无缺。人生不如意事，十常八九，但必知足常乐！人必吃苦才能，不要总想完整无缺的事，如此想，就心里泰然。

上下敌应，不相与也。

艮卦自卦体看，无一相与，上下都"敌应"，即"不相与也"。

光是应，而不与，也是好事。相敌应，"不相与也"。乱相与，就坏！独善其身者，与任何人皆应而不与。

是以不获其身，行其庭不见其人，无咎也。

没有对象，不获其身、不见其人，连影都没有，不相敌应，无咎。

不相与，还可无咎；乱相与，是非太多。多认识一个人，多是非；有一点不对，即是非丛生。

成就大事必须无我。家贫出孝子，因为无可争。帝王之家为夺大宝，父子、兄弟之情俱无。

"可以速而速，可以久而久，可以处而处，可以仕而仕"（《孟子·万章下》），孔子可行则行，可止则止，"无可无不可"（《论语·微子》），圣之时者，完全看客观环境。

《象》曰：兼山，艮。君子以思不出其（己）位。

坎，曰习坎；艮，曰兼山。何以言"习坎""兼山"？

"兼山"，止而又止，止于至善。

"思不出其位"，"不在其位，不谋其政"。何以天天瞪眼看人不对？学者不出其位，学人；为政不出其位，好官；家中不出其位，好父亲、好母亲。

有机会在外闲聊，何不理理自家？要说帮助人的话，不要净东家长西家短。有工夫何不练练字？现在有些研究生的字，不如小学三年级。

止于自己职分之内，狗看门即其位，不在其位不谋其政，思不出其位，素其位而行。整天扯人家，近朱者赤，近墨者黑。

我第一堂课一定告诉同学：读书要改变器质，立志就不能变，见异思迁即没有志。

初六。艮其趾，无咎，利永贞。

"止其趾"，人无趾，走路跳。走路平整，因有趾。
"初六"居艮止之初，在下，止于初，慎始，止其趾，无咎。
一事做不好，不如不做，必于微时就止，"履霜，坚冰至"（《易经·坤卦》），可见一个人行止的重要。
要保持"无咎"，还必"利永贞"。永贞是什么？永贞，为"用六"之德，坤卦"用六，利永贞"，不是一会儿得，是"利永贞"，止于至善。

《象》曰：艮其趾，未失正也。

此即近取诸身。
"利永贞"，则"未失正也"。永正，未失位；永贞，止于至善。
行止之重要，行止即动静。止于其初之微者，如成形了再止，还得了？做事，必知微知止。
自欺者，净好名。什么都成立，没有作用等于没有用。
"时至而不失之"即圣人。

六二。艮其腓（féi，小腿肚），不拯（救）其随（从），其心不快。

"六二"在艮之中，得止之道，与"九三"相比，但"九三"不正，为艮之主，"六二"只能随，不能拯。
"六二"中正，何以其心不快？"不拯其随"，中正之士拯救不正者，未达其功，不能拯不正，无德拯之，只能随其祸，所以心中不快。所以《易》"不可为典要"。

中正之士跟着小人混，心中自然不快。跟着走，福受福，祸受祸，日詈之，心中不快。

《象》曰：不拯其随，未退听也。

"九三"若能听"六二"之言，即"退听"，地位高的听地位低的，长官听幕僚的话。

我有中正之德，不能改正不正之人，就得受祸。止，不单自己止，还得止不正之人，否则没有半点用处。都在一条船上，闹翻即挨淹。不能拯救之，随受其祸，心中不快。

中国人应深思，近代百年受祸，最应重整的是文化。

何以我如此老，犹如此坚强？同学岂知我当年之志？志在救亡图存。同学之志，女友、房子、车子，没想一点苦。我们当年，无人想做官、想享福，只想杀敌。

日军当年侵略中国，屠杀我们同胞，未把中国人当人，活埋、喂狗，其残酷无以复加。

九三。艮其限（腰），列其夤，厉熏心。

"九三"阳居阳位，在下卦之上，隔上下之限，刚愎自用。

"艮其限"，"限"，腰间，分隔上下，"君子之言也，不下带而道存焉"（《孟子·尽心下》）。止其限，使上下不通。

"列其夤"，一个东西不听"列"，列兵，一群兵。"夤"，后脊椎，人身之中。王弼注："上下不相与，至中则列矣。"

"熏"，香草。熏鱼，熟了再熏。熏陶，利欲熏心，熏香沐浴。"厉熏心"，不明白。《易》"洗心"不知，何以"以洗心退藏于密"？官名何以称"洗马"？

"怀瑾握瑜"，周瑜，字公瑾。

接近成功的边缘，就不要多说话。学，就有术。

《象》曰：艮其限，危熏心也。

"艮其限"，不当止而止，执一不变通。

"危熏心"，不明熏心，怎知危什么？"太子洗马"究竟何意？不懂，但不影响做事。通志，除天下患。

有些人最懂风向，自私，不利他。不是不聪明，而是聪明在其范畴内，就是自私！

万事漠不关心，因以为事不关己。别家儿子打死父亲，莫以为打不到我家。要"遏恶扬善"（《易经·大有卦》），见恶遏止之。如"隐恶扬善"（《中庸》），隐恶则坏人不停止。鸣鼓攻过，遏恶。

不懂，没学问有什么关系，有学问反而无耻。不知就是不知，"不知为不知，是知也"（《论语·为政》），才是智者。

六四。艮其身，无咎。

此与卦辞"艮其背，不获其身"相应。

"六四"近君，伴君如伴虎，必修己身，才能无咎。

坏，即因有我。艮已身，无我，当然无咎。

《象》曰：艮其身，止诸躬也。

"身"和"躬"有什么不同？正身，"躬行君子，则吾未之有得"（《论语·述而》），鞠躬。

似是而非，谁是"正身"，谁是"躬"？即身与躬。求学得主动。

"艮其身"，已身所欲都得止，止其身，就是"止诸躬也"。字字分析，则知层次和境界。

不知止，岂能有定？当然见异思迁。《大学》："《诗》云：'缗蛮（鸟叫声）黄鸟，止于丘隅。'子曰：'於止，知其所止，可以人而不如鸟乎？'"

"学而时习之"，学什么？学大，"唯天为大，唯尧则之"，则天，没有说学天。"行有余力，则以学文"，此"文"非文章，乃经纬天地，学做政治家。学文则天，所以"知止而后有定"。

定了，当然静了。如我，定了，也静了。我不争名夺利，所言值得研究。

我的大弟子留胡子，学问不像德国人，就嘴像德国人，年未四十满嘴胡子，开性学课。之所以如此，因为不知止。若知自己是教授，因为教就得学。先把自己修至"泰山崩于前而色不变，麋鹿兴于左而目不瞬"（苏洵《心术》），修至此境界，始有担当。

人想救时，就得无私。有私心，即败事之根苗。

圣人不能生时，时至而不失之。好，好吉；坏，坏吉。都预备好，水到渠成。世事一盘棋，旋乾转坤不是难事。要有主动能力。识时，自己不是领袖人物，就得乘势。无胆量推动，但得乘势。

六五。艮其辅，言有序，悔亡。

"艮其辅"，辅，腮帮子，止住腮帮子，不是装哑巴，是要"言有序"，有伦有序。心有中，则言有序。一爻一爻，即序。

言不妄发，则"悔亡"。后悔的药难吃，君无戏言。

平日无术养，岂能有伦有序？胡言即因不知序，层次不分明。"言有序"，知其序，知纲、知凡、知目。练基本功，好好玩味《大学》，"知所先后，则近道矣"，尚未中道。

有主张，不受蛊惑。遇事冷静，逾规者无一好人。头脑清楚的，吃亏就算了。

《象》曰：艮其辅，以中正也。

"九五"，中正；"六五"，不中正。或以"正"为"止"之讹。"以中止也"，懂得中道，因中道而止，讲得通。

上九。敦艮，吉。

"敦艮"，敦，笃也，笃于止；吉，"以厚终也"。
"上九"居艮之终，为艮道之成，笃于止，止之至也。

《象》曰：敦艮之吉，以厚终也。

"敦艮之吉，以厚终也"，正因为慎其始。《说卦》曰："万物之所成终而所成始也，故曰成言乎艮。"终始，成终为了成始，"终万物始万物者，莫盛乎艮"。明是终始，"大明终始"。

人要懂得知止，就能达到"止于至善"境界。一辈子一事无成，最可怜！知止，知道自己分量多少，在己之止里，大小事皆会有成就。不要把自己所喜的强加于下一代，人皆有其想法。老的要儿女承其衣钵，最糊涂！

孔子四十而不惑，一般人至死不悟，于社会得点俗名，就是名？人必冷静，深思到最高境界，就懂得知止，知止而后有定,乃不惑,素其位而行,能做多少就做多少,往前一步。

每件事皆看真功夫,以知止为德,还必在自己范围内,天天干。俞樾(1821—1906),以自己不合官场,退而著书,也是曾文正弟子,终于学术上有成,知止也。知止,在自己范畴内尽量有所建树。

做人出毛病,不懂得造就自己,就看别人的毛病。"物有本末,事有终始,知所先后,则近道矣"(《大学》)。不讲人事,活一辈子,不敢以自己的面目面对一切。装神弄鬼,为何不敢以人的本来面目面对人?此皆非中国文化。

养正,"蒙以养正"。怎么养正?孟子说"养浩然之气",什么叫养?养孩子,得有孩子,孩子怎么来?正怎么来?养正,得先有正。正是什么?知小孩怎么来?正怎么来?爸妈在一起生的,"不孝有三,无后为大","食色性也",生完,就得养。

乾坤所生为正,父母所生为子。乾坤成形,就叫正,得养正。男女之德不邪僻,在生;乾坤之德不邪僻,始正。乾元和坤元合在一起,即止于一。乾元、坤元,物之两面。

何以能一?惟精惟一。此于道家就是得一,道家修一叫朝元,止于一就是止于元。

人身之元在哪?如小孩之囟门。我们"返于元",他们称"朝元",我们叫"奉元"。小孩囟门软,圣人不失其赤子之心。

我当年有儿子了,嫌麻烦不看。生孩子是奶奶带,一再叮咛:进门得脱掉外面鞋、外面衣,免得带入寒气。

小孩,刚开始跟他要东西都给,进而往后藏,"囟门硬,私心满"。开天门,朝元,一点私都没有。大人、圣人,简言之即没有私。有些政客装男扮女,就为一"私"字。

艮卦第五十二

正，止于元，乾元、坤元；止于一，乾元、坤元为一，所以"惟精惟一，允执厥中"。就是修，儒家有儒家的功夫，道家有道家的功夫。

不要白活，人活着必须有价值，活一天做一天，此即我的观念。21世纪应好好发挥中华文化，可能挽救人类的噩运。祖宗智慧——"不患寡而患不均"，要好好为人类谋幸福，不必发明，祖宗留下的能接受就够了。

在21世纪发挥中国文化，可能度生民之厄。

必须有志，有志得往前动。光会抄书，徒成行尸走肉。抄一本书，玩死。中国是玩生，天德好生。净走错路子，还不悟。"谁能出不由户？何莫由斯道也"（《论语·雍也》），出门就得行道。

佛，慈悲；我们讲仁，二人即仁，二人之天职即生。桃仁、杏仁，蛋中之仁。无仁做咸蛋，无仁始可以吃。负阴抱阳，父精母血。

养正，正从哪里来？小孩自乾元、坤元来的，变成一，止于一，此小孩即一。叫之有成就，得养此正。此成就乃为本有，以物资、环境养之。正，乾元、坤元归一就是正。养正，就是养性。性，就是正的异名。弄清此理，才能步入修心的境界。

我们不是无为而发，不如此修，不会有境界。根据儒家追本溯源来，所以奉元，性生万法。

我数十年来受了不少苦，但也得了不少福。现有孙女，有了乐子。没小孩时，我喜养宠物，外有大狗，内有小狗，桌上有猫。有了小孩，即不养宠物，其乐也融融。人要察微，家之所以不和，多从微上来。

寄骨寺的棺材，浮灵，自恃浮灵。在台面上何以无一成功？都是浮灵，完全没有实修的功夫，浮夸，就天天浮夸，净作秀。以功夫对付浮夸，读书改变器质。读了八年，何以还似瘪三（旧指城市中无正当职业，而以乞讨或偷窃为生的流氓游民）？习气，乡下孩子到都市读书半年，学会喝黑水（咖啡），习也。人习好慢，习偏门快。改变器质，即去除习气。有多大的功力，成就多大事业。对事没那么大的热忱，因为没有那么大的功力。有人干了一辈子，因他有修的功力，"有始有卒，其唯圣人乎"，"唯"字最重要，做事有始有卒者就是圣人。

"谁能出不由户"？既是出必由户，"何莫由斯道也"？出必由户，出必行道。"入则孝，出则弟"（《论语·学而》），"则"字重要，必至此境界，"行有余力，则以学文"。"泛爱众，而亲仁"，不必学。言必成章，"不成章不达"（《孟子·尽心上》）。

圣人要我们学文，再进一步学大、则天。学东西，必"有则"，所以"则天"。法自然，尚不足尽，含则天，自然界的规律永不变，人的规律也不能变，所以有始有卒。

不下功夫，好名，永不能成。没有实在东西，没有用。不在于在哪儿，在于是否有真功夫，真的认识特别重要。思想就是行为，修道之谓教，思想领导行为。

下真功夫，同一智慧的必接受。真懂道，必把道讲得老太太听了都会笑。慈老（慈航法师）当年在汐止讲唯识，讲得老太太笑。写的东西，上焉者能接受，金字塔。人人皆有士君子之行，人人皆有士君子之道。所言不能人人都懂，那士君子之行自何而来？

什么是正？正，没有神秘，精神成就、灵性成就，就是正。

有形的成就，就是子。母爱子，即道、即人性，"率性之谓道"，不是空的，我们跟着学就是道。

老和尚说，女人是"虎"，危险！但小和尚遇"虎"必瞪视，此即人性。都受教育，但有作用者少。

渐卦第五十三

（风山渐　巽上艮下）

渐卦体：巽为风，艮为山，风山渐。

卦德：内艮止，外巽顺，将进之间，相时而动，进不穷也。

卦象，木在山上，渐也，渐进也，愈稳愈成功，稳、狠、准。

《序卦》："艮者止也，物不可以终止，故受之以渐。渐者，进也。"

止必有进，木在山上，因山以渐而高，渐之象，进也。

"渐者，物事之端，先见之辞"（何休《春秋公羊传注疏》），进而有序，《春秋》分三世：据乱世、升平世、太平世。"明王化之渐，施详略之文"（刘逢禄《何氏释例·张三世第一》）。

《杂卦》:"渐,女归待男行。"

女子嫁曰"归",旧时婚姻必经六礼,男子必亲迎,"所以敬慎、重正婚礼也。"(《礼记·昏义》)

渐,女归吉,利贞。

《穀梁传》曰:"妇人谓嫁曰归。""女归吉",女子婚嫁,进必以渐,有其序,吉。

"利贞",利于正固之道,"君子之道,造端乎夫妇"。

"贞者,事之干也",贞者,正也;事之干,干者主也;正者,事之主也。一个人不正经,能主事?知正,还必持之以恒,"其心三月不违仁"。

昔女子挂佩,是要练习走路稳当,快步走也不会发出声响。男的走路必迈八字步,衣襟才会展开,显出仪态之美。

《彖》曰:渐之进也,女归吉也。

"渐之进",如六礼:纳采、问名、纳吉、纳征、请期、亲迎。六礼备,而后成婚。

"女归吉",进必以礼,"所以敬慎、重正昏礼也"(《礼记·昏义》),自尊自贵,无论在何环境下,都应保持人的尊严。旧时结婚称小登科,官轿皆让路。

人有时代性,也得负起民族的传统责任。今天难有取舍标准,由年龄、经验培养出正知正见。中国的礼,有中国的一套,可以简但不可以没有。人生最重要的就是礼,礼一没就坏。乱世最难,家自为俗,各行其是。

迷信，因迷才信。合婚不必，如相爱就自择日结婚，哪天皆是好日子。我家既不合婚，也不看风水、不择日。虽懂，但家风如此，相信天命。

"大易"之道，必广泛去理解。执笔必注意，不可污染人心。今中国已到每个人都得拿出自己担当的时候，已没办法混，时代逼着我们往前走。读书不必急功近利，慢慢玩味，自"缓"字中得出些东西。《易》为智海，看自己自哪方面体悟。

昔日老友每月聚会，有饭局，可以大尝各种滋味，各人吃各人的，其中如有人过生日，罗汉请菩萨，谁也不吃亏。人生一月吃一次，不算奢侈。饭局回头，老板也会高兴，证明其口味不错，一定要送几个菜，拉你一把。茶会，不可说茶团。吃不穷，喝不穷，算计不到才穷。吃一点，有艺术，活着才有劲。常吃、常去的馆子，他就会小心做。常吃，才有好菜。过门去吃，常吃不到好菜。

自《红楼梦》的称谓，可知旧时中国的称谓，现在名词泛滥，无一定之称谓。

读书，是为了明理。书必融会贯通，才能变成自己的，处事（世）明理。"势利之交，未有不凶终隙末也"，出发点势利，无不有凶。"晏平仲善与人交，久而敬之"，久久愈善之交，必是道义之交，才能久久芬芳。你对他好，你需他对你好时，又是一回事。明白了，就笑一笑，完了！把人生弄明白，一点气都没有，笑一笑就完了。贫贱不逾其交，才是朋友。穷在街前无人问，富在深山有远亲，人世即如此，不强求谁。

井井有条，做事皆有一定之礼法，居家环境也是，老公婆因有距离，才能维持中国礼法。

进得位，往有功也；进以正，可以正邦也。

归妹之"九二"，进而为渐之"九五"。"进得位"，故"往有功也"。

"圣母"生，但不一定养，同治帝是由慈安皇后养的。皇帝的奶娘称"育圣"。咸丰帝小时即无母，吃恭亲王母的奶长大；立皇上时，如恭亲王的母亲有私心，必由恭亲王当。咸丰帝与恭亲王有不愉快，因此老太太死时才给"育圣"封号。

昔对国家有功劳者，赐给衣服，称"命服"，命服，前有绅（束腰的大带子）。穿长袍必束带，"束带立于朝"。古人成年"束发"。

"进以正"，正位；"可以正邦"，母仪天下。

没受过诰命的，不能称夫人。称一品、二品、从二品夫人，是有了官诰。

夫妻，"妻者，齐也"，与夫齐也。中国是一夫一妻制，皇后正位中宫，昔废后必费大力量，因为不可以杀。

清兴于太后，大玉儿（庄妃）与其姑姑、姐姐都嫁清太宗皇太极，福临即位后晋升为皇太后，后为康熙帝的启蒙师，先后辅佐三代帝王。

其位，刚得中也。

"九五"居正位，既中又正，"刚得中也"。

《易》讲"知时识务"，了解时势。爻之位、之时，爻辞告诉人之当务。知时，"六位时成"，在什么位做什么事。年轻人要练达时务，必学老成持重。

止而巽，动不穷也。

"止而巽"，下艮上巽，止能顺；"动不穷"，进而不穷，"知进退存亡而不失其正者，其唯圣人乎"。做事，必知其所止之处。

做母亲的要脚踏实地，稳健！夫妇要彼此尊重，不要探听对方的隐私。出门如见大宾，做什么事都要谨慎，不可以轻率大意。

定、静、安、虑、得，虑深通敏，用虑深以决疑，如出社会，面临两个职业，到底要选哪一个？自己好好考虑，不必问人，因为对方无你的切肤之痛。虑深了，就能解决。严重的事必须自己解决，你的生存死活，就在此一刹那决定。自己梦自己圆。我哪儿也不去，什么事都自己解决。

"原始要终"（《系辞传下·第九章》），做事必须知其所以然，才知未来会发展到哪儿。将进之间，相时而动。相时而动，做事不易，有原则、有目的，要有所成就。

学智慧，随时皆可致用。人生就是斗智，斗力的很少。每天都斗智，要练达智慧。

旧时，就是亲姐弟也必须有规矩，家中男女各有学，我的外家以选学传家。学韵文，韵文犹如工笔画，没有生命力，但真到一定境界，必有功夫，真能感人。有真功夫，一开口就能感人。捻断几根须，写成几行诗，留下多少，真功夫也。

韵文配合诗词歌赋，随时随地读诗词。诗词歌赋皆在韵文中，随时可吟，将生活趣味化，人生才可爱！文章，意境不到就不行。满语、蒙语歌，节奏雄壮、自然。

空闲时心有所属，在家也可少许多毛病。重在内在美，要想尽办法造就自己，人皆"诚于中，形于外"。

《象》曰：山上有木，渐。君子以居贤德善俗。

"山上有木"，其高有因，因山以为高，此"渐"之象。

"居贤德善俗"，来子注："择居处于贤德善俗之地，则耳濡目染，以渐而自成其有道之士矣。"真是经验之谈。将《易》当修身药方读，才不落空。"性相近，习相远"，习太可怕，习久成性，习性。人学好、学坏皆渐进，好坏皆渐蚀，"近朱者赤，近墨者黑"，"益者三友，损者三友"（《论语·季氏》）。

过日子，必有过日子的条件，人生就得过日子，夫妻两人都必挑担子。妻者，齐也，不但两人地位平等，责任亦相等。娶妻以德，不必太重视貌，要"贤贤易色"（《论语·学而》），重其德而轻其色，色不长久，德则永恒。

夫妻之间有如琴瑟，上弦必须恰到好处，才能琴瑟和鸣。夫妇之道如琴瑟之弦，谁也不能比谁强或弱，才能奏出和谐之音。彼此要包容，谁也不能过刚，否则弦易断。

昔称妻死为"断弦"，再娶则为"续弦"。懂弦之义，才能体会夫妇之道。

清代蒋士铨《鸣机夜课图记》一文，记其母每夜课子。课子可不易，你有高的身份、地位，谁都怕你，就是儿子不怕你。今天有些人不懂得课子，孩子随便长，成就就低了！

礼义之邦（此非同"礼仪之邦"），必有礼义之邦的建筑格局。不好的居家环境无法树立人的尊严。人格，人有格局，不失掉此一格局很重要。人一失掉格，就完了！人之异于禽兽者几希，分别就在于"礼"，此为文明与野蛮的区别。中国任何地方都有一定的规矩，家庭礼法井然有序。如果父不父、子不子，其他亦不像样！

中国是泱泱大国，礼义之邦，应恢复人的样子。"君子所以异于人者，以其存心也。君子以仁存心，以礼存心"，分别在于仁、礼，"仁者爱人，有礼者敬人。爱人者，人恒爱之；敬人者，人恒敬之"（《孟子·离娄下》），人必须维持人的尊严。

"悯时病俗"，病，责难也。今"各从其欲，家自为俗"（《春秋繁露·立元神》），闹，乱！中国是礼义之邦，礼义一失就坏！礼一没，国焉在？正俗很重要，有学问比较重要！

初六。鸿渐于干（水旁），小子厉（励），有言（毁谤），无咎。

"鸿"，大雁，信鸟，来子注："其至有时，其群有序，不失其时与序，于渐之义。"昔婚礼用鸿，取"不再偶"。

"初六"，当渐之初，"鸿渐于干"，进于下，上无应与。

"小子厉，有言，无咎"，年轻人在外奋斗，终日乾乾，不要因言语之伤，就此颓废。

《诗经·关雎》乃真情流露的大文章，为中国古代的结婚进行曲。但奏喜乐时，不能奏《关雎》之章，因其"辗转反侧"；要奏《钟鼓》之章，"钟鼓乐之"。"立于礼，成于乐"，礼与乐是接着的。

爱情和感情，是两回事，应分清楚，既不盲目也不冲动。必须过理智、正常的生活。读书深入，才能阐发己之思想。

《象》曰：小子之厉，义无咎也。

"以渐而进"，不要过于猛。

小子进取，要以渐而进，学不躐等，在一个"缓"字。

六二。鸿渐于磐，饮食衎衎（kàn），吉。

"磐"，大石，平而固，安稳。鸿进而止于磐，由干至磐，渐进也。

"衎"，《尔雅·释诂》称："乐也。"和乐安适貌。

"六二"居中得正，又应"九五"中正，进之和乐，缓而有序。

给人好印象者，多半"敏于事而慎于言"（《论语·学而》），要少说话，给人可信任感。多言，往往容易失德。

《象》曰：饮食衎衎，不素饱也。

《说苑·修文》："天地四方者，男子之所有事也，必有意其所有事，然后敢食谷，故曰：'不素飧兮。'此之谓也。"

"不素饱"，"不素餐兮"（《诗经·魏风·伐檀》），不尸位素餐，在其位必谋其政。人生在世是有责任的，要为人服务。如只是食人之食、事人之事，那岂不是一般人？读书人处事（世），必不同于一般人。

九三。鸿渐于陆（地之高平），夫征（往）不复（不返），妇孕不育，凶。利御寇。

"九三"在下艮之上，为进爻，附丽于三阴，相比于"六四"，处渐之时，进而失道，致妇孕不育，此时之凶可知。唯有利用御寇，人和才能顺以相保。

人随时皆有寇，行险时，必先把气顺住。

《象》曰：夫征不复，离（丽，附）**群丑**（上下三阴）**也；妇孕不育，失其道也；利用御寇，顺相保也。**

"九三"上无应与，渐进于陆，与四相得，不能复反，致"妇孕不育，失其道也"。此时唯有"利御寇"，以"顺相保"。顺，行险而顺，对方无戒备，不知你将他当成寇。环境不好，也必须应付，不可表现更多的阳刚之气。

面对问题，解决问题，才叫智慧。

"顺相保"，想"相保"，只一个"顺"字。以何"利御寇"？"顺相保也"。御寇为利，要以顺御之。相保，则双惠。对付哪个敌人都如此，吃亏则不能相保。

"顺"字神笔，以"顺"写方案，把持"顺"字，永为主事者。分小组，一个"顺"字可用上数百人。开出方子，也得有人做；不悟此，还以为有"机心"。顺什么？怎么顺？顺风驶船，不费力而达到目的。"顺"字如用得好，两利、双惠。拟方案，按方案行事。有蔺相如"完璧归赵"为例。

渐，越稳越成功，渐卦即教我稳，做事要稳、狠、准。

读书，文字以外，如不深一步想，还能成什么？以棋想，想通了一定成功。

顺不是投降，而是顺着毛抚摸，叫其睡着。他睡着了，那我就成功。

"夫征不复，妇孕不育"，要打胎，因为来之非道也。

"顺"字，实学也，不能实则有失。早，太早；晚，马后炮。怎么叫敌人满意？用一"顺"字，"顺相保"。要知敌，知敌才能顺。

渐卦第五十三

我们讲《易经》，如没这一套，和别人就没两样。读完后，马上问："今天什么地方用得上？"

社会即需要而有用，有用自然顺。你找他，成丐帮；他找你，三顾茅庐。诸葛亮是"三顾"去的，不是自己找去的。摇尾乞怜，惨！出手叫敌人都舒服，则相保。

我写，不在乎别人看不看。写得中肯，不叫他看，他也必看。都是人，智慧不一。自己低，看别人也低。

六四。鸿渐于木，或得其桷（jué），无咎。

桷，宫殿式房子架在桁上用以承接木条及屋顶的木杆，圆为椽，方为桷。

"六四"阴柔，渐进于木，木渐高，不得安栖。"或得其桷"，得以立于横平之柯，暂得安处。四当位，不失其正，柔顺以巽入，得渐进以安栖，无咎。

做任何事必下真功夫，时代需要你时，你就是没有毛遂自荐，人也必用你，必须勉为其难。如想以虚名应世，那就坏了！有虚名，人找你，你就内愧。

必须认识自己，不能用虚名应世。许多事真不懂，皆以不知为知，其实"知之为知之"就够了。五行，中国最古老的科学，演变成炼丹，传学的人不是真明白，就没法传下去。求真知，"知之为知之，不知为不知，是知也"（《论语·为政》）。

《象》曰：或得其桷，顺以巽也。

"或"，未定之词。"或得"，偶然得之，未必可得。

"顺以巽"，得其桷，乃得以安栖。

四为退爻，乘"九三"之刚，以柔之资，似不可进，然居巽之下，"顺以巽"，当渐之时，得其桷，则可安栖。

九五。鸿渐于陵（高阜），**妇三岁不孕，终莫之胜，吉。**

"九五"飞到高阜，居高处，得尊位，阳刚中正，与"六二"正应，渐进以相合。

"妇三岁不孕"，"六二"与"九五"皆得中道，必有亨之理，终得其吉。

中国人习惯，结婚两个月，即看怀孕否。我结婚三年，妻子不孕，我母亲说："另想办法。"我告之："一定会怀，上等婚嘛！"

《象》曰：终莫之胜吉，得所愿也。

"九五"与"六二"正应，皆具有中正之德。"九三""六四"虽居间阻隔，终不能胜之。三年有成，得所愿也。

大雁一飞，飞出这么多的麻烦。

上九。鸿渐于陆，其羽可用为仪，吉。

"陆"，或以为"逵"，云路，显达之位。

"上九"处居巽之极，鸿飞有序，渐进之极，无地可进，当退就退，知所进退。

"可用为仪"，"仪"，仪则，可用为威仪之法则。有凤来仪，百鸟朝凤。

《象》曰：其羽可用为仪吉，不可乱也。

"其羽可用为仪"，仪，礼法；"不可乱也"，进之有序。进

渐卦第五十三

退有序，可以作为人的仪则。

当退就退，可为千古圣人，"其唯圣人乎？知进退存亡而不失其正者，其唯圣人乎？"

孔林实比皇宫美，因为是有限度地修。历代尊孔，无人敢破坏，那种生长环境是自然的。

陕西到处是古迹，很美！中国文化太悠久，能保存至今，都是人民的智慧。刚开始，一切都是自然而然的；久了，则有了一定的规格，乃产生文化。

小说，就是人和物（事），人与人的关系必交代清楚。细看《红楼梦》，每个人穿的、相貌、说话、用词都不同。《红楼梦》熟读，可画出里面的人物，所刻画出的人物绝对不同。

求真知，必须到一个境界才行。"行有余力，则以学文"，曾文正一生从政，看他的全集有多少册？

中国政治哲学最高境界是实至名归，王天下。成败之间仍有真理，胜负间有道理存在，不可以巧取豪夺，应按部就班，天下绝没有白捡的便宜，必须有点耐力。

卦，将各爻串在一起，知此卦说些什么。不懂，就找对策；懂，才有用。必须知每卦之意。讲得很通俗，不易。开导老百姓，必须说老百姓能懂的话，高深的道理浅讲。研究不懂之处，要研究到没人看，一讲就懂。不要好高骛远，你们是未来的读书人，可有修到"一讲人就懂"的境界？不琢磨不行，今天的生活和古代距离远，学如何讲，才可使大家一听都懂？必向不看书的群众讲，让他们至少有概念。

读书不耽误做事，专业书呆子不能做书，没有经验，外面事都不懂。该做什么就做什么，业余就可做学问。做学问必须专一。实学最重要，没实学则无基础。书看完后，要能一以贯之，否则仍是一曲之士。多体悟，要讲得人家都听得懂，大家都想去听。有人自己懂，那么讲课，是不想使学生懂。是中国人，活一天，尽一天责任。

要读书的多半是穷人，所以印书要便宜。

以前耕读传家，汉时"耕且读，三年通一艺"，通一经的称"博士"，通六经的称"通人"。没有坐着读书的，自实际工作中体验道理，活学问。

清朝会试，天下精英都来。在书院读几年书，再进京赴考。什么时候都可以读书，边读书边做事，人生经验丰富，可以印证书本知识。就因忙才讲实学，冬烘净讲空话。王船山体悟深，不讲空学。朱子在金门讲过学。

归妹卦第五十四

（雷泽归妹　震上兑下）

女子出嫁曰"归"。有二归：来归、归宁。

归妹卦体：震上兑下，兑为少女，震为长男，少女从长男。

悦而动，来子曰："女先乎男，所归在妹。"自悦而动非正，无经过六礼。古代中国，主人才有资格为家中女孩做主出嫁。

《序卦》："渐者，进也。进必有所归，故受之以归妹。"

渐有归义，进必有所归，故渐之后为归妹。

《杂卦》："渐，女归待男行也。归妹，女之终也。"

"归妹，人之终始也"，渐、归妹二卦相错互综，错综复杂。《易》中咸、恒、渐、归妹四卦，专谈男女问题。咸，男女之相感，止而悦；恒，男女居室，相处之道，顺则有序，有人伦、有礼义；渐，女归得其正，吉；归妹，以娣，不以正，与渐相对，不合礼但合法。

《序卦》："有天地，然后有万物；有万物，然后有男女（公母）；有男女（公母），然后有夫妇；有夫妇，然后有父子……"动物知有公母，不知有夫妇，人类过了多久方知有夫妇？其中有多高深的智慧！"有父子，然后有君臣；有君臣，然后有上下；有上下，然后礼义有所错"，知上下，然后知礼义。

"夫妇之道，不可以不久也，故受之以恒。恒者，久也"，所以，不要随便离婚。以此公式去推演，由此悟"顺"。顺，顺的是理。

我们由有男女，然后知有尊卑、上下、礼义，经过了多久？今天岂能本末倒置？细读，知经义所在。

我们读一辈子书，究竟有用无用？何不试验是否为点缀品？读书没有用，是圣人欺我，还是我欺圣人？没用，则从吾所好。

顺，则有序、有人伦、有礼义。自己试验自己。下功夫，要冷静，治好病的即好医生。

归妹，征凶，无攸利。

渐卦中有正，归妹卦完全不正。

"征凶"，就是自己做主，也是被动的，并非自己做主，凶，无所利。

"男女犹道也"（《春秋繁露·天道施》），极为尊贵。天爵自尊吾自贵。

《春秋繁露》特别冷静，启发人的智慧，过理智的生活。没希望，就是等死。"盖有待也"，含有无尽的盼望与力量。自己决定自己的人生，才有力量。

《彖》曰：归妹，天地之大义也。

"饮食男女"，无饮食、无男女，则不能衍生，有别于七情六欲，故曰"人之大欲存焉"（《礼记·礼运》）。

男有室，女有家，本天地之常经。夫妇以义合，婚姻不可儿戏。

天地不交，而万物不兴。

孤阴不生，独阳不长。一部《孝经》就讲"续莫大焉"，所谓"不孝有三，无后为大"。

"孝弟也者，其为人之本与"，孝为德之本，有孝就有基础。能将《论语》读活，做人就成功了。

归妹，人之终始也。说（悦）以动，所归妹也。征凶，位不当也。

"君子之道，造端乎夫妇"，"终始"，生生，续也，送去那人，是要结果。

古人结婚，女的到男家，是负终始之道，极具尊严，男必亲迎。深看，可看出人的尊严与责任。

"说以动"，不合理，两情相悦而动。

所归是妹，何以"征凶"？"位不当也"。可见位的重要，"守位曰仁"。

无攸利，柔乘刚也。

柔乘刚，无所利，所以要永终，得知敝，"永终知敝"。

夫妇相敬如宾，才能举案齐眉。古代中国，女人一早起床，必梳洗完毕才见人，男人白天没事不能进房，夫妇彼此于礼上保持距离，不可因为处久了而失去分寸。

"晏平仲善与人交，久而敬之"（《论语·公冶长》），反之，"势利之交，则无不凶终隙末"。以势合，势尽则情疏；以色合，色衰则爱弛。

什么事情都弄清，一笑置之，不影响做事的情绪。如果什么事都认真，那就不能活了。

《象》曰：泽上有雷，归妹。君子以永终知敝（败也）。

兑为泽，震为雷，"泽上有雷"。夫妇应以悦为合，所戒者为雷霆之怒，有气要马上消。读书，是为了明理。

震为长子，兑为少女，老夫少妻，要永终，得知敝。

欲善其终，必慎其始。先知敝，再谋未来，必先知敝，以达永终，应谋永终，在一个环境下做事，照旧规矩接着做，但不能不知敝。人之私可怕，知道自私不好，却非要自私，一个"私"字害尽天下苍生。

"君子必慎其独"，独所不知的事，比内心的慎独重要，《大学》是由内圣到外王。有些人在熊十力处念书，却完全不讲熊之学，勉强讲学的只有徐复观。自己的作为特别重要，要做人之所为。对任何东西本身都要有深刻认识。

初九。归妹以娣，跛能履（行），征吉。

"初九"居巽之下，与"九四"不相应，归妹以娣，不能正行。行之以不正，侧行即跛，"跛能履"，虽不合理，但是合法，是婚。

"归妹以娣"，《六书故》称："古之嫁女者，以侄娣从，自适（嫡）而下，凡谓之娣。"昔"天子一娶十二女，诸侯一娶九女"，送女从嫁称媵，左右媵，幼的为娣，长的为姒。

以前大家庭有一定的规矩，井井有条，做事皆有一定之礼法，居住环境也有一定的格局，所以能维持人的尊严。

《象》曰：归妹以娣，以恒也；跛能履，吉相承也。

"以恒"，常也，天地之常道。"归妹以娣"，虽跛但能行，常道也。

承者，承正也，相承正也，"吉相承也"。

有时间，得如此摆棋谱，"吉相承"，顺下来。

不能回避问题，要面对问题，解决问题。打躲避球不能解决问题，此即逆。

领袖能任人则可，用专家，可以无为而治，不是自己万能，所以有的皇帝天天玩，有的事必躬亲却难免亡国。

九二。眇能视，利幽人之贞。

"眇"，《说文》："一目小也。"偏盲。"眇能视"，能视但不能视远。"幽"，隐而不显，"利幽人之贞"，遭时不偶，抱道自守。

"九二"阳刚得中，但所应"六五"阴柔不正，故虽能视，但不能达视之明，只能如幽人之守贞自持。

不只女人守贞，男人更得守贞，"岁寒，然后知松柏之后凋也"（《论语·子罕》），罗振玉有"贞松堂"。郑孝胥则有"夜起庵"，早起打拳，讲完《资治通鉴》再上朝。贞，他们那个时代必须那样活。

如"男无情，女无义"，能托六尺之孤？

"利幽人之贞"，不能因没希望，就不守贞，要按刚中之德行事，有操守。

《象》曰：利幽人之贞，未变常也。

"九二"阳刚正中，幽闲贞静，能守常道，"未变常也"。

一般幽人什么贞都没有，知识分子必须有说真话的勇气。

"常"，常道，伦常。现在即变常，失常。

可以自问：我失常否？对父母尽责否？对父母都失常，何况对其他人？

妻者，齐也，与夫齐一。妻既与夫齐一，那么两人必一同负起家庭之责——教子。必须教小孩能动、能做事。有些家庭的毛病是，孩子要钱，父母就给。要钱不给就抢。以前是为了吃饭，现在则是为了享受。再如此下去，可怕！

有的父母很少对小孩讲做人之道，没有家教。有些家庭今天哪有家教？父母都上班，小孩交给外佣带，父母晚归，所为何事？要想改变，必自本身做起。

六三。归妹以须，反归以娣。

"须"，比娣的地位低。

"六三"居兑之上，柔而居刚，为进爻，位不当，不正无与，德不称位，不可以为配。

"反归以娣"难懂，应有下文。

《象》曰：归妹以须，未当也。

其位、其德、求归之道皆不当，所以须也。

"六三"以阴居阳，位不当，上无应与，乘"九二"之刚，所以须。

此近取诸身，都是当时的普通话。要立体地读，不要当文章读，经书是活的，有生命力。

九四。归妹愆（过）期，迟归有时。

"愆期"，女子过期不嫁。古时女孩十五岁左右就行笄礼，"女子许嫁，笄而字"（《礼记·曲礼》），订婚不可延期，过此年龄不太好。

"九四"阳居阴位，无应与，以阳应刚，故"愆期"。

《易》两个重要观念：中正、应与。"阴阳合德，刚柔有体"，为应与。

"迟归"，即"愆期"。迟归也有时，男女婚嫁自有其时。人就是人，人道。

"大易"之道，最重要者在于时。四时循环，皆有其时。天下事皆有其时，不可误了时。

《象》曰：愆期之志，有待而行（嫁）也。

四为退爻，玉"待贾而沽"，"愆期"为己志，志，心之所主。

"有待而行"，有时、有待，待归期，有所等待，在等那个期。

"有待而行",恰到好处就找出其缝来,"圣人不能生时,时至而不失之"。"六位时成",因其时成其功能。"时乘六龙以御天",按六个时乘六龙,则与天地参矣。识时为最难的功夫,不识时则不知乘哪条龙。"识时务者为俊杰"。识时,才有当务之急,箭不虚发,精力不浪费。

六五。帝乙归妹,其君(君夫人)**之袂**(袖口)**不如其娣**(姨太太)**之袂良。月几望,吉。**

"帝乙归妹",只代表自己的观感,其实哪家都归妹。"帝乙"应非原文所有。

"六五"为妹中居尊位者,柔顺得中,与"九二"为正应。位尊尚德,好谦不满,吉。

"袂",水袖。古代的水袖真美!没做事时穿水袖的,一为遮手,一为掩面。唐朝是中国服饰最讲究的时代,日本和服是从唐服演变来的。日本的"大化改新"乃唐化运动,此"唐"是隋唐的唐。海外"唐人街"的"唐",是唐尧的唐。

"其君之袂,不如其娣之袂",君夫人曰小君,君夫人之袖不如娣的花俏。皇后"母仪天下",行谊有方,不苟言笑,尚德不尚饰。

"月几望,吉",望,月圆;"几望",近于望,未圆。此远取诸物。像月近满而不满,谦也。

《象》曰:帝乙归妹,不如其娣之袂良也;其位在中,以贵行也。

"六五"柔中居尊,德位相称,"其位在中",皇后称"中宫",

正位中宫。"以贵行也",母仪天下,得守自己之贵。

乾隆的皇后有妇德,不戴珍珠。慈安自言:"一生就能忍。"不忍,能怎么办?人有内修之德,从穿着相貌就可以看出。

上六。女承筐无实,士刲（kuī,宰割）羊无血,无攸利。

《诗经·召南·采苹》:"于以采苹?南涧之滨。于以采藻?于彼行潦。于以盛之?维筐及筥。于以湘之?维锜及釜。于以奠之?宗室牖下。谁其尸之?有齐季女。"祭拜,采苹采藻,女的预备菜;男的备牢,钓猎充俎豆,孔子"钓而不纲,弋不射宿"(《论语·述而》)。

"女承筐无实",女的拿筐走一遍,没有采到东西。"士刲羊无血",男人杀羊无血,祭祀又没办到。进退莫与,故曰"无攸利"。

《象》曰:上六无实,承虚筐也。

"上六"处女归之终,居终过时,无应无配,无实,承虚筐,不可以承祭祀,又何所利哉?

归妹卦到底在说什么?每一爻到底都说些什么?一点点想,一爻爻想。读完一卦,要思:此卦究竟是什么意思?

要善用智慧,过智慧的生活,自己做一切的主宰,声色货利都不能控制你。孔子"四十而不惑",没到四十能懂"不惑"境界?养尊处优者,无法处危境。

天人境界,人来表现天之能,"天工,人其代之"。宇宙间事物形形色色,皆天工也。是天工,即有所憾,人来代天之憾。原料是天工,未充分发挥效能,人代天发挥效能。代天行道,使天所生的东西，皆无废物！人能役物，"天地位焉，万物育焉"，天能生物，人能役物，"天地位于吾心，万物育于吾行"，天有生物之功，人有役物之能，与天地参矣！"未知生，焉知死？""未能事人，焉能事鬼？"

一部《易经》，讲人事之变，称伏羲为人祖。事人之道，将人道讲到至微之处，能活用就够了，能处理好人事就成功了。就算修到广钦那样不坏之身，于别人又有何好处？只是点缀。

贪得之心永远忘不了，如何不昏？真懂自己为何要读中国的东西，才能用之。不是冷酷，看清了，就不需要虚伪的热情。遇事，必须冷静想一想，能自欺，欺得了别人？生在思想复杂的时代，别人说什么都不要轻易相信，"真知"对面就是"盲从"。自真理入手，不背感情包袱。知是非、曲直，分辨问题，不人云亦云、盲从！随遇而安，素富贵行乎富贵，素患难行乎患难。人各有志，到任何地方都得行己志。"富贵不能淫"，不因富贵迷失己志，随己所遇而安己所志，君子"无所不用其极、无入而不自得"，不达目的而不止。富贵、患难，皆对你无影响，还能帮你达成己志，"三军可夺帅也，匹夫不可夺志也"，乃因能安其志，"隐居以达其志"。任何环境皆不能动摇你，别人看你是苦，自己看则是新尝试。一个"穷"字，就能这么健康！用己智去体悟日常生活。圣人留下简洁之言，后人缺乏体悟功夫，积非成是，弄错了。自实际中去体悟，才知什么是实学，一般人皆似是而非。

"子不语怪力乱神"（《论语·述而》），证明当时多怪力乱神！批命，好事不易应验，坏事多半应验。据数推，是经验。完全靠自己奋斗，不必算命，命愈算愈薄。本着良知做事，就有善报。相随心转，修"有余"，皆求之于己，不在别人。研究非坏事，但研究着魔就坏了。邪的事，大家更易相信。"不语怪力乱神"，是有修养。

闲乱杂书不要乱看，懂多了就寸步难行。《玉匣记》千万不要看，看了定守不住。对自己好，对别人可能就有害，不能叫别人坏，自己好，如住家门前挂一镜子、八卦，是在下镇物。《火珠林》不一定真灵，但会影响别人心理。邪门的东西太多了。

渐"九三""顺相保也"，顺以巽也。

时至，大家觉得来不及了，要用上。用不了，就得过去，不知如何弄。"顺相保也"，此规律对商业最为重要，自此解决。商业往来，得用上多少专家。

丰卦第五十五

（雷火丰　震上离下）

丰卦卦体：震为雷，离为火，雷火丰，盛大，雷电交作，象征威，盛大之势，丰之象。

离下震上，明而动，盛大之由，可见明的重要。一般人则昧而动。

《序卦》："得其所归者必大，故受之以丰。丰者，大也。"

女子来归，成为夫妇，有生生之功，故能成其大，故归妹之后接着丰。

《杂卦》："丰，多故也。"

处丰，可是不易，满而必溢，丰大多忧，物极必反，反成羁旅，月盈则亏，戒之。国不常丰，人也不常丰，天命不与常，

"道善则得之，不善则失之矣"(《大学》)，在于自己，自求多福。不要巧取豪夺，必自求多福。

终而复始，天道好还，终而必始，始而必终，若环之无端。终始如不弄清就乱，利弊、是非、好坏、善恶，不必看得太死，是自己体会与认识的。别人则不同于你，你说是利，对他而言也许却是弊。

一般人皆是非、利害系于心，因此不能海阔天空。遇事，应往宽处想，不要将事看得太拘泥，时间能够冲淡一切。

丰，亨，王假（gé，至也）之，勿忧，宜日中。

"丰"（豐），《说文》释"豆之丰满者也"，豆，古食肉器，谓豆之大者也。引申之，凡大者皆曰丰，《玉篇》："大也。"《广韵》："多也，茂也，盛也。"盛大、茂盛、丰盛，丰饶，丰衣足食，丰功伟业。

"丰，亨"，丰本身即有亨之道，并不是丰之后才亨的。

"王假之"，王至之，"王者，往也，天下所归往"（《白虎通·号》）。

"勿忧，宜日中"，丰之时，尚光大，宜如日中，普照天下，乃可无忧。

《彖》曰：丰，大也；明以动，故丰。

"丰，大也"，盛大。"明以动"，明，知贤不肖，分别黑白；不明，则动无所往，主宰出乎动，不动则明无所用。

明动相资，故能成其盛大。为天子者得以明动天下，才能成就盛大之业。

王假之，尚大也。勿忧，宜日中，宜照天下也。

"王假之"，即"王至之"，王者，为天下所归往。

"尚大"，所尚盛大，自然盛大。

"宜日中"，宜如日中之盛明，"宜照天下"，遍照天下，不能有所偏私，则无所忧其不均矣。

至大无外，"天下一家，中国一人"，中国是天下这个大家庭中的一员，"入中国则中国之"，夷狄进至于爵，远近大小若一，华夏，大同。

日中则昃，月盈则食，天地盈虚，与时消息，而况于人乎？况于鬼神乎？

"日中则昃"，日正当中后，太阳将西下，昃则不能照天下。"月盈则食"，月无长圆，圆则亏，盈则蚀。用无常道，事无常轨，屈伸随时，唯变所适。

"大哉乾元，万物资始"；"至哉坤元，万物资生"。"先天而天弗违，后天而奉天时。天且弗违，而况于人乎？况于鬼神乎？"（《易经·乾卦·文言》），万物从始生，而逐渐成长，以至于盛大，生生不息，"生生之谓易"。

"天地盈虚，与时消息"，万物皆不守故常，方生方灭，方灭方生，灭故谓之消。消息盈虚，终则又始。

日正当中，过了，接着即夕阳西下，"夕阳无限好，只是近黄昏"。物极必反，盛极必衰。"消息盈虚，天行也"（《易经·剥卦》），此为自然法则，必然之理数也。"夫丰，明而动，故能大，苟大则亏矣，吾戒之，故曰天下之善言不得入其耳矣。

丰卦第五十五

日中则昃，月盈则食，天地盈虚，与时消息，是以圣人不敢当盛。"(《说苑·敬慎》)

"呜呼！盛衰之理，虽曰天命，岂非人事哉！"(欧阳修《新五代史·伶官传序》)人事对一个人影响至大，即今天的环境下，必时时注意，要自求多福，"道善则得之，不善则失之"。

古代中国人自小涵育于中国文化当中，长大就知中国文化是什么，懂得怎么用中国文化。

《象》曰：雷电皆至，丰。君子以折狱致刑。

"雷电皆至"，丰之象，明动相资，"雷电合而章"(《易经·噬嗑》)，章明天下。

有电之明、雷之威，明察、威断才足以任事，以成其盛大。文明以动，丰天下，使每个人皆丰，不是自家丰而已。

"折狱"，法电之明以判狱事，是非曲直必以明得其情，"如得其情，则哀矜而勿喜"(《论语·子张》)。子路"无宿诺"，信在言前，可以"片言折狱"(《论语·颜渊》)。

"致刑"，法雷之威以定其刑，刑必当其罪。"喜怒当寒暑，威德当冬夏。冬夏者，威德之合也；寒暑者，喜怒之偶也"，"喜怒之发，威德之处，无不皆中其应，可以参寒暑冬夏之不失其时已"(《春秋繁露·威德所生》)，既有《春秋》，也当有《冬夏》。

教，政之本也；狱，政之末也。舜命皋陶："汝作士，明于五刑，以弼五教。期于予治，刑期于无刑，民协于中，时乃功，懋哉。"对曰："与其杀不辜，宁失不经；好生之德，洽于民心，兹用不犯于有司。"(《尚书·大禹谟》)《春秋》"原心定罪"，特别重德。"刑繁而邪不胜"(《荀子·富国》)，并不能解决问题。"必也使无讼乎"(《大学》),无讼乃大本之所在,必自本入手,正本清源。

读书,应什么都接触,面对现实,不应唱高调,实事求是,针对实际。练习发表有建设性的言论,养成正知正见。留心时事,不要放弃责任。路是人走出来的,就要有计划、有抱负,人愈学愈进步。有计划、有主张,合在一起,日久天长,就走出路来。

初九。遇其配主,虽旬无咎,往有尚。

遇者,逢也。凡《易》中言"遇"者,皆雷与火也:雷火丰,"初六""遇其配主";火雷噬嗑,"六三""遇毒"。

"初九"居明之初,"九四"居动之始,宜明动相资,以成其用。

自下匹上,谓之"配",配偶,匹配,妃;在上而交下,曰"夷",同列、同德。在初为配主,在四为夷主,二者虽不相与,但相应相成,相资成用。

"夫吴人与越人相恶也,当其同舟济而遇风,其相救也如左右手"(《孙子·九地》),就算是吴越这样的仇敌,处危难之时,同舟共济,亦足以济患难。成就事业要找同志,相应相成,明动相资,一起往前干,足以有所作为。

在丰之初,明动相资,"遇其配主",初与四相配,足以济其丰,往则有尚。

旬,十日。丰之初,以一月论,已经一旬,正丰之时,"勿忧,宜日中","虽旬无咎,往有尚"。

《象》曰:虽旬无咎,过旬灾也。

初与四遇,两刚相得,相资以成日中之治。

"过旬灾也"，日中则昃，宜善处丰之时，"日中则昃，月盈则食，天地盈虚，与时消息"，过时，则不能照天下，戒之。

六二。丰其蔀（bù，草名），**日中见斗**（北斗星），**往得疑疾。**

"蔀"，草名，障光明之物；"丰其蔀"，丰被遮蔽；"日中见斗"，斗以昏见，日中见斗，日食，明丧而暗。

"六二"中正，处丰之时，为离之主，至明者也，然独明不足以成丰，上应"六五"柔君，方枘圆凿，彼此意见扞格不入，反得猜忌，"往得疑疾"。

有孚发（感发开导）**若**（语气词），**吉。**

"孚"，诚也。"贞"字、"孚"字，为六十四卦之枢纽。
"发"，感发开导，至诚可以感人，有孚可发其志，而不困于黑暗，"有孚发若，吉"。

遇到疑难时，要走正路，表现出诚信，才能渡过难关。

《象》曰：有孚发若，信以发志也。

"有孚发若"，唯有积诚信以感发之；"信以发志"，志，心之所主，要以诚信发己之志。

不要处处想钻尖取巧，占人便宜。处世可以接受吃小亏，但绝不吃大亏。有些人聪明绝顶，却净要术，最后都失败了。

九三。丰其沛，日中见沬（同"昧"）。**折其右肱**（gōng），**无咎。**

"沛"，王弼注："幡幔，所以御光也。""丰其沛"，明有所蔽，小暗。"沫"，微明。"日中见沫"，日食既（尽），白昼如夜，不见日光，只见微明。

"肱"，手臂由肘到肩的部分。"右肱"，生活便用不可少者。"折其右肱"，右肱折，则不能有为，但"无咎"。

祸福皆自取，别人莫奈我何。

《象》曰：丰其沛，不可大事也；

"九三"刚正，居明之终，为明之极，但所应之"上六"为阴柔之士，明有所蔽，不可以成大事，如以刚自守则无咎，祸咎皆自取也。

"丰其沛"，明有所蔽，虽动但不明；"不可大事"，不可以成就大事。

折其右肱，终不可用也。

"折其右肱"，不可以济丰；"终不可用也"，终为时所废，不能用世。

人常因为私心作祟，把有用之人置于无用之地，举枉错诸直，邪枉盛，则正士消。一个时代之所以失败，原因很多，故难以复兴。

九四。丰其蔀，日中见斗，遇其夷（平也）主，吉。

"九四"与"初九"，同德相应，妃主当国，夷主持世，共济其丰，明以动，动以明，以公号召天下，吉。

王，天下所归往。"故天子失道，则诸侯尊矣；诸侯失政，则大夫起矣；大夫失官，则庶人兴矣"（《说苑·君道》），不合乎王之道，百姓可以去之。时代到了末路，必会易主，荀子谓"夺然后义，杀然后仁。上下易位，然后贞"(《荀子·臣道》)。上下易位然后贞，贬天子、退诸侯、讨大夫。

《象》曰：丰其蔀，位不当也；日中见斗，幽不明也。

"九四"居动之始，为震之主，处下卦明已尽之时，近柔君，"丰其蔀"；以刚居柔，"位不当也"。

虽与"六五"相比，但"日中见斗"；"幽不明"，明不足以烛幽。

遇其夷主吉，行也。

上卦震，四为震之始，震为雷，万物出乎震，"震，动也"，主宰出乎动。四为退爻，不自恃其刚，退而与初相遇，以共济其丰。

"遇其夷主"，"九四"与"初九"，两刚相得，"初九"为明之始，明动相资，吉。得以行其济丰之道。"行也"，动也，时代不好，不可以坐以待毙，要有所行动，"流水不腐，户枢不蠹，动也"(《吕氏春秋·尽数》)。

《易》"不可为典要，唯变所适"，要适时，变得恰到好处，时为要。

六五。来章有庆（善），誉，吉。

"六五"为丰之主，"六二"为其正应，又为明之主，居中得正，有章明之才，明动相资，"来章有庆"，"庆"，善也。

"明以动"，明动相资，为公而动，助你的人必多，"誉，吉"。

《象》曰：六五之吉，有庆也。

"六五"虽是柔君，但变得恰到好处，能起用贤才，"权势之柄，其以移风易俗矣"（《淮南子·主术训》），可以福及天下，"一人有庆，兆民赖之"（《尚书·吕刑》）。

上六。丰其屋，蔀其家。

"丰其屋"，"富润屋"（《大学》），富润屋，处高位，处丰之极，自处之泰。

"德润身"，大德之人，处世才能无愧于心，别人亦未必能了解他，"人不知而不愠，不亦君子乎"（《论语·学而》）。"蔀其家"，居不明，自绝于人，孤芳自赏。"上六"才柔，居动之终，处丰大之极，高亢昏暗，绝迹深藏。

"管仲知礼乎？""管仲之器小哉！""管仲俭乎？"爱享受，就会一天比一天堕落！有一点成就，即溺于所安，乃堕落！人有享不了的福，没有吃不了的苦。社会变迁大，要留得清白在人间，不容易！既要做事又要把持得住，太难！人必自侮而后人侮之，皆咎由自取。

窥其户，阒（qù，静）其无人，三岁不觌（dí，见也），凶。

"窥其户，阒其无人"，有而无益于治曰无，实无人可用。"三岁不觌，凶"，三年不见人，能不凶？"履霜坚冰，阴始凝也；驯致其道，至坚冰也。"（《易经·坤卦·象》）

处承平，岂易哉？"入则无法家拂（同'弼'，辅佐）士，出则无敌国外患者，国恒亡。然后知生于忧患，而死于安乐也。"

丰卦第五十五

(《孟子·告子下》)

祸生于得意,开国之君易患此病:左右逢迎,宫室美轮美奂,歌功颂德者众,而危亡即至,"初登于天,照四国也;后入于地,失则也"(《易经·明夷卦》),终致朝代危亡。为政不在多方,但失败则是多方面的。

《象》曰:丰其屋,天际翔也。

"上六"处丰之极,势、位皆炙手可热,穷奢极欲,人不敢近。把自己放得太高,"贵而无位,高而无民",高高在上,就成一独夫,"闻诛一夫纣矣",孤高就自赏,最后只剩你自己。"天际翔也",如翱翔于云霄之上,自以为至高无上,自处之泰,净神化自己。皆自贤其贤,"贤者过之,不肖者不及也"(《中庸》),此道之所以不行也。

窥其户,阒其无人,自藏也。

"窥其户,阒其无人",自视甚高,旁若无人,失了众心,有人若无。"自藏也",自绝于人,人亦弃绝之。戒之,"祸患常积于忽微,而智勇多困于所溺"(《新五代史·伶官传序》),"存亡祸福,皆在己而已,天灾地妖,亦不能杀也"(《说苑·敬慎》)。

戒盈,即戒骄。不骄傲,很谦卑,卑以自牧,不要有非分之想,人有一分骄气,就多一分失败的可能。"骄惑之事,不亡奚待?"(《吕氏春秋·贵当》)把自己放得太高,孤芳自赏,杀身亡家,莫此为甚,"盛衰之理,虽曰天命,岂非人事哉"(《新五代史·伶官传序》)!

许多事,美到极点,就不美了,过了临界点,就往下走了。

物极必反，没有不反的，自然规律。故儒家戒盈，因盈了就满，"满则溢"，所以要"持盈保泰"。

处丰盛之时，仍应礼贤下士，要持盈保泰，安不忘危，存不忘亡。满招损，谦受益，忧劳可以兴国，逸豫足以亡身。

"货恶其弃于地也，不必藏于己"（《礼记·礼运》），"满而不溢，所以长守富也"，舍得愈多，才能长守富；"高而不危，所以长守贵也"（《孝经·诸侯章》），不高才不危，不多就不溢，高而不危，满而不溢，"先王不处大室，不为高台，味不众珍，衣不燀（chǎn）热"（《吕氏春秋·重己》）。"逸豫足以亡身"，亡身不是死亡，而是活着如同行尸走肉，比死还痛苦。在逸乐的环境中，活着也没有生气。

你们一生不一定走很顺的路子，遇事应往大处、远处看，没有不能解决的事，时间特别宝贵，许多人无此智慧。

"是故其辞危，危者使平，易者使倾。其道甚大，百物不废，惧以终始，其要无咎，此之谓《易》之道也"（《系辞传下·第十一章》），要善用智慧，将不好的外在环境扭转，或另辟天地，此一重责大任，得怀着戒慎恐惧，才能有终。终而复始，生生不息，"惧以终始，其要无咎"，"悔吝者，忧虞之象也"，"忧悔吝者，存乎介"，《易》为悔吝之书，生生之谓易。

《易经》为中国学术之源，各家皆自此始。此书平整，无偏斜，是义海、智海，无所不包。

一部《诗经》即人的心声，"《诗》三百，一言以蔽之，曰'思无邪'"，"思"为语气词，诗皆发于至性至情，故曰"无邪"。"不学《诗》，无以言"，古人谈话皆离不开此，以诗言事最重要，非空的。《诗》可以兴、观、群、怨，乃百姓之反映、政治之得失。

丰卦第五十五

兴，有感而发；人相偶时，一抬头就有对象，观，观有好也有坏，即为法与为戒；群，大家在一起喝酒高兴，看许多事皆群之事，立身才能行道；怨了，有怨诗，高兴了，也唱诗。

周代盛世时，有采诗之风；衰微之后，不再采诗，《诗》乃亡。孔子"删《诗》《书》，订《礼》《乐》"有目的，《诗》中多乱伦败纪之事，"《诗》亡，然后《春秋》作"，《春秋》完全写乱伦败纪，使我们引以为戒。《尚书》中有为法与为戒，但为戒更多。《仪礼》《礼记》，礼以时为上，孔子更新礼的观念："君使臣以礼，臣事君以忠"，君臣关系是相对的。《周官》的行政组织，比今天还要严密。

经书无一是美满的，谈思想，皆谈人的败坏处，只有《易经》为智海。人都有欲，古今一也。演义，什么时代皆有之，道尽人欲之坏！有些掌权者，在自己权威范围内，占尽了别人便宜，道尽人欲之坏！名分已定，就有伦，何以要败伦？人的欲望太坏了，有时超过性本善的界限，一般人有纪，纲纪，就不要败坏。

论事时，不必以前人的观念论，如孟子之"言必称尧舜"。经书之所以强调恶，是因为人的理智可以胜恶，表明人性的尊严。写乱伦毁纪，道出坏，以警惕之！《春秋》为拨乱反正之书。

乡下的纯百姓能做圣人的事，有些人书读愈多反而愈坏，读书没有明理，坏到极点！

自根上认识，记录恶事，在发人深省，维护人性的尊严。《公羊传》(《春秋公羊传》) 有思想，文王是"法其生，不法其死"，"文王既没，文不在兹乎"(《论语·子罕》)，"文武之道，未坠于地，在人"(《论语·子张》)，人莫不有文之道。《易经》

易经日讲

与《公羊传》谈到中国人的思想，其他书则给予人警惕，要强调人性的尊严，去掉败伦坏纪。《韩非子》《荀子》，表性恶，真有系统。

慢慢读，仔细读，自己支配自己，做做事，看看书，一个"缓"字，细火慢炖才有滋味。

为学、治学，知是一事，重要在于做，故必须行动，能知能行，知行合一。"思之思之，又重思之。思之而不通，鬼神将通之"（《管子·内业》），看完了书，自己尽量做，要慢慢做，念兹在兹。自己的毛病，自己去除。"过，则勿惮改"，改了就不是过。

旅卦第五十六

（火山旅　离上艮下）

小者，阴也。旅卦，三阳皆在阴之上，阴随阳行，旅。

旅卦卦体：离为火，艮为山，火行山上，相行而不留，行而不居之象。旅，羁旅，客也，不老待在一个地方。

卦德：艮止在下，离明在上，"柔得中乎外而顺刚，止而丽乎明"，不妄动，明而识时。

《序卦》："穷大者必失其居，故受之以旅。旅而无所容。"

丰盛之至，以至于穷极，物极必反，故丰、旅二卦互综，丰之后为旅，"旅而无所容"，势涣情疏，物皆失其所。

《杂卦》："亲寡，旅也。"

处丰不易，物极必反，成旅。旅，亲少，客旅在外，亲友少，得助亦难，"在家千日好，出门一时难"。

旅，小亨，旅贞吉。

"小亨"，小者，阴也，得二中（"六二""六五"），小者亨，亨之小也。人在旅途中，亲人少，出门一时难，纵使有亨之事，亦必微小。

"旅贞吉"，旅途中，内外之应，宜守正固之道，不要净想找便宜，才吉。此言处旅之道。

来子注："道无往而不操，理无微可忽，旅途之间，能守此正，则吉而亨矣。"人生不如意事十常八九，不要净看那个不如意，也就过去了。

农业社会，安闲、平稳，大家皆在静中求，出门读书带童仆，备茶水。以前好像天很长，东玩西玩，又吃又喝，又听戏，夏天尤其长得令人不耐烦。我现在每天三时起床，忙了一天，也干不了什么。年轻时，陪我母亲串门，从东城到西城，玩得不亦乐乎，悠闲自在，有清闲感，现已找不到、抓不回那个滋味。

坐着想，到庙里喝茶，也没那个感觉，回不到过去那种悠闲。也许，那时心静。有时，到坟上住一两晚，不忙时每月去一次，习惯陪陪祖宗，晚上坐着望月聊天。现在你们看诗，没那个环境，已遥不可及！我喜看老杜诗，同命啊！到北京，可到西山，愈到晚上愈美。

《彖》曰：旅，小亨，柔得中乎外而顺乎刚。

"柔得中乎外"，"柔之为道，不利远者，其要无咎，其用柔中也"(《系辞传下·第九章》),柔得中道,外不招祸,不妄动。

"而顺乎刚","顺乎刚",不可以刚克刚,以柔克刚,不是净谄媚,应恰到好处,太柔则自取其辱,不要自取其辱。柔克、刚克,刚柔并济。

旧社会,纳上钱粮不怕官,就求逍遥自在。《心经》"观自在菩萨",没到自在境界,焉能"照见五蕴皆空,度一切苦厄"?可看佛经,信不信不管,就当智慧看。《心经》如儒家的《大学》《中庸》,其次看《金刚经》。我母亲每早念《法华经》,念一个字磕一个头,是运动的好方法。她对事情看得清楚,很少真生气,有时为责备别人而生气。

止而丽乎明,是以小亨,旅贞吉也。

"止而丽乎明",离上艮下,内止外明,内"知止"外"丽乎明",不可知止而不知明,要出入、内外、居行皆明。人的动静都必须明,有私即不明。

"小亨",旅,不过小亨;"贞吉",正固才吉。

旅之时义大矣哉!

来子注:"柔得中,不取辱;顺乎刚,不招祸;止而不妄动;明而识宜。此四者,处旅之正道也。"但做得恰到好处不易。随时各适其宜,过日子之道亦如是,故曰:"旅之时义大矣哉!"

在家千日好,出门事事难。年轻人在社会上遇困难时,不要怨天尤人,更不要沮丧,有困难要克服、解决之。

在外经常受困,此为人世最难之时,也正是最好的考验,能处理得好,即所谓"所以动心忍性,曾(增)益其所不能"

(《孟子·告子下》)，增其所益，益其所能，不可以气馁，而自暴自弃。

《象》曰：山上有火，旅。君子以明慎用刑，而不留狱。

"山上有火"，火行山上，光明不居，明照四方。不留者，旅之象，随所遇而安。

"明慎用刑"，以明、慎用刑，明，火之象；慎，止之象。既明且慎，当罪者即罪之，当赦免者即赦免之，罚如其罪，以宽恕为怀。

"而不留狱"，不留滞监禁，此为德政。《说苑·贵德》云："夫狱，天下之命，死者不可生。""故天下之患，莫深于狱。"《春秋》重人，判断狱事不敢掉以轻心，汉以《春秋》决狱，原心定罪，诛其可诛，赏其可赏。玩味之，可得事之正反面。

初六。旅琐琐，斯其所取灾。

"初六"阴柔，居艮之初，在旅之时，艮止不前，志穷且困。

"旅琐琐"，"琐琐"，细小貌，琐碎、小器。客旅之中，旅途不得所安，人志穷且受困。"世路难行钱为马"，出门在外不可以小器，大而化之，否则难以成事。

"斯其所取灾"，因为琐碎、小器而自取其灾。"自取"，灾难是自找的。要注意：人事（世）亦如是。

必须有阳刚之气，遇事当断则断，走路要有行健之气。

《象》曰：旅琐琐，志穷灾也。

"志穷"不同于"穷志"。心志穷蹙，无远志，随人为旅，人穷志短，灾也。

养浩然气，"志至焉，气次焉"，志到哪儿，气随之而至，"持其志，无暴其气"(《孟子·公孙丑上》)，要有英气，应好好锻炼。必自年轻就好好培养气势，到哪儿必说出自己的主张。必自小训练自己的担当。

六二。旅即（就）次（旅舍），怀（来）其资（财，旅费），得童仆贞。

"旅即次"，王弼注："次，可以安行旅之地也。"旅，得所安之所。

"六二"柔顺居中，众与之、处不失当，故能保其所有，也得童仆之忠信。内外之应，守正固之道。

人的安身之处：家、职业。人生两件大事：择偶与择业。要有一个美满的家，职业好比是人的第二次投胎，都要善择，"择不处仁，焉得知"(《论语·里仁》)？

《象》曰：得童仆贞，终无尤也。

王弼注："旅不可以处盛，故其美尽于童仆之正也。"得童仆之贞，终无尤也。

出远门，所带童仆必须是可靠、能贴身守护的，否则旅次的东西都完了。贴身的童仆能保护你的安全，"终无尤也"。

九三。旅焚其次，丧其童仆贞，厉。

旅次之危：旅焚其次舍，被童仆出卖。

"九三"居艮之上，为进爻，刚而不中。旅途之中，刚而不中，自高而不能下人，故旅焚其次舍；因为过刚，对童仆处置失当，而失了人心，故童仆丧其贞良，可以出卖主人。

记住："以贵下贱，大得民也。"(《易经·屯卦》)出门在外，更要注意自己的言行举止，不要惹是生非、斤斤计较。

《象》曰：旅焚其次，亦以伤矣；以旅与下，其义丧也。

"旅焚其次"，旅舍被焚了；"亦以伤矣"，亦以困伤矣！

"以旅与下"，在旅途之时，对下面的人过于刚；"其义丧也"，童仆丧其贞良，出卖了主人。

"子不教，父之过；教不严，师之惰"，除教子和教学生以外，都不可以"与下过刚"，对地位不如自己的人尤其如此，对左右手也不能以刚道治之。与下不能过刚，而在于运用之妙。

"水清无大鱼"，人要厚道。自以为是，这也不可，那也不可，不在利害之间还起"察察"(屈原《渔父》)，认为社会一无是处，终将成为孤家寡人。做事时，必用其能，人无万能，只要有一个能耐就行了。

年轻时不可以养成高傲的性格，易孤芳自赏。你不和人家亲近，人家也不和你亲近，你有什么都与别人无关，别人没必要去迁就你。对任何人，就算没有几分热忱，也不要表现出轻视之意，"怠慢忘身，祸灾乃作"(《荀子·劝学》)。任何环境下都不要用言语刺激人家，做事总要让人几分，"谦者，德之柄"，能谦让，灾祸就不作。

九四。旅于处，得其资斧，我心不快。

处者，随时安住之处。"旅于处"，旅行暂时居住之处。

来子注："得资，足以自利；得斧，足以自防。"出门在外，钱得足够，还得防身。"资斧"，旅费、盘缠。朋友出门，帮之以资斧。

"九四"刚正，居明之初，上比柔君，不得伸其才，仅客于所处；下应阴柔之"初六"，应非其人，虽得资助，"我心不快"。

《象》曰：旅于处，未得位也。

"九四"以阳居阴，在退爻，有志难伸，"旅于处，未得位也"。
《说苑·谈丛》云："吞舟之鱼，荡而失水，制于蝼蚁者，离其居也；猿猴失木，禽于狐貉者，非其处也。腾蛇游雾而生，腾龙乘云而举，猿得木而挺，鱼得水而骛，处地宜也。"可见"得位"的重要。

得其资斧，心未快也。

相应不得人，虽得旅费资助，但其志不行，"心未快也"。

不论在什么环境下，都得用脑子。真有德，才可"快于心"，不要把自己塑造成神。

六五。射雉一矢亡，终以（用）誉命。

"王者无外"（《春秋公羊传》），人君无旅，曰"巡狩"。"天子适诸侯曰巡狩。巡狩者，巡所守也"（《孟子·梁惠王下》）。旅"六五"，不言君之位，言君之德。

"六五"柔得中，外顺乎刚，上下皆阳，居明之中，"止而丽乎明"。"射雉一矢亡"，射雉，一矢亡之，发无不中，言其才；"终以誉命"，终能用誉、享福。凡事始凶终吉，不易！

旅卦第五十六

《象》曰：终以誉命，上逮（及）也。

"六五"柔中，居明之中，有文明柔顺之德，在旅之中，不下乘"九四"，而上承"上九"，上下皆应之，所以得终誉、终命。

国家危亡之际，必须有忠贞之士，如曾文正、郭子仪，事在人为。

上九。鸟焚其巢，旅人先笑后号咷。

"上九"处旅之极，刚而不中，处高位又居明之上，其亢可知，"贵而无位，高而无民，贤人在下位而无辅，是以动而有悔也"。

"鸟焚其巢"，"巢"，鸟之所安止，"缗蛮黄鸟，止于丘隅"，知止，安于所止；"焚其巢"，则失其所安而无所止也。

"旅人先笑后号咷"，旅人自亢自况，目中无人，始快其意，故"先笑"；失其所安，莫能安身，故"后号咷"。"先忧事者后乐，先傲事者后忧"，"祸福非从地中出，非从天上来，己自生之"（《说苑·谈丛》）。

丧牛于易，凶。

"丧牛于易"，牛性顺，忽易以丧其顺，凶也。

"多易多败，多言多失"（《说苑·谈丛》），轻视别人，轻易对人不客气，以为别人柔顺可欺，容易支配控制。不懂得尊重别人，人亦不尊重之，最后凶。

《象》曰：以旅在上，其义焚也；丧牛于易，终莫之闻也。

客旅得上位，自处以尊高，当有"焚次舍"之事，乃自取其焚也。

"丧牛于易",以为别人容易支配、控制,过于高调;"终莫之闻也",人亦不闻不问。"危而不持,颠而不扶"(《论语·季氏》),"莫之闻,则伤之至矣!"(《系辞传下·第五章》)最终,欲止无地,欲行无资,无栖身之所。

从小就应严格训练自己,什么事都能做才行,聚精会神做事,小事也要清楚,千万不可以马虎。暗处都注意看,一定能有成就,因能专注。注意一般人不注意的事,从小事可以看出一个人来。从小就训练,至少也要在青年时训练。

"读万卷书,行万里路",出国,是为了长见识、多接触。旅之时,出门在外,亲友少,要谨慎小心以安身。老子"治大国,若烹小鲜",要保持小鱼之形,烹时何等谨慎小心!中国人的智慧要自深处了悟,一切皆自小来。

福生于微,祸生于忽,重视小,不忽略微,"夫览求微细于无端之处,诚知小之将为大也,微之将为著也"(《春秋繁露·二端》),慎微,所以绝恶之源也。有些人讲得天花乱坠,连自己的生活都不能处理,实际事与讲是两回事。有时人不把小事当回事,但由小事也许可定终身。千万不能于小地方就动心,那么大的地方更易动心。

行事得失,必慎于微,"系心于微而致之著",见微知著,贵微重始,慎终推效,"是小者不得大,微者不得著,虽甚末,亦一端"(《春秋繁露·二端》)。社会上做事与做人,细微处最重要。人于社会上做事,最重要的是要周道,此非难事,不说圆滑,周道很重要,必须细心。做人周道,谁都高兴。谁稍微警醒些,谁就得多少便宜。自微处想,到哪儿都不吃大亏。

旅卦第五十六

大家在一起，有不好的事发生，就显出仁人与君子，"岁寒，然后知松柏之后凋也"。社会上，表面上看都是人，一细看，分出好几类人。环境一变，什么都出来了，大局一变，就分出很多人，疾风知劲草，板荡识忠臣。

《中庸》称："故君子语大，天下莫能载焉；语小，天下莫能破焉。"至大无外，无所不包，充塞乎天地之间；至小无内，至微。旅卦教人识小、用小。积学，一天一点，然后才能成大学人，积沙成塔。中国人的智慧，自深处了悟，一切皆自小来。小的观念特别重要，慎小。修己功夫，自微、小入手，"勿以恶小而为之，勿以善小而不为"（《三国志·蜀书·先主传》）。善不积，不足以成名；恶不积，不足以灭身。想有所成就，必拿出真功夫，本身必须站得住，才能影响别人。

要为时代注入生命力，作为动力。要出门旅行，不老在一个地方待着，出去走走，扩大眼界，才知人世之渺小，还争什么？苏轼《临江仙》云："人生如逆旅，我亦是行人。"人生，羁旅，逆旅；人，行人，过客。李白《春夜宴从弟桃花园序》亦云："夫天地者，万物之逆旅也；光阴者，百代之过客也。"光阴亦过客，古往今来，瞬息之间而已。《庄子·知北游》称："人生天地之间，若白驹之过隙，忽然而已。"生命有限，瞬间而已。

不论到哪个地方，对当地民情必须熟，南甜北咸，要了解其所嗜。走完中国许多地方，才知人世之渺小，在宇宙间，一百年又算什么！

登高望远，"惟学问可以广明德慧也"（《说苑·建本》），"君子之志于道也，不成章不达"（《孟子·尽心上》），"不怨天，不尤人，下学而上达，知我者其天乎"（《论语·宪问》）。"孔子登东山而小鲁，登泰山而小天下"（《孟子·尽心上》），更上一层楼，有了器识，眼界越加宽广，胸襟也更为开阔，小鲁、小天下，小至一，远近大小若一。

就是智慧不凡的人，也必举目望世界，再以世界眼光看自己，"友世界以小天下"，远近大小若一，天下一家，中国一人。

中国人最聪明，法自然。懂得法自然，还争什么？"争地以战，杀人盈野；争城以战，杀人盈城"（《孟子·离娄上》），抢完了，自己也完了。

想尽办法求永恒，结果无一永恒。永恒，都叫自然给破坏了，终归于自然。

"五经"都读完了，才会懂得《论语》每一句都是结论。读书要实际用上，不是说出来就完了。

子书重点完全在行事上，不是理论，贵乎身体而用之。《韩非子》集法家之大成。其次，《商君书》《管子》（为后人所集，内掺许多道家思想）。《孙子》要熟，才能玩味。《墨子》给百姓讲道。道家的主流是《老子》《庄子》内七篇。老庄之学，青年吸收太早不好。要读有用书，因为人的时间有限。诸子皆有抱负，都认为自己有绝招，可以齐家治国平天下。"著书者，使人继其志"，知此，则知如何读书。

讲经义与讲训诂，两者绝对不同，所谓校勘学、训诂学，只是读书的第一步，不是读书的目的。读子书，贵乎慢慢玩味。经、子并重，重视子书的思想，吸收前人智慧，启发自己的智慧，作为应世之方。

孔子"志在《春秋》"。汉儒说《春秋》，一半真，一半则

旅卦第五十六

是将当时的政治主张加上去。

真把《论语》看明白，可不得了！孔老夫子很可怕，一介平民有何德能，使历代帝王都到孔庙立碑，并以之为光彩？孔庙的气势，比故宫实有过之而无不及。刘邦是首位祭孔的帝王，离孔子已经三百多年了。一个有学问的人感动一个没什么学问的人最难。孔庙的御碑亭，每块碑皆代表一个时代的艺术。

孔子在那个时代，真是"圣之时者"，不能拿今天的标准看古人。论学论人，必须基于其时代，"知人论世"。如用今天的标准论古人，实在太残酷，没有智慧。应以其所处的那个时代来论其境界。

经、子其实没有什么区别，君主专制时代不重视子书，就怕大家太聪明了。集与子实无分别，只是集没有那么高了，《曾文正公全集》即曾文正公之思想。要用古人之大虑，以启发今人之大虑，皆为民除患，要救国救民。懂是非、善恶、好坏乃有争，但要争之以道。中国书皆谈政之书，中国知识分子没有不关心时事的，历代党锢不知有多少，但知识分子还是要论时政。

人的责任即"继志述事"，社会上需要的事太多了。中国之学都是专学，要有志，发愤，能接下去，知识分子要为往圣继绝学，为万世开太平。

易经日讲

巽卦第五十七

（巽为风　巽上巽下）

巽卦卦体：二阴伏于四阳之下，能顺乎阳，故为巽。

卦德：刚居中正而志行。上下皆巽，重巽以申命。

《序卦》："旅而无所容，故受之以巽。巽者，入也。"

羁旅，亲少，"亡人无以为宝，仁亲以为宝"（《大学》），何往而不能入？故巽次旅也。

《杂卦》："巽，伏也。"

一阴爻伏在二阳爻下，有伏从、顺从之象。《说卦》"巽为风"，"巽，入也"，风无孔不入，"挠万物者莫疾乎风"，"风以散之"。"齐乎巽"，"齐也者，言万物之洁齐也"，言万物之不洁齐也，"齐之以礼"，因礼而齐，洁也。一个人不懂得礼，还懂得洁？"道（导）之以德，齐之以礼。"

"谦谦君子"，"其言不让"（《论语·先进》），即不谦。其行无礼，得意忘形。诊断，知病在哪里？"庸言之信，庸行之谨，闲邪存其诚，善世而不伐，德博而化"（《易经·乾卦·文言》），并非标新立异，更非索隐行怪。

《系辞传下·第七章》称"巽，德之制也"，德之制，巽顺于理，以制事变。"巽，称而隐"，巽，谦逊，懂得是非、轻重、好坏了，但是隐而不发，愈被称道愈能隐（伏），有成才被称道，得能隐，在行为上叫伏。越有成者越懂得伏，因不知何时日落西山。"巽以行权"，"可与适道，未可与权"，巽能行权，"君子而时中"，权亦以时为上。宇宙的变化，"是是非非非非是，真真假假假假真，长白又一村"。必须学会做事。

读书，要得真精神，贵精不贵多，惟精惟一，熟能生巧。知理容易而用理难。

我讲中国思想的构思。什么是华夏思想？

巽，小亨，利有攸往，利见大人。

"巽"，顺也，伏也。巽，何以小亨？本应大亨，但才智不足以识远任重，顺之不当，仅可"小亨"。

培养己志，识必远，识远方能任重，任重而道远。浅见之人焉能图大事？有才智还要修德，下真功夫。下真功夫很苦，席不暇暖，不得安居，多么奋发！可是不易，必须能忍受痛苦，才能有所进益。

"利有攸往"，其利在有所作为。

行礼要恰到好处，否则为"足恭"（《论语·公冶长》），恭得过火,"过犹不及",以"中"作标准。但中行之士难求,"不得中行而与之,必也狂狷乎","狂者进取,狷者有所不为",进取仍为上行,有守方能有为。

"利见大人","大人者,与天地合其德",齐天者大,任何人都"见贤思齐",懂得学样。

《彖》曰:重巽以申命,刚巽乎中正而志行。

"《彖》曰",即"《彖传》曰"。《彖传》与爻辞的解释常有冲突,可见《易经》亦被篡改,看熊子《乾坤衍·辨伪》。

"巽",有命令之意。"重巽以申命",表示反复申命,不停地叮咛。

"刚巽乎中正而志行","刚巽乎中正","九二""九五"阳刚居中(一正中,一中正),上下阴皆巽顺;"志行",行其志,成其志,有风行草偃之象。

柔皆顺乎刚,是以小亨,利有攸往,利见大人。

"柔皆顺乎刚","初六"顺乎"九二""九三","六四"顺乎"九五""上九"。顺应自然则活,违背自然就没有办法。

"是以小亨","巽与之言,能无说乎?绎之为贵"(《论语·子罕》),本应大亨,顺之不当不可,是以小亨。

"利有攸往",真有定力,以不变应万变,不变的是本,"道善则得之,不善则失之",人算不如天算。如所从非人,可能成汉奸。

"利见大人",大德之人亦重视巽顺之人,太刚则常会揭人隐私,易招惹是非。

我每天至少读四小时书。注入式的，如同打点滴，没多大用处，不能真悟，绝对用不上。

天下事没有秘诀，就难在持之以恒。打坐，什么都不想，得有功夫，就是欲望低，也得半年，我的学生至少得三年。你不想，它想你；它想你，自然问题。半路出家才真是和尚。

《象》曰：随风，巽。君子以申命行事。

"随风"，风相继而行，风行无阻，风行无所不入，春秋风人。

"申命行事"，反复申命，不停地叮咛，顺民心以申政令，则民顺从矣。

初六。进退，利武人之贞。

或进或退，不知所从，巽顺之人多恐惧之象。"初六"处巽之初，卑巽太过，刚果不足，宜守武人之正固。

文武相对，君子小人相对。没进于文的即武，不是说作战才是武。

古人刚开始上学，小学是学"洒扫、应对、进退"，乃礼之细节。应对，人家怎么问怎么对，不可知无不言，言无不尽，不懂进退的准则——礼。

《象》曰：进退，志疑也；利武人之贞，志治也。

"志疑"，柔顺之人，心有所疑惑，多恐惧之象，犹疑太巽顺。

"利武人之贞"，守武人之正固，否则必败。

"志治"，犹疑之志治（chì），治（zhì）而不乱。

人愈在利害攸关时，愈是容易疑惑，多思多疑，"再，斯可矣"(《论语·公冶长》)。

未入流，不知已位，故不能素其位而行。如脑中只有欲，没有志，不知己位，净扯闲。一办事，所学的都忘了。

以时事印证，就知许多人缺"稳"与"伏"的功夫，学多少，都用不上，完全没有用。都逢场作戏，哪有能？净是玩票。

由武变成文，文、武两个境界。"先进于礼乐，野人也"，野人指老百姓，"小人"与有世爵的"君子"相对而言，"如用之，则吾从先进"(《论语·先进》)，有实学，礼失求诸野。

要好自为之。读书是为自己读，得有用。替别人读，就是杂货铺。

我现在是不得已而为之。为自己定个位，不要妄想。逢场作戏的票友已过时了。

我按中国文化看，中国人一抬头就不得了。

九二。巽在床下，用史巫纷若（语气词），**吉，无咎。**

"床"，为身之所安，引申为人所安之处。

"巽在床下"，巽在于下，过于巽，故曰"床下"。过与不及，皆非中道。

"史巫"，昔史官兼管卜筮，非大事不卜。"纷若"，众口纷纭。

人做事都要找正应，"九二"刚中之士，居柔在下，宜以至诚自厉，抖擞精神，奋发自励，不要净做纷若之士，才吉无咎。

没有修养，则为达目的不择手段；没有修为，才智愈高失败愈大。本立而道生，千万不要钻尖取巧，培元，成功了即元培，然后奉元行事。

巽卦第五十七

《象》曰：纷若之吉，得中也。

"九二"阳刚居中，在"纷若"的环境中，要吉得"得中"，不失中道。"过，则勿惮改"，巽过火不行。

有些人得过最深的教训，都没有惊醒。许多人行事狠、爱报复，发展下去，恐都很难全身而退。得意忘形，失之于亢。不知自己的错误，怎么矫正，又怎能吉？

九三。频巽，吝。

"频"，数，屡次。"频巽"，屡巽，反复于巽，但非真巽。

"九三"以阳处刚，不得其中，为"六四"所乘，处上下巽中，勉强巽，没有真修养，当然"吝"。

《象》曰：频巽之吝，志穷也。

勉强之巽，没有真的修养，吝。"穷"，极也。"志穷"，志极也，物极必反。志穷频巽，穷途末路。

"九三"刚而不中，居进爻，为四所乘，志穷而巽，"小人穷斯滥矣"，无所不为。君子固穷，穷不失其所守。

六四。悔亡，田获三品。

"六四"处退位，阴柔无援，承乘皆刚，巽于上下，有悔，悔才没了，"悔亡"。

"三品"，上、中、下。田获怎么分为三品？看射在哪个地方。上品，"自左膘（牛胁后髀之前连肤肉）射之达于右髃（肩前骨），心中死疾，鲜屑，故干而豆之，中荐于宗庙"，血不泪流，祭祀用。中品，"自左膘射之达于右脾，远心死难，故以为宾客"，可招待宾客用，不可用作祭品。下品，"自左膘射之达于右，中肠胃污泡，死迟，故以充君之庖厨"，穿肠破肚，家中吃。

"田获三品"，一供祭祀，二宴宾客，三充君庖。一样也不缺，得其全。鬼神、左右、宾客皆乐，成巽之功。

先左右，后宾客，重视左右之人，故曰"故旧不遗"（《论语·泰伯》），"体群臣也"（《中庸》），"以贵下贱，大得民也"。

《象》曰：田获三品，有功也。

"六四"虽无应与，近君，但在四阳之中，居上下巽，"重巽以申命"，是以"田获三品"，得其全功。

"独学而无友，则孤陋而寡闻"（《礼记·学记》），怎能有功？

人人都打猎，但获三品的太少了。

哪一事是我们倡导、做指标的？我们天天打猎，天天摆棋谱。

小时候受的教育很重要。

人得有高智慧，妙智慧，有超人的智慧，才能树立一种东西。

魏晋以后，因人的伤品败德，中国文化亦受影响。韩愈倡"文以载道"，振此颓唐之风，终成"文起八代之衰"，接着有"唐宋八大家"。

"革命观"常被误以为是造反。其实，革命是"顺乎天而应乎人"（《易经·革卦》），革故鼎新。

孔子赞《易》，去卜。到汉时，不过四百年而已，但《易》学已净是《火珠林》之类。

《易》有京氏学,《京房易》,西汉京房所撰,多言灾异之说,乃中国古代术数书。京房受之于焦氏《易》,擅长灾变。世儒以焦、京之学,明阴阳数,为《易》之别传。汉时易家杂术数之说,采术数家占验遗法而加以推广,《火珠林》为其所传,提出了"卦定根源,六亲为主",主张用五行生克刑害、合墓旺空等进行断卦,继承了京房《易》的理论,又为后来卜筮的传播打下了坚实的基础。

王弼承费氏《易》以经解经,乃扫象,《郑氏易》没了。

东汉郑玄注《易》,以爻辰为说,其书久佚。宋王应麟辑《郑氏易》一卷,清惠栋补正为三卷,张惠言复辑《郑氏易》。

要冷静,有超人的智慧,才有超人的成就。要做,就要好好做,不要浪费自己的宝贵光阴,净做欺世盗名的事。

诗圣杜甫、诗仙李白、书圣王羲之,何以其后人都微不足道?有些人在社会上忙几十年,没自己的格,要好好努力。

可惜熊子的思想无继承人,留下的东西不能传。熊子的《体用论》为其哲学基础,《新唯识论》可作为注解。智慧了悟,看怎么接续下去。

箭不虚发,绝非空话。有无细心学?自找失败,自取其辱!"因其所以至者而治之"(《春秋繁露·十指》),则大本正矣,必须追本溯源。

古古今今,都是一个棋谱,就看棋子怎么摆,此视智慧而定。

太慢了，如我今已九十五，仍觉得有希望。

九五。贞吉，悔亡，无不利。

"九五"居尊位，为巽之主，命令之所出，"贞吉，悔亡，无不利"。

无初有终。

当令的人重视结果"有终"，"有终"叫成功，克竟全功。一般人重视"始"，有好的开始，但往往虎头蛇尾，有始无终。"无初"，没有事情没有开始的，"莫不有初"，但事能有终的太少了！《诗经·大雅·荡》云："靡不有初，鲜克有终。"故曰"有始有卒者，其唯圣人乎"（《论语·子张》）。

先庚三日，后庚三日，吉。

"庚"：一，章，拟个章程，办法，申命令；二，更，变更，十天干，甲为始，戊己为中，过中则变，庚为更，变之始。到变必变，更新谋新，不能老是守旧。

"先庚三日，后庚三日，吉"，命令之出，原始虑终，事前早有准备，事后再详加考虑。凡事豫则立，无论做任何事，之前、之后都得详细讨论，才能吉。

要捷足先登，必须有智慧，要什么得什么。

《象》曰：九五之吉，位中正也。

"九五"当位，以阳居阳，中正之君，"利见大人"，思得中正之才，无过与不及，故"有终"。

巽卦第五十七

"位中正"，"在其位，必谋其政"，"思不出其位"，得其位，行其志。

上九。巽在床下，丧其资斧，贞凶。

"床"，人身子躺着之处；"巽在床下"，过于巽；"资"，钱财；"斧"，断、权也。"丧其资斧"，过巽而失其刚断。

"上九"处巽之极，为其位、环境巽得过火，而丧其决断之性，虽正亦凶，"贞凶"。

"巽以行权"，"可与适道，未可与权"。得其真髓，就能办事。

《象》曰：巽在床下，上穷也；

"上九"真正合于巽道，但巽得过火就凶。
"上穷"，虽在上位，但到了穷途，时极势穷。

丧其资斧，正乎凶也。

"丧其资斧"，丧失己之所有刚断之性。过巽失正，恃其刚正而凶，"正乎凶也"。

君子度志不度气，君子志大，小人气大。

知理容易，知所以用理难。

要怎么养，非一日之工，否则有地位，也没有那个器质，器质是环境与学问造就的。

古时候即使成功了，享人间福可不易，皇帝可能杀了你，除掉你，还让你入忠烈祠。可以立名，未必享福。学张良功成身退。

王夫之拼命讲学，就是要亡清。

人全身不易，全节亦不易，苏武一辈子，全节。商君能强秦，但不能全身。李斯帮秦始皇统一天下，最后自己如何？

武则天何等聪明，死后事都办完，不必人家再麻烦，结果臭名皆变成美谈，就在一念之转。

人的智慧都能达妙智慧，就视自己有无下精一的功夫。想做万事通，结果件件通，件件松。

人必得养刚，要有阳刚之气。不能光"庚"，必须行动。了解自己的缺点，要学但要精一。学外国语，得和外国学者同一程度，到那个境界很不容易。

人必得有远见，要为子孙谋。要研究，实际问题摆在那儿，切身问题，非讲评词。

董子何以能传？其《天人三策》被采纳，对后世有影响。不离人间世，做梦没有用。有些人只想造就自己，没有团体观，耍小聪明，就登不了大雅之堂。

一个人求真，很不易！好好闭门思考，下一步怎么出发？在此环境下，怎么迈出第一步？最难，"靡不有初，鲜克有终"（《诗经·大雅·荡》），有始有卒，更难。

佛讲"苦、集、灭、道"：苦，娃娃生下哭，别人笑；人死了，亲人哭。灭，依然遭罪。道，成佛，觉也。

《论语》中有两处要注意：

一，"学《诗》乎？不学《诗》无以言……学《礼》乎？不学《礼》无以立"（《论语·季氏》）。"诗者，持也"（《文心雕龙·明诗》），"诗言志"（《尚书·尧典》），"持其志，无暴其气"（《孟子·公孙丑上》）。"《诗》，可以兴，可以观，可以群，可以怨"（《论语·阳货》），言社会现状之利弊，即知言也。礼者，理也、履也，不学礼，无法以理而履之，以理履之，故学礼能立世，立于礼。

二，"不曰坚乎？磨而不磷。不曰白乎？涅而不缁"（《论语·阳货》）。浑水摸鱼，我们借其力量，以达成我们的目标。"和而不流，强哉矫"，与之和，但不同流合污，真孔学精神！

眼不视恶色，耳不闻恶声，必有一番经验而得知。不失己之"坚、白"，故无论什么环境，皆敢进入。不与坏人打交道，自己也是有问题，因自己是"近朱者赤，近墨者黑"，故不敢进入"磨、涅"的环境。本身站不住，不能参与乱世，打乱仗。必受影响而改变，立己，己立得住，不失己，故能参与，因怎样的环境皆不能改变你。己立立人，己达达人，能够用世。

咎由自取，自求多福，皆在于自己。

兑卦第五十八

（兑为泽　兑上兑下）

兑，一阴进于二阳之上，喜悦见于外。

兑为泽，"说万物者莫说乎泽"（《说卦传》），泽中水，可以滋润万物，使万物喜悦。

《序卦》："入而后说之，故受之以兑。兑者，说也。"

"入而后说之"，进入其中之后才会喜悦，"故受之以兑"，所以巽之后接着兑。

兑和说，有何区别？兑，无言使人悦，"望之俨然，即之也温，听其言也厉"；说，以言取悦，偶一不慎，就成为佞臣。

兑名，出自《尚书·兑命》，高宗梦得说（傅说），使百工营求诸野，得诸傅岩，作《兑命》三篇。《礼记·学记》引用过《兑命》"念终始典于学""学学半""敬孙务时敏，厥修乃来"。

《杂卦》："兑见而巽伏也。"

兑、巽二卦互综，谦逊使人喜悦，自己也喜悦，互为因果。

《说卦》"兑以说之"，兑，西方卦，于时节为秋季。"兑，正秋也，万物之所说也，故曰说言乎兑"，秋天是丰收的季节，使人喜悦。

兑，亨，利贞。

来子注："亨者，因卦之所有而与之也；贞者，因卦之不足而戒之也。"因，必有所本，因山以为高，因而不失其新。

"兑，亨"，兑为悦，商兑、学习，"学而时习之，不亦说乎"，习有所得，则心中悦，当然亨。

悦则亨，但人快乐时往往易出毛病，故戒之以"利贞"，贞，正固之道，利于正固之道。知道自己有所不足，视己之短而警戒之，不做本身没有长才的事。

成功之道即天天小心，自己不犯错，才日有进益。总想不足，才有足。"戒、定、慧"，有戒，才有进益，"战战兢兢，如临深渊，如履薄冰"。"满则溢"，满了，就不进步了。

人生、社会，就是吉凶悔吝，《易》为悔吝之书，要趋吉避凶。《易》为智海，"五十以学《易》，可以无大过矣"。人都有过，"过，则勿惮改"，但必是小过，大过不行。对事有愧于心，即小过；大节有亏，即大过。一辈子虽没做坏事，尽想坏事也不行，意淫即是淫，求不得苦也是小过。做人最重要的是大节不亏。复兴文化最重要在恢复民族精神，真懂才是懂，似是而非的懂不是真懂。天下无白过去的事，有爱心，耐得住就成。贞者，正也。"《易》为君子谋，不为小人谋"，一部《易经》皆利于正。

《彖》曰：兑，说也。刚中而柔外，说以利贞，是以顺乎天而应乎人。

"兑，说也"，喜悦，悦言乎兑。来子注："咸去其心，说去其言，故咸则无心之感，兑则无言之说也。"

"刚中而柔外"，刚中柔外，内方外圆，孔方兄，和而不流。

"说以利贞"，以正固之道求悦。

"顺乎天而应乎人"，必真顺乎天才能应乎人，即公而无私。

说以先民，民忘其劳；说以犯难，民忘其死。说之大，民劝（劝勉）**矣哉！**

"说以先民"，以悦先民，"先之、劳之"，以悦劝民，民"忘劳、忘死"，"以德服人者，中心悦而诚服也，如七十子之服孔子也"（《孟子·公孙丑上》）。

"说之大，民劝矣哉"，可见悦道之重要，百姓互相劝勉。

人必须塑造自己，作伪必邪，因私心重。多少有成就者，皆正而直之士。

《象》曰：丽泽，兑。君子以朋友讲习。

王弼注："丽，犹连也。""丽泽"，相互浸润，互为滋养，两泽相丽，以类相从，"贤师良友在其侧，诗书礼乐陈于前，弃而为不善者，鲜矣"（《说苑·谈丛》）。

朋友以类聚，强求不得，"同声相应，同气相求"，存诚去伪。"不识其人，则视其友"，"人以类聚，物因群分"，各从其类。势利之交，无不凶终隙末。

"讲习"，讲以究理，习以践事，知行合一也。"德之不修，学之不讲……是吾忧也"（《论语·述而》）。"以文会友，以友辅仁"，"学所以益才也，砺所以致刃也"（《说苑·建本》）。

朋友在一起，不言不及义，应相互刺激、辩论，使头脑灵活，生急智，人必须练急智。谤道必应付，日久必有急智。

《说苑·谈丛》："谤道己者，心之罪也；尊贤己者，心之力也。心之得，万物不足为也；心之失，独心不能守也。"

"以文会友，以友辅仁"，朋友之间切磋琢磨，知己之所短，就要找一个提醒你的人，"益者三友……友直，友谅，友多闻，益矣"（《论语·季氏》）。势利之交，没有多大用处！交友，必自知人去交。对不熟的朋友，"说玄不说闲"，玄如《西游记》。

年轻时应好好发奋，多读点书，做事少出洋相。懂知人，然后善用智慧。知人之长，用其长，补己短，知过必改。

自己必须先能，然后才能谈及其他。征服他人，完全在于自己之能、自己之德，什么术都没有用。

"朋友讲习"，"以文会友，以友辅仁"，同学如真能发挥力量，就可友仁以号召天下。

思想就是行为，思想领导行为。真懂得道，必把道讲得老太太听了都笑。正，没有神秘。精神的成就，灵性的成就，就是正，即道，"率性之谓道"，即人性。

初九。和兑，吉。

"和"，喜怒哀乐，发而皆中节。中节之和，人人同意，吉。"初九"处兑之初，阳刚无私，和而悦，吉。

《象》曰：和兑之吉，行未疑也。

"和兑之吉"，和悦，情性之正，道义之公，没有私心，吉。

"行未疑也"，行为不使人疑惑。行无所失，故人不疑，和而不流，和而悦吉。

做一事，人疑惑之，应检讨自己。疑，对事影响太大，"决定不疑，戒急用忍"，"百忍堂中有太和"。

九二。孚兑，吉，悔亡。

"孚兑"，以诚信取悦人，悦不失中。

"九二"刚中居柔，与"九五"不相应，和而不同，"吉，悔亡"。

《象》曰：孚兑之吉，信志也。

"孚兑"，信而悦，吉。

"志"，心之所主，朱子解："心之所之为志。"则向外求了。

"信志"，诚心，"诚于中，形于外"，《大学》云"意诚而后心正"，正心以相交，诚也，是以吉。

革"九四""改命之吉，信志也"，信志而行，革故取新。

六三。来兑，凶。

求悦于人，悦之不以道，必凶。

"六三"居下兑之极，阴柔不正，非正求悦，凶。净取媚于人，而失了自我，求亲反疏，悦不以正，致凶之道也。

《象》曰：来兑之凶，位不当也。

"六三"阴居阳位，不中不正，"位不当也"。上无应与，在四阳之中，为进爻，躁动妄求，成不了事，甚至凶。

九四。商兑，未宁，介疾有喜。

"商"，商谈。"商兑"，商度。

"九四"介于"六三"与"九五"之间，居两兑之间，商度未宁，不能有定。

"介"，分限，近乎"际"。"其介如石"，介然，当断则断，不可以藕断丝连。

"介疾有喜"，分善恶之时，刚介守正，当机立断，则有喜。

《象》曰：九四之喜，有庆也。

"庆"，善也。去小毛病，有喜，莫因恶小而为之。

"九四"阳刚，近君，若介然自守，则"有庆也"。

九五。孚于剥，有厉。

"九五"得尊位，刚健中正，但比"上六"，"孚于剥"，剥，"柔变刚也"（《易经·剥卦·象传》），有危厉。尧犹有四凶。

"孚于剥，有厉"，戒之！守住正，不能乱。戒，我之守；顺，我之术。真相信，始能做事。用人：如有所用，必有所试；若有所试，必有所悟。

有组织，要懂得如何领导，否则愈扯愈乱。躲开"有厉"，存心破坏的，叫他枉费心机。两下作战，前仆后继；上阵，即以刚柔作为武器。人要有志、有担当。

人为什么活？不要逼别人走上绝路，处世不能与人积怨，到时必报复。柔，不能使人难堪，不丢人面子。

《象》曰：孚于剥，位正当也。

信于剥，剥，"小人长也"（《易经·剥卦》）。之所以不死，因"位正当也"。

为政，既要往前看，也要往后看。

记住：来日方长，不要看现在，什么都得变，但自己的"能"永不变，求永不变。

上六。引兑。

"引"，开弓，开弓没有回头箭。

"引兑"，"孚于剥"。一个人在你面前尽说好话，"于吾言，无所不悦"，不是有利于你的事。

《象》曰：上六引兑，未光也。

"上六"为兑之主，居兑之极，引而长之，悦至于极，人之所极悦者。过与不及，皆非正道，"未光也"，未必能有光也。

人之所以失败，在于引兑，过度取悦人，非正大光明之道。

遇事，当事者迷，旁观者清，真朋友应说出自己看法，大家研究，切磋琢磨，三个臭皮匠胜过一个诸葛亮。不能问不了解事的人，筑室道谋不成。

兑卦第五十八

每读一卦，问自己是否具有此一修养？读书人是天地的良心，要尽到天地的责任。

谈一件事，必须有通盘的计划。书要读成立体的、活的。学问，成为思想；接受，成为文化；其中有信仰，大家信守，为"人之所需"。

有能加上助力，则更有能。是行仁义，不是说仁义。夫妇以义合，彼此互相照顾。行仁义，别人才对你忠心耿耿，不能老是占别人便宜，至少也得一比一才是义。义者，宜也。

真有志，不是为自己活，而是为责任活，为志活。没有好的身体，不能成就事业，生活得自律，有志之人律己必严。

团体第一即发展组织，看有多少群众。社会就是因需要而有用，若有用时自会找上门来。想有明天，就看今天。人必须有智慧，否则有机会也不知。时、位、机。

"精义入神"，必得传神，不传神，无作用。以德兑人，不以言悦人。思想是一辈子，没有毕业的时候，要每天丰富思想，不要扯闲。

要有人格，第一要懂得做人，做人不周正，不必言其他。第二要培养智慧，懂得做事的规矩。

记住怎么做事。能发展组织，才能到团体中做事。自亲朋好友入手，群策群力。群策群力，并不是拉帮结伙。乱萃，"乃乱乃萃"，一点作用也没有。

我在台奋斗五十年，净在血泪中。做事的成败，是必然不是偶然。出拳打人，未打着人，必被人打，不必自怨自艾。

事不自正面发展，即有所失。要用智慧，不是用力。做事不要太幼稚，否则一出招，别人就以为你不是材料。

我做事绝不马虎，在台五十年，皮裪连个毛也不掉，都是我自己整理的。纨绔子弟，"纨绔"，衣裤连里子都用细绸做，穿在身上没感觉。算命的没算到我半辈子要饭。

我印书都讲究，所印的书按经、史、子、集分四个颜色。一本书要不庄重，能引人入胜？做任何事都要细心，有设计。内蝴蝶页印"时乘六龙以御天"，我画的。外书皮印"团龙五蝠"。

一个人不知努力，不知追求自己不懂，天天自满就能治国平天下？

有些人懂得太少，书读得少，世面也见得太窄，看的东西非淫即盗。人就怕"精一"的功夫。欧阳修半部韩文（韩愈《昌黎先生文集》）就成"唐宋八大家"之一，家穷，为人佣书（以抄书为业），老夫子以其为可造之才，在字纸篓捡出半部韩文，视为至宝。虽不博，但有精一功夫。真洞悉一家之言，真有机会读书，乃能触类旁通，"后来者居上"。

该读的书都没读，老师再怎么讲也没办法。学生什么也没背，什么也没看。没看，当然就不懂。许多应死记的东西，没记住就没办法。老师讲课用白话，是要讲含义，但学生基本的没记住，也没办法听懂。所以，读书不可躐等在此。

来知德《周易集注》，不厌其烦地从头将每个字都交代清楚，是幼儿园式的教法。讲这个，就提示那个，再清楚不过了。

一个人真想诚信，必须具备什么德？中虚能容，容物，容一切。中虚，才能接纳别人的意见。不能容，就陷入嫉妒、纷争！

一本书明白了，别的就都明白了。

兑卦第五十八

学《易》有两派，一派先讲卦，一派先讲《系辞传》。《大象》，解释一卦；《小象》，解释一爻。会背，扫地、浇花、散步时都可以背书，再慢慢玩味。用手不用脑时，可读熟书，玩味！坐下来时，应念生书，整理资料。做学问，在于功夫，功夫到了就神，非一想就神。"思之思之，鬼神通之"，"一法通，百法通"，要下功夫。自本文玩味，读完一章，可做笔记，不必将注解当作金科玉律。

"《易》有太极，是生两仪"，"反者，道之动也"，阴阳是一个东西的两面，并非两个东西，阴中有阳，阳中有阴。"太极生两仪，两仪生四象，四象生八卦"，三"生"有幸，通三生之德，三生才有幸。

大本先立住了，才知解释对否。中国人多聪明，一卦六爻，就讲出这么多道理。六爻，可代表宇宙中的一切行动，一切人与人的关系。人世、宇宙间即"乘承应与"，"时乘六龙以御天"。

《易》有圣人之道四：辞、变、象、占。辞，只是敲门砖；变，是自然情形；象，是况；占，不卜而已矣。《易》讲势与理，《易》之所以为用在于此。

《易经》讲一"时"字，易，变也，"变通者，趋时者也"，"不可为典要，唯变所适"，"穷则变，变则通，通则久"。

"学而时习之"，孔子为"圣之时者"。学中国东西，得一以贯之。圣人不能生时，但抓住时就能用，"时至而不失之"，且不费吹灰之力利用之。

遇事不要怕事，要冷静，自己要站得住，不要有自卑感，好好发表意见，抓住机会，时也，完全在于自己的信念。必认清自己的信念，对时代有不同的看法。主张不分对错，不对的是你的见解，没试验过，怎知不对？不对，也算不了什么坏事，就像过日子，各人有各人的主张。在社会上，信念正确就站得住。写事的经过、处理方法，很实际！有理想、抱负，怎么做都行。天天噤若寒蝉，也没有人说你好。教书，就说真理。

爻辞、彖辞，各有深意，各有偏见、主观。智海，无一定形，视如何取，必熟才能生巧。

先深入卦体，再看卦德，才能深入、有趣。读时，必须勤画爻，才知卦之变。错、综要弄懂，即左右、上下。错卦：乾、坤二卦相错，互为错卦，六爻全变。综卦：上下卦翻转倒置，如损、益二卦互综。

一卦之一爻或五爻变，因爻变所产生的新卦，称之卦或变卦。如乾卦，初爻变成姤卦（☰），称之卦或变卦，乾卦称本卦。本卦也称贞卦，变卦亦称悔卦。一卦若三爻齐变，为贞悔相争。

中爻卦：一卦的中间四爻，称为中爻，二、三、四爻合成三画卦，为下卦；三、四、五爻合成三画卦，为上卦；上、下二卦所形成的六爻卦，称为互卦或中爻卦，如屯卦（☷）的中爻卦为剥卦（☷）。

本卦、之卦、中爻卦弄明白，才能确定一卦之吉凶。

"参伍以变，错综其数，通其变，遂成天下之文。极其数，遂定天下之象。非天下之至变，其孰能与于此"（《系辞传上·第十章》），参伍错综，最少三卦，最多五卦。

孔子读《易》，之所以"韦编三绝"，是因为勤于前后相对印证，反复推敲，给我们很深的启示。

韦，皮也。细皮条，用水泡，捆上，干了就变结实，但怕日久生虫子。人事永远斗不过自然，终归于自然。明白了这个，什么都不求。

卦之变，皆自然现象，非人力安排。中国思想最高明的，就是法自然。必打好基础，才知其所以然。做任何事，必自卑迩求，下学上达。

讲课，恒心与耐力，二者缺一不可。有志，则受什么苦都得做。人必知止，一定要干下去，必成功。不知止，不易成功。不可见异思迁。有志者要懂得合作，分内外、你我，不可有嫉妒心。不以圣人欺人，则皆处得来。要有容人之量，包容人。有些人器量小，就想独占。人各有所长与短，不重其短，重其长，慢慢切磋琢磨，就能成功。一点小事，可看出人的器量。没有群力，不能成事。我一辈子不嫉妒谁，也不借人之助，对谁不失望，也不伤心。人生就是一个真诚，"人之视己，如见其肺肝然"。

领导人若能不出主意，即懂得人生三昧。垮在规定，"夬履，贞厉"，无人敢越雷池一步。"舜好问而好察迩言"，但说易行难！

涣卦第五十九

（风水涣　巽上坎下）

涣卦卦体：下坎水、上巽木，水上有木之象。

卦德：巽为风，坎为水，风行水上，风行草偃，水本身有亨通之道，以德固结人心，可以济涣。

《序卦》："说（悦）而后散之，故受之以涣。"

满而必溢，乐极就涣散，故兑之后为涣。

《杂卦》："涣者，离也。"

"涣"，离散。散乱不整，一盘散沙，此时需要整理整理，以正固之道固结人心。

涣，亨。

"涣，亨"，涣而能聚，则通，当然亨。

聚，将一类东西聚在一起，本身得有"通德类情"的智慧，"通天下之志，类万物之情"，群德，搞小组织，首先得行为、嗜好相近，此为通德功夫。其次看情如何，还必须类情，类之，将相近的人聚在一起，如此，才能发挥作用，亨。

群的力量，就在分之当否。分，必须有识人之智。"二人同心，其利断金"，同志不在多少，贵乎志同道合，才能群策群力，发挥力量。

王假（gé，至也）有庙（貌），利涉大川，利贞。

"王假有庙"，王至有庙，王，天下所归往，济涣之道，在有中心信仰，有一象征的东西，能维系天下人之心。

太庙，古代皇帝的家庙，开国功臣、世袭罔替大臣都陪祀太庙。定计于庙堂，庙谟，庙算。

涣时，人心涣散，无所寄托，易入宗教。天下有一定之数、一定之理，我愈老愈相信。一个朝代的末期往往就两类人：一为极端之人，一为颓废之人。别人加的苦，不算苦；自找的苦，才算苦，"天作孽，犹可违；自作孽，不可活"。心静，不论到哪儿也闲。会抽烟的，走到哪儿皆犯烟瘾。

在人心涣散之时，要如何收拾人心？民族信仰极重要，有民族信仰，人心就不涣散。各民族皆有其信仰，真信仰，终身奉行不渝。中国人的始祖伏羲，出生地是天水。书院立羲皇庙，祭八卦祖师。

"利涉大川"，其利可以经一切患难，失而复得更是可贵。朝代末期缺少行为道德，宗教就风行，别的难以约束，"国之将亡，求之于鬼神"。开国元勋什么也不相信，"国之将兴，求之于人"，成事在人，事在人为。

"利贞"，利于正固之道，以正固之道团结人心，则可"其心三月不违仁"，三月，喻久也。《说苑·谈丛》称"贞良而亡，先人余殃"，如"利贞"达不到，则"王假有庙"也是空的。孝悌，为人之本，本立而道生。饮水思源，宗庙之祭。古代中国祭政合一，政治亦有政治伦理。

在危机时，才看出信心的价值，信心为成就事业之基，有了信心，要配合诚，"诚之者，人之道"。信心即信仰，也是力量。"赫赫师尹，民具尔瞻"（《诗经·小雅·节南山》），团结人心、救涣之道，在于亲情、伦常，以伦理维系人心之涣散，涣而能聚，则通。

孔子"有教无类"，全民教育，"贬天子、退诸侯、讨大夫"，将三层统治世袭罔替的地位自根了断，实践"人无生而贵者"思想，在那个时代绝对是最大的革命，故尸子说仲尼尚公，"大道之行也，天下为公"。孟子称孔子为"圣之时者"。

做事，要有目标，不能盲目奋斗。喊出的口号正确，自己智慧够，往此途径努力，就会得到响应。对时代有真正的认识，再树立大旗，必有响应者。如所喊的口号违时，又如何感动百姓？

中国大儒皆从公，无一闭门著书者，有了丰富的社会经验，才能成为大思想家。有成就必有所守，决定不疑，本身才能有特色，有自己的风格。讲书，如抓不住要点，就愈讲愈乱。学究之病，在于思想不恢宏。

《彖》曰：涣，亨。刚来而不穷，柔得位乎外而上同。

"刚来而不穷"，"九二""九五"皆刚而居中，刚中能济涣，故刚来能不穷。但内外皆刚，亦不能成事，四"柔得位乎外而上同"，用柔克刚，刚柔并济才能济涣。

不侵害人，但有人侵害你时，必按你的立场去惩罚他。懦弱，无阳刚之气不行，必须好好锻炼自己，自小就学，养威仪，有"望之俨然"的气势。

国家多难之时，谁知会碰上什么环境？必须能自卫才行。学什么，必须认真学，人必须能保护自己，社会上太老实的人，往往会受欺负。我到哪儿也不吃亏，但我一辈子绝没拿过一分不合理的钱。必须好好训练自己，德、智、体，要学真功夫，什么都要学，要有好奇心才可以。我这一生唯有的是无愧于心。救国之道必须走正路，危亡之秋必须拿出良知。

《晏子春秋》值得重视，必看之书，人归之于墨家。"晏平仲善与人交，久而敬之"，乃处世之方。汉魏书多有见地，应多看，有《汉魏丛书》。

如自己处境仅次于被救济，焉能助人？要能自立，才能站得住，千万别做梦，己立而立人。书多看几遍，不明白，上课要认真听。求智慧，好好处理事情。

王假有庙，王乃在中也。

"王假有庙"，要使天下人都归往，就在于有中心信仰，立庙以收拾人心。"崇事宗庙社稷，则子孙顺孝"（《礼记·祭义》），"万物得其本者生，百事得其道者成；道之所在，天下归之；德之所在，天下贵之"（《说苑·谈丛》）。

"王乃在中"，"喜怒哀乐之未发，谓之中"，性也，"率性之谓道"，必如水之行舟，顺人性以治天下。"诚者，天之道；

诚之者，人之道"，以至诚感人心，才能凝聚天下人心，为天下人所归往。

德，"足乎己无待于外之谓德"（韩愈《原道》），内得于己，外得于人。自己有深厚的修养功夫，然后实行于外，就能得于人，己立立人，己达达人。

政治是实际的，改造社会绝非靠空洞的理论，任何不切实际的政治理论是唤不起百姓信仰的，完全在于实际行动。

利涉大川，乘木有功也。

在社会上要成功，必须有所凭借，"乘木有功"，有木支撑以济险难，乃能"利涉大川"。

《说苑·尊贤》云："夫朝无贤人，犹鸿鹄之无羽翼也，虽有千里之望，犹不能致其意之所欲至矣；是故游江海者托于船，致远道者托于乘。"每个人有每个人的困境，要如何找到"木"以突破难关？

孙中山革命时，先立《孙文学说》，据此写《三民主义》《建国大纲》及《五权宪法》。提出政纲政策，才能给国人盼头。孙针对时弊另起炉灶，在国家危难之时，让一般人寄予无限希望，才能突破革命难关。

空想没有用，必须有实学，万般不与政事同。既有抱负，就要按抱负充实自己。救国必用政治主张、政纲政策，要能针对时弊、积弊洒凉水，另立主张，必超出过去的，才能建树新的。有实力才能取而代之，最后棋逢对手，平分秋色。但自根本上"拨乱反正"并非易事。要好好培养丰富自己的能力，必须言之有物。

读书细心，才能得书中之精义，精义入神。

学术之建立，自经验和其生长之环境来。自然环境对一个人有启示。中国书的毛病经常是只说出结论，智慧高者才有所得，智慧低者往往摸不着头脑。

"五十以学《易》，可以无大过矣"，得智慧，可以使人无大过。无智慧，则可造成无心之过，因智不及此。读《易》，得智慧，知如何处事。

治国平天下靠智慧，不靠信仰鬼神。"国之将兴，求之于人；国之将亡，求之于鬼神"，求之于鬼神，亡国的太多。梁武帝舍身同泰寺，最后饿死台城。

《象》曰：风行水上，涣。先王以享于帝立庙。

"风行水上"，水遇风则涣散，秋风卷起千层浪，惊涛拍岸。

往往一个外力，就能使水涣散，所以人不能太倚恃自己的定力，外力一来，可能就难以抗拒。

涣散之际，非常之时，此时必须有重心，水上有木，要找根支柱，才能维系以出险。

"先王以"，六十四卦中有几卦用"先王以"？有几卦用"后以"？区别在哪里？"先王"，自家系统的，有别于"前王"。"后"，主事者。

"享于帝"，天道无亲，唯德是与，"天道之贵也，非特天子之为尊也，所在而众仰之"（《淮南子·泛论训》），"郊社之礼，所以事上帝也"（《中庸》），"上帝临汝，无贰尔心"（《春秋繁露·天道无二》），人心有所归依，方不至于涣散。

供"天地君亲师"，"作之君，作之师"，为配上帝，上天做的君、师。配，敌体，配偶。上帝，中国名词，神、元神。

易经日讲

"立庙","庙,貌也",想要有人归往,必先立一庙,有信仰中心,有一象征性的东西,才能维系天下人心。"宗庙之礼,所以祀乎其先也"(《中庸》),收拾人心者,无如宗庙,"宗庙致敬,不忘亲也;修身慎行,恐辱先也。宗庙致敬,鬼神著矣"(《孝经·感应章》),木本水源,"慎终追远,民德归厚矣"(《论语·学而》)。

禹"菲饮食而致孝乎鬼神,恶衣服而致美乎黻冕"(《论语·泰伯》),祭,在崇功报德,事死如事生。中国民族精神是追本溯源,饮水思源。敬天法祖,享帝立庙,人心归向。

做事前,先立庙,以作为号召,则人皆趋之、往之。中山先生革命,以"三民主义"作为号召。喊口号,也必懂怎么喊,口号应是最高的智慧,要喊得左右逢源,而不是树敌。

做事,必有目标,不能盲目奋斗。喊出正确口号,自己智慧够,往此途努力,乃得到响应。对时代有真正的认识,再树立大旗,必有响应者。所喊口号如违时,又如何感动百姓,得到多数人响应?

"博学之,审问之,慎思之,明辨之",然后笃行之。见什么事都觉得与己无关,单纯!下面什么都没有。对任何事必须有一个大观念。多留心,就会用脑子。弄清大前提,才知其属于哪一类。

大同,大处同,人性皆同,小处不必同。"通其变,使民不倦",要义所在,人才有生气。一成不变,还说道统,实是盗统。

初六。用拯马壮,吉。

"用拯马壮,吉",此五字道尽了一切!

"用拯",想拯救危亡,必须"马壮",马,乾之阳,必须有阳刚之气，才能吉。《易经》中马就是龙，坤卦"利牝马之贞"，牝马也是龙。

马载重以致远，"壮马"更能载重致远，所以要有健全的身体。"虽有千里之能，食不饱，力不足，才美不外现，欲与常马等而不可得，安求其能千里也"（韩愈《马说》），平日就要注意保养身体。女孩为节食而不吃，将来如何有健康身体？必须有理智。

"初六"居涣之始，在坎之初，拯之犹易，但必是"马壮"才吉。虽在"初六"的境界，阴居阳位，不当位，但可不能不养德，等当位了才是壮马。没有养德，一旦当位，就天天乱扯，就糟了！当位与否不重要，养德为第一要义。

《象》曰：初六之吉，顺也。

王弼注："观难而行，不与险争，故曰顺也。"

顺，顺势而为。"初六"柔，居坎之下，处涣之始，上无应与，与"九二"刚中之才相比，"九二"是匹壮马，应顺"九二"以济涣。

养德，"人之有技，若己有之；人之彦圣，其心好之"，要没有妒忌心。"忌者不能修，怠者畏人修"，"事修而谤兴，德高而毁来"（韩愈《原毁》），别人骂你，应该高兴，又何必动心！

九二。涣奔其机（木也），**悔亡**。

程颐注："机者，俯凭以为安者也。俯，就下也。"王弼注："机，承物者也，谓初也。"均以初为机。

"奔"，急往、快跑；"机"，木也。"涣奔其机"，在坎水之中，

易经日讲

急于求出险，必须找根木，作为出离险境的凭借。

"九二"居臣位，在涣离之时，处坎险之中，其悔可知，奔于中正之君，以"九五"为"机"，作为出险的凭借。"九五"乘"九二"，君臣同德，"利涉大川，乘木有功"。

《象》曰：涣奔其机，得愿也。

"九二"得"九五"为"机"，"得愿也"，得遂其济涣之愿。

成就伟业必具有才智，有才智才能唤起民众，觉人，立功。人的才智有别，成就亦不同。孔子弟子三千，有成就者亦不过七十二人，"力不足者，中道而废。今女画"，画地自限，就不能往前了。

六三。涣其躬，无悔。

"躬"，《说文》："身也。"自身，躬行君子。

"六三"居坎之上，志在济时，有"上九"之应援，无悔。

但"六三"以阴柔之质，且非中正之才，"上九"亦居无位之地，故仅"涣其躬，无悔"。

"六三"得"上九"，"躬其身，无悔"，但只能使自己不涣散，无法使天下不涣散。

《象》曰：涣其躬，志在外也。

"六三"与"上九"为正应，志在"上九"，但"上九"无位亦无德。

虽有在外之志，但本身无德、无能，仅自己无悔，无法影响别人。

六四。涣其群，元吉。

"六四"巽顺而正，居臣位；"九五"刚中而正，居君位。"柔得位乎外而上同"，君臣相合，刚柔相济，以拯天下之涣。

涣之时，土崩瓦解，人心离散，政出多门。来子注："政无多门，势无两大；胫大于股，则难步；指大于臂，则难把（拿东西）。"两个老大，坏事！政不出多门，一出多门就坏，为政者之大忌，故为政不在多言，在于力行。

"涣其群"，能得群力济涣，成天下之公，使天下人合群，以拯天下之涣，所以元吉。

"群"，不是不管好坏人都凑在一起。拉帮结伙，饥不择食，结果达不到目的，还适得其反。乌合之众焉能成事？

平时就要留意人才，寻找同志，绝不可在马路上挖角。从二三人的朋友小团体再推衍下去，可以发展成情投意合的百人团体，完全系之以情，许多事可以锻炼出来，否则难以成事。

涣有丘，匪夷所思。

"涣有丘"，"丘"，聚之大者，"丘陵成而穴者安矣"（《吕氏春秋·先己》），"是故得乎丘民而为天子"（《孟子·尽心下》）。为政不可以吝赏，刘邦虽读书少，但有脑子，才智出众，能得人心，乃"涣有丘"者。

"匪夷所思"，"夷"，平常，不是平常人之思虑所能及也。《孙子·九地》"方马埋轮"，智者不能用谋，方之也。不怕敌人出招，就怕我们没有招。战胜他，他还心服口服。应以此为标准，常自己练习。

书不是要读多，是要精读，惟精惟一，就一本书琢磨到底，可以随时应变。人家出招，我们不怕，就怕自己不能应招，每一变皆习招，不怕你变，故能立于不败之地。好好琢磨，随时可以用上。

《象》曰：涣其群，元吉，光大也。

"六四"巽顺当位，可以济涣，"元吉，光大也"。

为政之道，"所重：民、食、丧、祭"（《论语·尧曰》），皆人生不可离，"可离，非道也"（《中庸》）。在其位必谋其政，使涣民成群，"君者，群之首"，当位之重要，元吉。

九五。涣汗其大号，涣王居，无咎。

"汗"，出而不返者；"涣汗"，汗出于肤，难以收回。此近取诸身。

来子注："大号，如武王克商，《武成》诸篇，及唐德宗罪己之诏，皆是也。"此解太乡愿。

"涣汗其大号"，言号令如汗，出而不返。解天下之难，济天下之涣，收拾人心，重要的政令不可以出尔反尔，"其令强者其敌弱，其令信者其敌诎（屈）。先胜之于此，则必胜之于彼矣"（《吕氏春秋·论威》）。政治特别微妙，心之妙用也，可意会而不可言传。喊口号要有生命力，人是靠精神生活着。

"涣王居"，"九五"中正，"王假有庙，王乃在中也"，王者大居正，在其位谋其政，无咎。

政令要能下行，必有一套真功夫，上有一两人行，下则尾随之。军队号令如不行，成什么军队？一个团体必得像个团体，是学生必得像学生，是老师必得为人师表，什么都有一定的标准，必达到此一标准，否则不及格。接受别人支配就是德，"博我以文，约我以礼"，任何环境皆有其礼。人生是战场也是戏台，每个人皆有个角色，必须演好此角色。吸收书中的智慧，要好好用智慧。

家庭中，言教不如身教，父母行为无法不叫儿女知。昔"居不容"（《论语·乡党》），穿居家服，闲居犹见客；燕居则退至内房，穿睡衣，不见客。圣人贤人也是人，亦有居家之时，做事必须有分寸，不能贸然造访别人，小规矩也必须知道。平居之时，不整仪容、不化妆，不像出门时。因此，父母即使可以在别人面前伪装，也难以在儿女面前伪装，每人皆有其独立的思想，他会以此来衡量你。

古人未请师时，由母教；请师后，易子而教，母亦不教。以前的人五六岁就离开父母屋子居住，才能行晨昏定省之礼。昔日的住宅，居家环境较能保持人性的尊严。

《象》曰：王居无咎，正位也。

"涣王居"，大居正，"正位也"。"王者孰谓？谓文王也。法其生，不法其死"，学活文王，"以鲁当新王"，行天德之王，人道之始也。《春秋》首书"元年春王正月"，即大一统，大居正。

《春秋》讲大居正，守正，正位，大一统。大一统的责任，即《中庸》所谓"舟车所至，人力所通，天之所覆，地之所载，日月所照，霜露所队（坠），莫不尊之亲之"，"大人者，与天地合其德"。《孟子》"居天下之广居，守天下之正位，行天下之大道"，《春秋公羊传》"王者无外"，远近大小若一，华夏大同。

上九。涣其血，去逖出，无咎。

"逖"：一，《说文》释"远也"，远方，"去逖出"，出离远方之人返还。"去逖出"，灾难已除，逃难到远方的人得以归来；二，《字汇》借作"惕"，释作忧虑，灾难已除，忧虑不再。

"上九"与"六三"相应，"六三"居坎险之极，"上九"居涣之极，能罢干戈，平息纷争。然，则血去惕出，无咎。

《象》曰：涣其血，远（yuàn，远离）害也。

涣散其伤害，危者已安，否者已泰，"远害也"，否极泰来，无咎。

涣，离散之时，群策群力就是力量，没有群德就没有群力。聚众，必须有高人之智、之德，无私，公天下，以正固之道团结人心。"二人同心，其利断金"，如果千万人皆一条心，就有用了。

涣卦讲如何收拾人心，涣之时收拾民心，以得民心为要，"得天下有道，得其民，斯得天下矣。得其民有道，得其心，斯得民矣"（《孟子·离娄上》），"兴灭国，继绝世，举逸民，天下之民归心焉"（《论语·尧曰》）。

有成天下之志，必具有成天下之智，"智则知时化，知时化则知虚实、盛衰之变，知先后、远近、纵舍之数"（《吕氏春秋·决胜》），审民心，以中心信仰作为号召，得民心胜于千里之地，得丘民故得天下。

为政之道："谨权量，审法度，修废官，四方之政行焉。"

(《论语·尧曰》）此为永不变之原则。必须知其所以然，知涣之所以然，才能济涣远害。

国家上轨道，非短时间能达到的。

文章好坏一看就知，空谈皆不易，况实践乎？从小事看，一叶落而知秋，许多事皆不为也，非不能也，看破世情惊破胆。

一个社会能上轨道，在于人人都是士君子，人人皆有士君子之行。国家不安宁，都移民去了，那谁来救国？人必须有操守，有守才足以有为。培养功夫自年轻时开始，生活必须有规律，不要等退休了再打太极拳。我这一生就对不起自己，一天还没睡过八小时。

读子书，要先学立身之道，才能谈处世，天下最难的是为人。先训练自己，没有不受训练而能成功的，钢是由铁炼出来的。曾文正之成功在于大智若愚，表面不显不露。处处找机会显示自己者，皆微不足道也。曾文正公可说是伊尹后第一人，故"誉之者曰圣相，毁之者曰元凶"。张居正虽有事功，但死后被鞭尸，不能算自保。善始诚终才算成功！

今天不但要复兴中华文化本身，还要拒敌，不可以马虎，真力量是从真知来的。尊重中心信仰，才俊之士可起模范作用。青年人有抱负，有想法，虽不合乎实际，但应有表达机会。政治沟通必须开诚布公。

任何事皆有用人、任人之道。不怕没好事，就怕没好人。"贤者在位，能者在职"，起支配作用的必须是贤者，德能兼备；任职者必有能，有专才，能担重任。"小德出入可也"，用人不必求全责备。垮，在于任人无能，委之非人，垮了！

尧了不起，用舜亦有所试，将二女嫁给舜。"如有所用，必有所试；如有所试，必有所悟"。先历试诸难，考验其工作能力，再察其私德。试验完，再将神圣的帝位传之。在试时，必有小损，是小牺牲，总比大牺牲好。一个人有没有用，视其急智。敏感即急智，没急智，难成大事。

有抱负，易以此期待人，原则对，但方法难，对方不一定符合你的期待，犯"贼夫人之子"（《论语·先进》）的毛病，不知人也。知人才能善任，知人器使，才不至于成为贼夫人之子。志同道合，非你所能造就的。见什么人说什么话，因人而异。不要随便勉励人，要多方面看人。

不要做自己不喜之事，不要做自己不能做到之事，但自己的抱负也不能期待别人来实现。并非每个人皆是同志，同志也不能造就，正如不是每个人皆能成为书画大家。知人，才能事半功倍，否则徒劳而无功。任何事，只能期待各有所志的人，不能期待天下人。

读书，在求智慧，并非盲从。识人为第一要义。先要看其相貌，观其言谈举止、行住坐卧。《冰鉴》记载识人之要。不能识人，则招来危险。

"如有所试用，必有所试；如有所试，必有所悟"，不能强求，可遇不可求，机缘巧合事乃成。周文王遇姜子牙，非求也。孟尝君养鸡鸣狗盗之徒而脱困，必于平常细心中得来。志大狂妄，粗心胆小，焉能成事？狂妄，失败之根；粗心，遇事欠考虑。"舜好问而好察迩言"，"舜无一不取于人"，真有作为者，绝不狂妄，凡事必细心。想找一有用之人不是易事，"没有梧桐树，难招凤凰来"，来的不一定是凤凰，但是有希望。

人与人在一起时作伪多，日久天长才能认清，久则无法作伪,"久假而不归,焉知其非仁",乃是学而知之。圣人不能凭空产生人才,但人才来了就不会放走。能手不必多,几个就成。见贤思齐,学圣贤,必能矜持自己。

任何道理,皆自正反两面看,"晏平仲善与人交,久而敬之"。哪个年轻人不发豪语?以其发豪语就认为遇到人才,特别危险,并非每个人皆可用之才。常人与非常人皆易看出,"唯上知(智)与下愚不移"(《论语·阳货》),只有普通人最难看出,于平庸之辈中找几个有用之人最难!多读几本书,不一定有用。才难!

节卦第六十

（水泽节　坎上兑下）

节卦卦体：坎为水，兑为泽，泽上有水，其容有限，水泽节，增之则溢出。

卦德：上险下悦，以悦行险，遇险则止，悦而不流，节制不过，节以制度。

《序卦》："涣者，离也。物不可以终离，故受之以节。"

离散之际，当节以止之，故节次涣。

"节"，竹子有节，一节一节，不过节，一过节即有所失，在节之内即中肯，恰到好处，竹喻"高风亮节"。

礼节，什么关系行什么礼。"礼不逾节"（《管子·牧民》），失节，到哪都没有行情。

《杂卦》:"涣,离也;节,止也。"

涣与节二卦互综。节,不逾节,止非停止,乃不逾闲,在自己范围内好好发展,发而皆中节,无过与不及。修身:节欲,节饮食,节制。进止之节,鸣金即止,击鼓即进。不论外边怎么乱,自己必得宁静,日常生活不能有所改变。"君子节嗜欲,各守其足,乃能长久"(《说苑·谈丛》),成就外王之业的无一不是守节之人。

苏武出使在外,持有节,不降匈奴。今内蒙古到处是苏武牧羊台,此事予中国以莫大的力量,精神力量最为重要。有好事,哪个地方要修台纪念,都没有关系,精神重要,此乃精神所在。一个人活着是精神,大本一失,其他又能谈什么?守住民族文化精神最重要。

竹节,一节一节不超越,有所守。不分男女,都得守节。人世最重要的莫过于节。平时做人要有节操,国家危亡时应有民族气节。知节容易,守节难!

华夏,是中国人的责任。日月以光华,日月光华。

竹子有一定的节,中虚空,虚则能受。竹为四君子之一,但画四君子的,未必是君子。

节,亨。

节,则亨,无过与不及,发而皆中节,则亨。

礼节,什么关系行什么礼。人有节制,太难!吃、说话,节饮食,节欲,"圣人之衣也,便体以安身,其食也安于腹;适衣节食,不听口目"(《说苑·谈丛》)。

二十四节气，根据每个节气，吃当令的食物，"不时不食"，我跟着节气吃。

《灵枢·本神》曰："智者之养生也，必顺四时而适寒暑，和喜怒而安居处，节阴阳而调刚柔。如是则僻邪不至，长生久视。"孙思邈《千金方·食治》中借用扁鹊的话指出："安身之本，必资于食……不知食宜者，不足以存生也……故食能排邪而安脏腑。"中医养生重视二十四节气变化，以"天人合一，顺应四时"原则，着重阴阳二气调和，让身体的气跟着二十四节气的变化走，《黄帝内经》说"春夏养阳，秋冬养阴"，节气怎么变，就根据节气的变化养生。

时、节气，有先后，《大学》"知所先后，则近道矣"，《大学》《中庸》对社会上的事也安排了步骤，社会事即跑接力。

无人如我有守，一个人必有守然后有为。我未吃过任何同学一餐饭。有远志，必须有严格的操守，稍一马虎，价值就没了！我从不端人饭碗，上庙吃饭必给钱。节，说易做难。志节，不走错路子，即因有志。有志之人为完成事，必有很多节制。

人到无求品自高，我不侵害人；惹我，我不放过，以牙还牙。对不对，不管。你和我有距离，我就和你有距离。

苦节不可贞。

"苦节不可贞"，超过自己所负担的节，不能使天下人从之，墨子"苦节"。学术是有影响力的，庄子说墨子之学之所以断了，乃因后人受不了其苦，门徒甚少，故其学不能行。

《庄子·天下》："使后世之墨者，多以裘褐为衣，以跂蹻为服，日夜不休，以自苦为极……虽然，墨子真天下之好也，将求之不得也，虽枯槁不舍也，才士也夫！"

常过"苦节"生活，一般人是办不到的，故中国人讲中道，因为过犹不及。孔子之所以能传，是因为其讲中道，无过与不及。一部《易经》即养正、圣功，亦即内圣之功、外王之业。
唯"夏"才像个人样。"夏，中国之人也"，是有深意的。

夏（夓），《说文》："中国之人也。从夊，从页，从𦥑。𦥑，两手；夊，两足也。"另，"页"像人头，合起来像人形。

"中国，礼义之国"，所以"入中国则中国之"，此即中国人的思想。
中国有多大？即《中庸》所谓"舟车所至，人力所通……日月所照，霜露所队（坠）"。

《彖》曰：节，亨，刚柔分而刚得中。

节，上为坎，险；下为兑，悦。无论在什么环境中都绝不能悲观，遇到困难，悦以行险，乐观故亨。
"刚柔分"，刚柔各半，中也，谁也不多，谁也不少，期于不极盛。
"刚得中"，"九二"正中，"九五"中正。

苦节不可贞,其道穷也。说以行险,当位以节,中正以通。

"说以行险",遇到困难,乐观行险。

"当位以节",节的标准,即按照你的位来行节之道。"九五"中正当位,也得以节。

"中正以通",中正以通其事,互通有无。"中",喜怒哀乐之未发,性;"正","必也正名乎","政者,正也。子帅以正,孰敢不正"(《论语·子罕》),多看重正!

正因为看重正,所以一开始即教养正,"蒙以养正,圣功也"(《易经·蒙卦》),正,止于一,止于元。因为"正"乃是与生俱来的,要好好培养它,不要糟蹋它。

"通",不滞,没有堵塞,往来不穷也。在节之前,先知"通塞",知通塞的标准后,再节。养生亦如此,不能盲目地节。

天地节而四时成。

"天地节",上与天地同节。

中国人多久以前就知道节气了?究竟有多久的经验,才能确定二十四节气?真是聪明到了极点!"天地节",二十四节气,成为四时:春、夏、秋、冬。

二十四节气,十五天为一周期,依序为:立春、雨水、惊蛰、春分、清明、谷雨、立夏、小满、芒种、夏至、小暑、大暑、立秋、处暑、白露、秋分、寒露、霜降、立冬、小雪、大雪、冬至、小寒、大寒。其中立春、春分、立夏、夏至、立秋、秋分、立冬、冬至是用来划分一年四季;"二分""二至"是季节转折点,"四立"

表示季节的开始；小暑、大暑、处暑、小寒、大寒表示一年中最热、最冷天气出现的时期；白露、寒露、霜降反映气温下降的过程与程度；雨水、谷雨、小雪、大雪反映降雨、降雪的程度；惊蛰、清明、小满、芒种则反映季节和农作物的生长现象。

节以制（法制）度（则），不伤财，不害民。

"制"，《说文》："裁也。"裁成，制作，制法，制礼，制度，制造；"度"，包含太多，量，尺度，法度，度多少，量多寡，"谨权量，审法度"（《论语·尧曰》）。

"节以制度"，一切有所限制而不过度，人事上也要节以制度，量入为出，"节用而爱人"（《论语·学而》），节用，用皆有度，节用能爱人。与天地合其德，自"敬事节用"始。

"不伤财，不害民"，既不伤财，也不害民。不节，就太浪费，就伤财、害民。

一开始立法，问题就多，百姓不接受，造成你死我活的局面，怎会好？应面对实际研究问题，最后才能好恶与民同。

《象》曰：泽上有水，节。君子以制数度，议（商度）德行。

"泽"，《释名·释地》："下而有水曰泽，言润泽也。"润泽，泽被，恩泽。

《风俗通义·山泽》："《尚书》：'雷夏既泽。'《诗》云：'彼泽之陂，有蒲与荷。'《传》曰：'水草交厝，名之为泽。'泽者，言其润泽万物，以阜民用也。"以"泽"为湿润不干枯。《齐民要术·栽树》："时时溉灌，常令润泽。""润泽"为温润光泽。

"泽上有水",潮湿地,再有水能相合,水绝不泛滥。泽水节,泽不能再吸水,不节则溢出。

"制数度","制",制度,法制,节制;"数",计量,数目、数量;"度",尺度,度量衡。"制"之所以难,因为立法容易,而按法行事难,所以什么法皆有,但产生作用者少。立法能产生作用,使之无流弊,才是法制社会。应研究实际事,一切用度多寡均有定数,不过亦不匮乏,而归于中。

"奢则不孙(逊),俭则固",过与不及,皆非中道。处处表现中道,乃中国人的真精神。但以不及为美,"与其不孙也,宁固"(《论语·述而》)。

"议德行","议",商度其无过与不及,而归于中。人事上,《中庸》谓"非天子,不议礼,不制度",礼,乐亦在内,有王之德,才能制礼作乐,"立于礼,成于乐"(《论语·泰伯》),故曰德行。

《大学》云:"畜马乘,不察于鸡豚,伐冰之家,不畜牛羊。"一切节以制度。奉元,以《大学》《中庸》"制数度,议德行"。

"不患寡而患不均,不患贫而患不安。盖均无贫,和无寡,安无倾"(《论语·季氏》),不看到多也不看到少,则大家精神上都一样满足。

初九。不出户庭,无咎。

在节之始,谨始,慎始,才能无咎,慎始诚终。"初九"当位,故"不出户庭,无咎"。"闲邪存其诚",故有所限,以"庭"为限,道有行止。

来子注:"在学为含章,在处事为括囊,在言语为简默,在财用为俭约，在立身为隐居，在战阵为坚壁。"节，以识时为要。

"君子居其室，出其言善，则千里之外应之，况其迩者乎？居其室，出其言不善，则千里之外违之，况其迩者乎？"（《系辞传上·第八章》）"道善则得之，不善则失之"。

"言出乎身，加乎民；行发乎迩，见乎远。言行，君子之枢机；枢机之发，荣辱之主也。言行，君子之所以动天地也，可不慎乎？"（《系辞传上·第八章》）言行，君子之枢机，所以"括囊，无咎无誉"（《易经·坤卦》），"慎不害也"。

"乱之所生也，则言语以为阶。君不密则失臣，臣不密则失身，几事不密则害成。是以君子慎密而不出也。"（《系辞传上·第八章》）几者，事之始；成者，事之终。言语者，一身之户庭，君子慎密，故"不出户庭"。

《吕氏春秋·先己》："丘闻之：'得之于身者得之人，失之于身者失之人。'不出于门户而天下治者，其唯知反于己身者乎！"

"国无道，其默足以容身"（《中庸》），"默"，保持沉默。但保持沉默最难，多少人能守口如瓶？谨言不易，不说空话就够了。知谨言，而不能用谨言；知默，而不知用默。皆知而不行。

《说苑·敬慎》："孔子之周，观于太庙右陛之前，有金人焉，三缄其口而铭其背曰：'古之慎言人也，戒之哉！戒之哉！无多言，多口多败；无多事，多事多患。安乐必戒，无行所悔。勿谓何伤，其祸将长；勿谓何害，其祸将大；勿谓何残，其祸将然；勿谓莫闻，天妖伺人；荧荧不灭，炎炎奈何；涓涓不壅，将成江河；绵绵不绝，将成网罗；青青不伐，将寻斧柯；诚不能慎之，祸之根也；曰是何伤？祸之门也……戒之哉！戒之哉！'孔子顾谓弟子曰：'记之，此言虽鄙，而中事情。《诗》曰：战战兢兢，如临深渊，如履薄冰。行身如此，岂以口遇祸哉！'"

说话特别重要，要谨言慎行。"间事未发而先闻者，间与所告者皆死"（《孙子兵法·用间》），是以闻者和与闻者皆死。多说一句，把团体弄垮了；少说一句，天下太平。最可怕的乃知无不言，说话一点保留也没有。

故"五十以学《易》，可以无大过矣"。想成事，没有高深的修养绝对办不到！有进步，就有作用。

《象》曰：不出户庭，知通塞也。

通则行，塞则止，并非足不出户。

"知通塞"，知道什么事办得通、什么事办不通。不能昧于通塞，必须识时，节以识时为要，但识时太难，有时今日之通正是明日之塞。

有些人没救，你说什么他也不听，必按己意行事，直到垮了为止。不知改正，永远是一死棋。不但不能发挥作用，还会起反作用。

"知通塞"，做事行得通、行不通，能不知道？将能干的人聚集在一起，岂不成事？会用书，才能成就大事业。要检讨自己为什么失败，才会有再起的机会。

九二。不出门庭，凶。

"不出户庭"与"不出门庭"，有多大的距离？《玉篇》曰："人所出入也，在堂房曰户，在区域曰门。"内户外门，户，一扇；门，两扇。出入由户，宾于四门、城门。

"出门庭，凶"，用"凶"字之处，特别慎重。

《象》曰：不出门庭，失时极（至）也。

不出门庭，失时之至！节卦这句话必得明白，当药方读，对自己有无限之助力。

我讲过的绝非空话。学会做事，且要灵活！看孔子多厉害，当官首"正天下"，"必也正名乎"，且"战无不克"，功夫即在"一以贯之"。

《礼记·礼器》："孔子曰：'我战则克，祭则受福。'盖得其道矣。"

《论语·里仁》："子曰：'参乎！吾道一以贯之。'"

"九二"失什么时？应该怎么做？承还是乘？"九二"正中，非中正，阳居阴位，并不当位，应该接着"初九"往下做，知通塞。但它不知跟着当位的"初九"走。"初九""当位以节"，是"知通塞"者，不通就不做；而"九二"却"不当位以节"，不能述事——"通塞也"。失述事之时，故凶。

"时至而不失之"，过了这个时就完了，如知通塞，不就不凶了？

六三。不节若（语气助词），**则嗟若，无咎。**

此爻言当节而不节之理。

"六三"当节之时,为下兑之主,为进爻,阴柔不正,无承无与,乘九二之刚。没有节,只能慨叹!

《象》曰:不节之嗟,又谁咎也?

不节之叹!皆咎由自取也。又谁咎也?

不语怪力乱神,一定要讲智慧的东西。

既是"壮志",何以"不酬"?我的"长白又一村"是壮志,天天讲,酬。一个人必须"素其位而行,不愿乎其外"。

不要贪多,一天一卦或一爻。你们最难守的原则是"依经解经"。要依经解经,如不能还原,又怎知你所讲的是对的?

要根据旧东西讲旧东西,不要混杂,看老祖宗怎么想,必用老祖宗的话证明。人各有时代,船山面临明亡,有其思想。我讲的是中国文化,要还原(元)。

什么都没秘诀,不是不懂,持之以恒最难,所以达不到。

六四。安节,亨。

"安",泰然貌,仁者安仁,安然行之,不是勉强行之,而是自自然然。

"安节",安于节,失业、穷途时,利用此时充实自己,"以约失之者鲜矣"(《论语·里仁》)。凡事持之以恒,才能亨,非"日月至焉而已矣"。

"六四"与"初九"相应,关键在于能识时、识人、识环境。

知道坏人怀什么目的来，把他吓跑。

《象》曰：安节之亨，承上道也。

"六四"近君，知承上之道。"六四"真能承"九五"，就"安节，亨"。

"知通塞"和"承上道"代表什么？"知通塞"乃是知的第一步，得行，但行太难。"安节，亨"，乃因"承上道"，承天之道，非人之道。

社会上的事就是乱，要能在乱中认清，知通塞，但太难了！无论咎或亨，都因真知。女人守节难，男人守节亦不易，故称颂竹子"高风亮节"。今天真知了？

真知不易，知后去行更难！

九五。甘节，吉，往有尚。

"甘"，甘之如饴，甘心情愿；"甘节"，"悦以行险，当位以节"，节中之信，吉；"往有尚"，有目标。勉强守节，为名则苦。

"九五"阳居中正，"当位以节，中正以通"，为节之主，居上坎之中，在节之时，往前奋斗，绝对有尚。士尚志，人必有所尚，如姜尚。有目标往前奋斗，不会伤春悲秋，非常之人在百般困苦时，愈见出定力。

《象》曰：甘节之吉，居位中也。

"居位中"，行在位中。一般人则见异思迁。

了解深意，不一定能用嘴说出。每读一卦，就觉得孔子没骗人，说"五十以学《易》，可以无大过矣"。但读了《易》，何以仍然办糊涂事？因为读与行，是两回事。

读四家《易》，可成为第五家，但得好好读，成功与否，看后人是否接受。不会包饺子的，不一定不懂饺子香。

有所尚，快好好努力，能传与否，就看有没有人接受，待时间证明。

"非不能也，是不为也"，最重要应练习辨，"明辨之"，看哪个合理，接着讲。冷静，则无不懂的东西，但难在"明辨之"。读书，应如喝茶，应慢慢品，不可以功利。

上六。苦节，贞凶，悔亡。

"苦节"，节中之伪；"贞凶"，虽正仍凶；"悔亡"，知错而有悔意，凶才能亡。

"上六"居上坎之终，处节之极，过节之中，"苦节不可贞"，贞凶。有悔，才无凶。

《易经》常常一个字就解决一个问题，《春秋》亦如是。

《象》曰：苦节贞凶，其道穷也。

"苦节不可贞，其道穷也"。苦节之士太可怜！非人情之常，乃为名。

"悔亡"，知错，应快快改过，千万不要假貌为善，就是正也是凶，"贞凶"。

我闲时，王弼、程颐、王夫之三本注摆着看，每爻都推敲，做笔记。

程颐注："上六，居节之极，节之苦者也。居险之极，亦为苦义，固守则凶，悔则凶亡。悔，损过从中之谓也。节之悔亡，与他卦之悔亡，辞同而异义也。"如此说法，为自圆其说。

王弼注："过节之凶，以至亢极，苦节者也，以斯施人，物所不堪，正之凶也；以斯修身，行在无妄，故得悔亡。"

就此爻看，王与程哪个境界高？王的字数少，但意境高于程，可惜早逝！可见学术在于智慧，并不在于年高。

讲《易》者，就有四百家，到底谁讲对了？我接受的不到二十家。

知节，则对事有分寸。说话要中节。修己功夫，必自细微处入手。不中节、不懂操守，谁也不成功。有操守，乃一介不予，一介不取。"不和别人应酬，也不吃人家的"，因为朋友之道，要礼尚往来，"吃人嘴软，拿人手短"，我宁可在家吃馒头。

人的是非多，不谨慎，是非就多！遇事中节，则无过与不及。《大学》《中庸》是有层次的修齐治平之道，可用《大学》古本印证看看。自己牺牲一点，多负点责任，多和别人谈谈，了解对方。外患不足惧，内忧最可怕，没有智慧，就拿不出新的办法来。新时代必用新的领导，不能老是"萧规曹随"，必以德拨乱反正。"岁寒，然后知松柏之后凋也"，板荡识忠奸。

想有成就，必拿出真功夫，自己本身能站住，就能影响别人。青年脑子必须敏感、灵活，才能领导时代，反应要快！这个时代是年轻人的时代，反应太慢行吗？要为时代注入生命力，作为动力。胆小不得将军做。年轻人应懂得自己是时代的主人。

先改正自己，而非改造别人，以此修身，即行，很愉快。自己得到好处了，再将所了悟的写出来。要练习发言，到任何地方都得用言语表达自己的意见。就是闲聊也应有目标，彼此切磋琢磨，进步才会快。

焦氏三《易》，会算术，但没义理。我称之为"夏学"，在破除门户之见。做学问很不易，是个思想。陈立《公羊义疏》，引书多，但没思想。《公羊义疏》横扫，但不够深思。

庄存与，清中兴"公羊学"，是开山祖。刘逢禄，真有贡献。王闿运、廖平、康有为……直至熊十力，亮起一个红灯，以熊子作为启发。熊十力的东西特别值得重视。在学术上，熊子为一重要的转折点，可自此找到门道。

讲书，不过是为学的责任，非有贡献；有贡献，必有特殊头脑。

立说，即立言，为三不朽之一。"有德者必有言，有言者不必有德"（《论语·宪问》），要先实行，然后将实行的结果写出来。《尚书》讲为法、为戒。

以竹子喻君子，成德之谓君子，人的成德贵乎"虚而有节"，虚能容，能接纳别人。有节，有分寸，"战战兢兢，如临深渊，如履薄冰"，天天忠诚，别人犹有误会，何况虚伪？阴柔取胜，虚而有节！真有一套都得失败，何况光有妄想！治之，即"自知"。

《孙子兵法·九地》称"始如处女，敌人开户；后如脱兔，敌不及拒"，敌人没开户，应不动，静如处子；敌人一开户，则动如脱兔，使敌不及拒。值得学，多可怕！敌人吃了亏，想打你一巴掌都来不及，因你跑掉了！

把任何人看成呆子的，才是呆子。记住，对任何人都不可掉以轻心。

熊十力另开辟路子，真有深功夫，他的《乾坤衍》可真是矿源（元）！你们还可来个《六十四卦衍》。

衍者，推演开拓之谓。引申而长之，触类而通之，是为衍。

人类从用树叶遮身子到穿上裤子，得经过多久的时间？

何休谓："元者，气也。"此话有何毛病？人类懂得有气时，已是哪个阶段了？气绝非元。所以，可以再追究，将何注再翻过，如此，能不传？为学，要和古人、和元斗智。

下棋，最后并不是谁赢了，而是脑子赢了。中国人的设计，高层人下围棋，老百姓解九连环。我不解九连环，就将它砸开，我母亲说："你学司马光的智慧。"要用脑，要斗智。有智，不在于文字多少。学会怎么用脑为要！用脑子，活着有趣味。

基本问题要解决，真有野心，应自中国思想挖出一套东西。不论年纪大小，先问自己能做什么，然后拼命做，不要做外行事。我修书院，至少给同学一个安乐窝。这么多人，大家动一动就可以修。我公开征求设计肄业证书，做纪念。

我的王阳明字，明裱，保存这么久、这么完整，盖因当年不轻易向钱看齐。

中孚卦第六十一

（风泽中孚　巽上兑下）

中孚卦卦体：巽为风，兑为泽，风行泽上，和缓，中孚。二阴在内，中虚；四阳在外，二刚中，中实，以道相孚。就六画卦而言，卦象离，中虚，虚能受，中孚之象。

卦德：悦而顺，无间，互信也，孚乃化邦，中孚以利贞。

《序卦》："节而信之，故受之以中孚。"

在节之时，必有信，知节，对事有分寸，当然有孚。

《杂卦》："中孚，信也。"

自中心发出之孚，信也，信才能容，诚信为人所必备之德。人有操守，乃能一介不取、一介不与，遇事中节，无过与不及,"望之俨然",是素养,必须培养气势。

中孚,豚鱼,吉。

"中孚","中",乃中道,精华之所在;"孚",诚信。此卦之"九二""九五",皆得上下三画卦之中,中实为信孚之象。

"豚鱼,吉",来子注:"豚鱼生于大泽之中,将生风,则先出拜,乃信之自然,无所勉强者也。"如在豚鱼面前吉,那就真的"中孚,吉"了。如懂世风,则拜而迎之,此必有先识,才能"时乘六龙以御天"。必须善养头脑,留心时事,才能识时、迎时;必知利弊之所在,才能下功夫。脑子要活,潜移默化最重要。

程颐曰:"豚躁鱼冥,物之难感者也。孚信能感于豚鱼,则无不至矣。"用"豚鱼"形容中孚,其中必有道理。豚鱼究竟是没有反应,还是多疑?如果多疑者都相信你,则定能感人,因多疑者反应最为灵敏。

利涉大川,利贞。

古时,将过河看成是最难的事,所以"利涉大川"是比喻渡过难关。"利涉大川,利贞",至诚可以蹈水火,利于正固。

《彖》曰:中孚,柔在内而刚得中,说(悦)而巽,孚乃化邦也。

巽上兑下,"柔在内","六三""六四";"刚得中","九二""九五",皆得三画卦之中,中实,皆信孚之象。

"说而巽",兑,刚中柔外;巽,柔顺乎刚。悦而谦逊,乃是人性的表现，故"孚乃化邦也"。

天天弄险，如有一次失败了，即全军覆没。

一般人天天蹚浑水，对自己又有几分利？悦而逊地活着，有精神上的满足，多么美！

"蒙以养正"，养正不是说的，而是做的，要好好地正派地活下去。

"中孚，柔在内而刚得中"，多致密！因"说而巽，孚乃化邦也"，多美！何以得民心？因民悦而顺，"先王有至德要道，以顺天下，民用和睦，上下无怨"（《孝经·开宗明义》）。实际做，而非讲，"孚乃化邦也"。

豚鱼吉，信及豚鱼也。

各家对"豚鱼"的解释不同。豚鱼多疑，能"信及豚鱼"，多感人！故必先研究豚鱼的性格是什么。

"信及豚鱼也"，《周易举正》为"信及也"。

宋代洪迈《容斋随笔·易举正》："唐苏州司户郭京有《周易举正》三卷，云：'曾得王辅嗣、韩康伯手写注定传授真本，比校今世流行本及国学、乡贡举人等本，或将经入注，用注作经，小象中间以下句，反居其上，爻辞注内移，后义却处于前，兼有脱遗，两字颠倒谬误者，并依定本举正其讹，凡一百三节。'……中孚《象》：'豚鱼吉，信及也。'今本'及'字下多'豚鱼'二字。"

知识分子如果没有先识，连豚鱼都不如！世风，如懂世风，拜而迎之，则"时乘六龙以御天"。应警醒自己，严格训练自己。"休息"，来日方长，又能拥有多少个星期？人必尽己之能力，头脑必须善养，否则连鸡都不如，鸡到时还会啼。不懂世风，就随风。迎风与随风，差多少？必留心时事，才能迎时。必天天注意时事，才能识时。知彼知己，才能百战百胜，必须实事求是，培养专才。必知其利弊，才能下功夫，不要将妄想当志。

利涉大川，乘木舟虚也。

"利涉大川"并非空谈，就看有无万全的准备。

"乘木舟虚"，必具备"木、舟、虚"三要件，舟虚才能载，内虚才能实。"虚"字多重要，虚才能容，有多大量成就多大事。

一个人诚信一次，不可因此说他是诚信之人，反之亦然。一个人真想有诚信，必须具备什么德？"中虚"能容，能容一切，中虚才能接受别人的意见，不要嫉妒、纷争！

《坛经》要人心境如天地般虚空，则无所不容。接受外面的一切，显出自己有诚，"中虚能容"。

来子注："虚则内欲不萌，实则外诱不入。""望之俨然，即之也温"，必须培养气势。

"天下一家"，得有"安仁"之德。"安仁者，天下一人"，即大一统也，将天下看成是一个人。

你们必须深想这是什么意思。救万民，虚可以装万民。

中孚以利贞，乃应乎天也。

"中孚以利贞"，中有诚，能正固；"乃应乎天也"，应乎天之道，"诚者，天之道；诚之者，人之道"，"大人者，与天地合其德"。"君子下学而上达"，必达天德才能。朱子注："信而正，则应乎天矣。"做文章而已。

"五十以学《易》，可以无大过矣"，是学《易》的标准。中孚卦如弄明白，做人就不会缺德。

《象》曰：泽上有风，中孚。君子以议狱缓死。

"泽上有风"，风行泽上，既和且顺，象中有孚也。

雷火丰，雷电皆至，方可"折狱致刑"。火雷噬嗑，有火之明、雷之威，方可用狱——"明罚敕法"。处事，不外乎明与威。风泽中孚，有诚信方可议狱缓死，狱事议之、缓之，可生者生，缓死，欲其生也。

"议狱缓死"有界说，犯哪类的罪可以缓死？自"议狱缓死"四字，可类推到哪样人不可以缓死。孔子一上台，首诛少正卯，因此人已坏至不可"议狱缓死"了。

初九。虞，吉。有他（tuō），不燕（安详）。

"初九"居兑之初，为信之始，与"六四"相应与。王弼注："虞者，专也。为信之始，而应在四，得乎专吉者也。"解得好！

程子注："虞，度也，安也……初处于下，内度之己，唯守其刚正，以与二相孚而安。"度，审度。任何事先审度，"凡事豫则立，不豫则废"（《中庸》）。如种下恶果，欲除之，太难！例如不良嗜好。

"有他"，如有取巧、不劳而获的心思，则"不燕"，不安详。

《象》曰：初九虞吉，志未变也。

定、静、安、虑、得，虑而后能得。

"志未变也"，即"无他"，心不怀二意，不见异就思迁。

见异思迁，无既定的目标最为可怕！成败不论，只问耕耘，不问收获。既立了志，就不能移，决定不移。

胸有成竹，年龄和智慧与日俱增，"言前定则不跲，事前定则不困，行前定则不疚，道前定则不穷"（《中庸》）。

九二。鹤鸣在阴，其子和（唱和）**之；我有好爵，吾与尔靡**（系）**之。**

来子注："大象离。"用词有毛病，应称"卦象离"。离，雉象，野鸡。"和"，唱和。"好爵"，修其天爵，则人爵随之。

"九二"刚正，居兑之中，在重阴之下，孚之至也，至诚无不应，"孚乃化邦也"。

《系辞传上·第八章》："君子居其室，出其言善，则千里之外应之，况其迩者乎？居其室，出其言不善，则千里之外违之，况其迩者乎？言出乎身，加乎民；行发乎迩，见乎远。言行，君子之枢机；枢机之发，荣辱之主也。言行，君子之所以动天地也，可不慎乎？"

《象》曰：其子和之，中心愿也。

自己了解自己，先确定境界，就不会有求不得之苦。

"其子和之"，鹤鸣子和；"中心愿"，如七十子之服孔子。

一句话，也许会让两个人都恨你，是非者即是非人，拨弄是非，别人就没理由相信你。社会上我们不能了悟的事太多了，"道可道，非常道"。

如果连来子《周易集注》都看不懂，怎能看懂其他的注？来注，明朝至今，版本就多有不同。杭辛斋读《易》自来注入门。

读《易》，以来注作为敲门砖，并非学问，再看王弼、程颐、王夫之三家注，配上熊十力《乾坤衍》。

研究《易》，每卦看完后，自己作注，思考这卦谈什么。参考各家注，最后综论此卦谈什么。必经过这些，再看这一卦到底在说些什么。

有学历的未必有学问。要如《白虎通》之论学，问问题，大家研究解决之。

《易经》《春秋》《周官》经书自汉传下就乱。我绝不介入今古文之争。不讲"今古文之争"，也不反对"宋明理学"。我称"夏学"，不低估中国人的智慧，凡需要而有用的即真学问，研究中国思想的演变。

我讲"公羊学"，不主张"今古文之争"。因"公羊学"有思想，故研究"公羊学"。《周官》有那么好的制度，有心于政制的必留意此书。

有真知不必争，此小焉者也，重要的是自己有脑。造就自己，真高手绝对有人看。21世纪应是"思想中国"，以中国思想领导时代。

何不"奉元另辟天地"？还讲什么"今古文之争"？现在只是"识元之争"，八个人绝对八个样。不能天下一家，就先"奉元一家"。

有背景、没客观，能够识"元"？接受外面的一切，显

中孚卦第六十一

出自己有诚，中虚能容。奉元，绝不是空话，如不能辟出一种新的哲学意境，就白扯了。有三五十年的工夫，这个哲学就能圆了。

既已误入"歧途"，何不将之变成"奇途"？为何将有用的光阴用在抄别人的东西？董子、何休"为天地立心"，为天地立心，才能"为生民立命"。现正是"拨乱反正"的时机。

我始终不变，如果对自己没信心，还扯什么？真有学问，在草棚亦发光。人要一心二意，绝不能成事。

研究学问是一辈子的事业，有工夫就写，贵乎持之以恒。我死活都干到底，是你改变，绝非我改变。

有些人不知道自己在做什么，可悲！是非不明。

真知道，干自己能做的，各有所长。必须自己看书，真懂必须认真，不可一开始即漂浮。

要自知，不明白要研究，努力为子孙谋。不能天天做白日梦，寄人篱下不易！自知，就能奋发图强。

六三。得敌，或鼓或罢，或泣或歌。

三以阴居阳，为进爻，躁动不已，为四所阂，二者相敌。"得敌"，老子敌过你，绝不吃亏。但四履顺居正，有应与"初九"，又承"九五"，不与之竞。"六三"位不正，"或鼓或罢，或泣或歌"，哀乐无常。举止、行事表现出仪态，"知进退存亡而不失其正者，其唯圣人乎"？

据此再思考，可以另写。我必在台留下几个真正的种子，绝不可以不知为知之。

《象》曰：或鼓或罢，位不当也。

"名不正则言不顺，言不顺则事不成"，名正言顺，即当位。"六三"阴居阳位，"位不当也"。如当位，要怎么做？要反过来想。

人都同床不异梦了，我们还在床脚下，多不自知！

时代变了，现正是重整的时候。今后不宜再谈"今古文"，太落伍了！现在思想解放，我们亦应想，熊十力跑第一棒，我接着跑第二棒，学生应接着跑下去。今天是思想问题，更高者可想出一套。"奉元"，就要从头开始想，不称"本义"，盘皇另辟天，将《易》完全另解。

看完一遍书，至少也得记住六七成。要自根上明白，用古人的智慧启发我们的智慧。千万别把宝贵光阴浪费于无用之地。《乾坤衍》是熊氏之学。不是要作"集注"，而是要如熊子的"造"，智慧产物随时代转。只要心不散，多看几遍，可以将一卦从头至尾想，一爻，一时，一事，一阶段。

二十四节气，百姓靠此与自然斗争，差一天，节气一过，也不行。

人之节气，即中节。中节，才能活得舒舒服服。"过犹不及"都达不到目的，求不得。人生最苦，求不得苦，人到无求品自高。今天真做到中节的，活着的又有几人？

六四。月几（近）望（十五日），马匹亡，无咎。

"月几望"，近望，而未望；"马匹亡"，"匹"者，配也，"亡"，不与初交，"无咎"。

中孚卦第六十一

"六四"阴居阴位，当位，居巽之始，在兑之上，为中孚之主，有表现机会，有才德，又遇到可比之人，近比"九五"，放弃相应与的"初九"，理智，无咎。若一心二用，必咎。

《象》曰：马匹亡，绝类上也。

"马匹亡"，"绝类"，绝其应与；"上也"，上从"九五"。主从相比，成就不世之业。

九五。有孚挛如（相连，固结），**无咎。**

"九五"为有位者，刚健中正，与"六四"相比，有"九二"刚中之臣，以德结民，而非以术，即有孚结民，固结人心，"孚乃化邦也"。

以人事论，即委用专，信任笃，上下相交而事业成，无咎。

《象》曰：有孚挛如，位正当也。

知时、中节、当位、应与，此乃人生四部曲。

上九。翰（高飞）**音登**（升）**于天，贞凶。**

"上九"居巽之终，处中孚之极，亢极而不知变，固守而不通，凶。名至而实不至，自己先造假名，立巧取之名目，虽正亦凶。

"声闻过情"（《孟子·离娄下》），名过其实，不能长久于中孚。

《象》曰：翰音登于天，何可长也？

鸡鸣声长，"登于天"；天将明，"何可长也"？

要自知，不论做学问或做事，都要明白。要教，使现在的人也明白，懂得用《易》的智慧。要接着想，将《易》整个翻版，让今人都看懂。《论语述何》那个时代还可以，今天应《论语述毓》！仔细读，此书中有智，可以整个翻过来，但可不是标新立异。

如肯认真细读"四书"，则除"大易"与《春秋》要师承外，其他书都可以自己读。奉元书院以"大易"与《春秋》为主经，必须下功夫。做学问的不二法门即是勤，一勤天下无难事，天下绝无巧得之事。将来你们必须传学，但有想法没做法不行。没有实学，如何有做法？想法是随年纪成长的，现买现卖也不能圆融。

写中国信，八行书，靠八行起家，即靠人事关系。书信纸有一定的规格。推荐人，信纸八行，必按规矩，一定写八行，净写好听话，冠冕堂皇。如《雪鸿轩尺牍》，信得成样子，专说好听话。《曾文正家书》有学问，有内容。

中国文化的历史太久，连骂人都有一定之规。诗词歌赋，不错的，知平仄，境界，是另一回事。至少学着不错，到北京学。

不认真，子孙如何竞争？不怕不识货，就怕货比货，不能不为子孙谋。人不自知，最是可耻。

中国思想有其层次，"内其国，外诸夏"，做事要有层次，自内其国，将自己的国治理好。

一切都从"元"入手，一切都从头做。熊十力什么都否定，他想出的，你否定，是你智不及。

我在有生之年，必干祖之蛊，一件事，哪件事？学生如猜到，亦算聪明过人。

读《乾坤衍》，看熊先生怎么想。但如果照葫芦画瓢，可失时了。

好好用脑。想做事，年轻时就要好好保养自己。养己，自年轻时即开始。我至今反应绝不慢。

人的守很难，少吃一口，办得到？何况其他？精气神，人之三宝，缺一不可。天下无白捡的事，养身必如此。

求真明白，要有所立。有所立，就不能偶俗，"不易乎世，不成乎名"。老与社会上的人竞争，永远没有自我，时间都浪费了。

中华民族绝对是有智慧的民族，现在中国强了，应时至而不失之，成圣成贤皆在时。抓住时，好好努力。

自"元"开始，乃是千锤百炼来的。奉元书院既是书院，"五经"都要摸一摸。

人千万不要离本，本立而道生，不要将妄想当成志。求真明白，否则读什么也没有用。

《公羊学引论》是很好的入门书。今后必归元典——"大易"与《春秋》(《公羊传》)。

我家在大陆，亦无所求，家中亦无人想我，会回来。

我讲学五十年，至今可谓失败，学生中无一能做事的。四十年前都安排好了，什么都有人研究，但他们研究的路子不一定对，慢慢改正也可回来。《易经》研究最好的同学，今已退休，在高雄。《易》以来子作入门，王弼、程颐、王夫之三家注必须细读。

我坐屋中五十年，悟出自"元"开始，非三言两语能解，不在乎别人肯定。

我讲"拔一毛利天下而不为"：人人为我，何要你一毛？每个人都不肯拔一毛，怕侮辱别人。此解较为周到。如不懂什么是什么，又如何讲书？

我打算找个清静小庙整理东西，总不能五十年坐屋中白搭了。

书院黄皮本新校慈恩本《周易集注》，是用《四库全书》校正的。我都预备好了，学生什么也不用做。

人到什么环境，就得适应这个环境；到什么时，就得适应这个时，圣之时者，否则为逆时、违时。逆时，更甚于违时。

《通鉴辑览》即小廿五史，应家家一部，有必读之书，才有普遍常识。必读书不读，则如同盲瞽。

不能不过，过才合时。孔子一上台，就诛杀少正卯，否则自己亦是非不明。

做大事业得刚健，没有私欲，自强不息。

读《公羊传》，才知何以我这么老还这么个性格。我强求，结果还安慰自己：知其不可为而为之。

现在是什么时候？不识时，做事也不会恰到好处。我为学生点一把火，要你们热起来，由你们自己做。我忙着结束，学生能接就接，不能接就停止。我"梁惠王治国，尽心焉而已矣"。

中孚一卦，其用贵虚，虚而能容，才能百发百中。

见人好，嫉妒、不能容，能成？

小过卦第六十二

（雷山小过 震上艮下）

小过，一君二民之象，小谓阴也，四阴二阳，阴多于阳，小者过也。

小过卦卦体：震为雷，艮为山，雷山小过。山中有雷，山大雷声小，小过，小者过也。

就六画卦而言，卦象坎，中满。来子注："上经终之以坎离，坎离之上颐与大过，颐有离象，大过有坎象，方继之以坎离；下经终之以既济未济，既济未济之上中孚与小过，中孚有离象，小过有坎象，方继之既济未济。"

《序卦》："有其信者，必行之，故受之以小过。"

中孚，信而孚，"有其信者，必行之"，与时行，小者过也，故接着小过。

《杂卦》:"小过,过也;中孚,信也。"

中孚、小过二卦互综,凡事皆有标准——中,合乎标准即合乎道,守中甚难,"大德不逾闲,小德出入可也",小有出入可也。小过,才能矫枉过正;大过,可不行。

读书是要用,以书中之言类推今事,才用得上。明白道理,不卜而已矣。

小过,亨,利贞。可小事,不可大事。

"小过,亨,利贞",守死善道。

"大过,大者过也",以大者为贞;"小过,小者过而亨",以小者为贞。小过,只可成小事,不可成大事。

飞鸟遗之音,不宜上,宜下,大吉。

"飞鸟遗之音",鸟飞过,小有遗音,影响太小,不要妄想过度,宜下不宜上,大吉。

做一事,就必须好好做,不能就不要做,绝不能拖拖拉拉,轻诺寡信。

《彖》曰:小过,小者过而亨也。过以利贞,与时行也。

时应小过,就得小过,小超过,与时行也,"毋意,毋必,毋固,毋我"。

"过以利贞",过而得以利贞。

"与时行也","大过之时大矣哉",大过、小过,都为了与时偕行,当其可之谓时,将至高的智慧用至当其可,识时特别重要。

柔得中，是以小事吉也。刚失位而不中，是以不可大事也。

"六二""六五"柔顺得中，"是以小事吉"。

"九三"不中、"九四"失位，"是以不可大事也"。大事，非阳刚中正之才不济。

时应小过，就得小过，小超过；时当大过，就大过，否则为不及。过与不及，皆非中道。

有飞鸟之象焉。

程子以"有飞鸟之象焉"，应是解者之辞，误入《象》中。

飞鸟遗之音，不宜上宜下，大吉，上逆而下顺也。

小过之时，如飞鸟遗音，一过了无痕。

"不宜上宜下"，此时须韬光养晦，宜向下发展，大吉。

"上逆"，"九四""六五"均失位，偶一不慎即如此。

"而下顺"，顺时，能与时行，合时、适时。

《象》曰：山上有雷，小过。君子以行过乎恭，丧过乎哀，用（用度）过乎俭。

"山上有雷"，其声渐远，小过也。

小过之时，小超过，以"正"为准。正为标准，枉没有正，矫枉过正，一松手，才弹回这个正，必算好尺度，最后才可以扶正。

矫枉与顺枉，两者功夫、方法完全不同。邪曲，得顺着邪曲，把它改成不邪曲，把那东西好好顺一顺。

"行过乎恭",为"足恭"(《论语·公冶长》),阿谀奉承,过分恭顺,低声下气,就想取媚于人,不能表里如一。

"丧过乎哀","毁不灭性",哀毁骨立则灭性,"哀而不伤","丧,与易也宁戚",不在虚矫之情,而是哀恸在心,发而皆中节。

"用过乎俭",该给人而不给人是吝,对别人有所影响;自奉太俭,是自苦,不是吝。一切用度有一定之规,自苦可以,但不可以废礼。

初六。飞鸟以(因)凶。

居小过之始,宜下不宜上,"初六"阴柔不正,知飞于上,不知飞下,因飞而致凶。

有时是"动乎险中,大亨贞",有时是"因动而凶",必看时,要有识时之智。

《象》曰:飞鸟以凶,不可如何也。

光知向上飞,而不知向下,凶。

知进而不知退,知得而不知丧,虽有能者,亦莫奈之何也。

六二。过其祖,遇其妣,不及其君,遇其臣,无咎。

王弼注:"过而得之谓之遇,在小过而当位,过而得之之谓也。祖,始也,谓初也;妣者,居内履中而正者也。过初而履二位。"

"过其祖","六二"过"初六",俯而就之;"遇其妣",遇,偶也,在小过之时,二柔中当位,当过而不至于僭。"不及其君,遇其臣",不僭君,尽臣本分,"柔得中,是以小事吉也",无咎。

此处讲事之伦,非人伦,做事得有伦有序。

《象》曰:不及其君,臣不可过也。

"君臣",今为主从。"君使臣以礼,臣事君以忠",君臣关系是相对的而非绝对的。

"不及其君",不可过于君;"臣不可过",不可以超过为臣之分,守本分,"可小事,不可大事"。

做事得有伦有序,说话能不考虑后果,想说什么就说什么?社会上的事有一定之规,许多人做事,何以结果都没达到原先预定的目标?

九三。弗(不)过,防之,从(zòng)或戕(害)之,凶。

古本:"弗过防之。"王弼注:"不能先过防之。"

在小过之时,阴众多,二阳居内,三刚正,想要阳刚居正,就要准备遭罪。"九三"在小过之时,虽有阳刚之才,但位不中正,想要做君子,小人必定害你,"从或戕之"。

社会上的事就是如此,不出门都有人害你,有些人,你不和他一样他都骂你。做人,不要一味听从别人就好。

《象》曰:从或戕之,凶如何也?

时也,数也,大势一到,谁也救不了!
信仰就是力量,活在自己的信仰中,千万不可以盲从。

九四。无咎,弗过遇之,往厉必戒,勿用永贞。

"九三"当位,"九四"不当位,故言咎,虽阳刚,"刚失位而不中，是以不可大事也"，不过，就无咎。

有时做事，看似不妥，但做得正确，结果还是无咎。

"九四"失位，"往厉"，对事认识不清，就跟在后面跑，早晚必出事，"必戒"，戒之。

"勿用永贞"，随宜，不可以固守而不变通。

要求真通，熟读，遇事马上发警戒心。

《象》曰：弗过遇之，位不当也；

"位不当"，以刚居柔；"弗过遇之"，在小过之时，守正不争，遇其宜也，不过，故无咎。

往厉必戒，终不可长也。

"二人同心，其利断金"，合德，可以长永贞固。

自己有主张、见地，如因自己的位、势不足而从，则不可以长永贞固。

六五。密云不雨，自我西郊，公弋取彼在穴。

《易》皆况、象，是公式。不讲考据。

"密云不雨，自我西郊"，"西郊"，阴方，阴阳不交，虽密云但不雨，不能成生育之功。

"六五""九四"皆不当位，五乘刚，但四侵害不到五。

"弋"，射飞鸟短矢；"穴"，地洞。"公弋取彼在穴"，"六五"据位深处，"九四"不能进入，亦无可奈何。

一个直的东西，绝不能达到"曲求"的功用。仁人君子"其生也直"，但事事都得曲求，事事都要隐蔽，欲达目的必得曲求。

天下焉有直线条能成事的？一坐如泥菩萨，没等说一句假话脸就红，没用。鸡鸣狗盗之徒反倒有其用。

必须拐弯抹角才能达目的，兵法讲"全""不战而屈人之兵"，不可以急躁。

讲完，问自己能不能用？达到目的必得"曲求"，连当小偷都要有智慧。

读书，边读边画，再读可以省很多时间。

《象》曰：密云不雨，已上也。

"密云不雨"，云虽密，但不雨，上逆也，阳降阴升，故曰"已上也"。

上六。弗遇，过之，飞鸟离之，凶，是谓灾眚（过也）。

"上六"居震之极，处小过之终，高而亢者。飞而不已，如飞鸟遗之音，凶，灾祸也。

《象》曰：弗遇过之，已亢也。

过而至于亢，灾眚至矣。人事、天理皆如此，亢了，物极必反，盛极而衰。

有才之士必得用至高之术，之所以看似庸庸碌碌，乃因懂得"庸"之三昧，难于用事，乱世不可用，升平世可用。

从注解，可以看解释者之智慧，但《易》从伏羲传到后人，已经出入甚大。

"元"究竟是什么？必细究其开始，《尔雅·释诂》第一个字："初、哉、首、基、肇、祖、元、胎、俶、落、权舆，始也。"

《尔雅》是中国第一部词典,《说文解字》是第一部字典。

读完要马上想到人事(世),此儒家之学,可用。没明白,就用不上。

今后把住"元",亦可想出一套东西,就另开花结果,此乃随人的智慧而改变,趋时也。变是为了适时,趋时与适时不同。送礼,不在大小而在合适,就是智慧。

同学如稍微懂得用脑,则在团体中绝对能用事,可以讲学,可以经营,可以做政治、外交之事,分开做,全视个人之所能,好好训练。每个人并非都是全才,就怕一无所长。

人就怕没有后劲,中途一垮,就起不来了。

君主专制时代的思想往往都为了趋势、趋利。《史记》多处遭篡改,已非原貌。"公羊学"革命思想何以不敢传?

注解,一家之言,不必当成金科玉律。《乾坤衍》,智者之言。按传统讲,糊涂;看《乾坤衍》,清楚。熊十力评:微言绝,大义乖。《彖传解》应比《大象解》重要。

现在有些人没看书,就敢立说。发言,人人皆可,但能以之立政纲政策吗?结果只是纸上谈兵。不但对学问不知,对中国人的习性也不知。救国平天下,能不知人的习性?有人批评朱子,但仍有人迷信朱子学说,好坏参半。程朱之学至少是讲习性之学,仍有智者相信,因人之"性相近也"。讲的不是人性之道,道是性中之物,至少也应是习性之道,才有人相信。习性,习之谓性,"率性之谓道,修道之谓教",性中之物(无欲),与习性(有欲),二者有别。

未来是好是坏,反正都必会赶上,逃不过去。强调良知良能、道! 今天不只一爻变,爻爻都变!乾卦之初爻变,就成姤卦了，与乾之性情已相去千里；坤卦初爻变，地雷复，成复卦（䷗），一元复始，希望乃无穷。倒霉不怕，就怕动，动得准确，就有希望。坤为民，"帝出乎震"，帝以民为本，即谁以民作为号召，谁就胜。

人做事就是看心性，要会用，奉元，今天必自"元"开始，看人的心性到底怎么样。慢慢想，可以树立一套"与时偕行"的真东西，乃心性的产物，而非势利的产物。不是心性的产物，皆趋势、趋利。

现在还抄什么注？岂是立说时的观念？立说之时，什么尊卑等级观念都没有，是天民，多圣洁，一点私欲也没有，"予，天民之先觉者"，"以先觉觉后觉"。

好好成立一个书院，跑接力，给中国创造一种有原有本的新哲学。我知"奉元"，重视"一"的研究，居一。孔子聪明到极点，变一为元，"一以贯之""大一统"。书院必在此下功夫。

现在要有大智慧，要盘皇另辟天，形而下的，"蒙以养正，圣功也"。养正，得居正，大一统，大居正，"大易"与《春秋》互为表里。

追元，为学必须脚踏实地。夏学，是以前人的东西作肥料，不可以作种子，种子是元，加上肥料，一定会开花结果。我这套玩意儿出来，才是圣之时者。要懂得怎么想，以古人的智慧培养元，启发新智慧。

"统天、通情、御天"三个步骤特别重要。从统天到御天，要特别注意通情，否则怎么了解事？画八卦，"以通神明之德，以类万物之情"，类万物之情是最实际的，临到我们则要通情。现在的人类的一切行动，从打扫马路到科学研究，都是御天。

小过卦第六十二

要升华自己，人没有不能的事，只是不知用心。赶上时代，何不还元，还要接糟粕？

我怪，但有道理。孔子"志在《春秋》"，革命性，不可断，代代必有怪人。我赶上"公羊学"兴盛之际，绝不改变，在台就传。

做学问就好好做，看自己之所长。

将我所讲的记住，回去想，懂得怎么想，不要浪费。做实际的东西，不要净是找肥料，要清厕所。

自根上另想，不是在标新立异，而是出于心性、良知。皇帝愈喜欢的，离真理愈远。

熊十力是第一个开创者，以《乾坤衍》作为启示，证明我的"又一村"理论，是另起炉灶。

正，性命，"各正性命"，董子《春秋繁露》中提及。

孔子在"郁郁乎文哉，吾从周"的时代，照单全收；明白了，"不复梦见周公"；最后，不助东周了，助一王之法。自元革命的是孔子，所以"变一为元"。

我天天想。放假，与孙子吵一架，就精神百倍。他那么小，就有自我。我现在看书都有点费力，老了。

要见真，何必争世俗？有些人在垃圾堆捡东西，认为愈古愈好，以这种反常的心态去认识真理。不可以索隐行怪、好名，名属于势，非利。

《乾坤衍》是熊子如何看乾坤，一精神一物质，思想的东西没有边际，熊子想出超凡的东西。嗜欲浅，天机才深，表面静没有用。

我把旧东西当作肥料，不当种子，用以培养元，可以开花

易经日讲

结果，开花如没结果，中途就完了。结果我想出一套东西，属于心性的产物。现正赶上时，是中国思想另辟天地的时候了！

文化之风，如果只重食色，没办法！看文化之重要，好好学，自根上来。

成功有成功之原，失败有失败之原。应人人以贪污为耻，以事功为第一。

好坏就在你们身上，得化民成俗，否则一点文化也没有，丑陋之至！

既济卦第六十三

（水火既济 坎上离下）

坎为水，离为火，水火既济，事之已成。成功了，即既济。

凡事皆有个临界点，超过了，就会回头，物极必反，故既济之后接着未济。

过与不及，皆必调剂。既济卦要好好玩味，真能发人深省。

《序卦》："有过物者必济，故受之以既济。"

"既济"，各得其位，因事用人，各有专长。各得其位，表面看好，但一切都松弛，故次小过。

《杂卦》："既济，定也。"

"定"，成也，事之已成也，成功了即"既济"。因为各正其位，知止而后有定（成）。"天下恶乎定（成）？""定（成）

于一"。有定,因有准。一开始养正,最后能正,圣功也。

知止,止于一,正。不能一,就没有定。一,惟精惟一,精诚合作。失于一,乃不能精诚合作。如两者一,就有定。想有成就,得一,绝对合作。团体不一,焉能成功?要一,则敌人无隙可乘。

贪非分,有邪念,绝不能成大事。我无所求,绝不求得不到的事,在屋中喝茶琢磨,没有根据的话绝不相信。

既济讲定,各正其位,各素其位。严格训练自己的脑子,行禅,坐禅,静禅,修养至行住坐卧皆禅,一切皆在自己的掌握中,绝不被动,岂是吹牛所能做到的?

自己能主动,别人不能把你怎么样,真懂了才知道怎么做,程度低易受骗。

人一妄,什么力量也没了。觉,不妄,成佛;没有分别心,众生平等,菩萨;不着相,罗汉。

做任何事,绝不可以急功近利,要养成炖牛肉的精神,细火慢炖,不急不躁。

"千滚豆腐万滚鱼",开一次叫一滚,豆腐、鱼之所以好吃,在于经过多次滚。"治大国,若烹小鲜",烹不同于蒸,是将小鱼直接放在锅中,往热锅中不断喷水,用水气把鱼烹熟,仍保持其鲜度,非一次之工。煎、炒、烹、炸,都是功夫。

既济,水火相交,各得其用,因事用人,各有专长,各得其位,在位谋政,无位不能发生作用。知止,定于各正其位,定于一,止于一。

物极必反,过与不及皆必调剂调剂,成功了即既济。

一件事之所以没能成功,有远因、近因,知道了,才知道第二步要怎么做，不会有失，故曰"以性智解套"。

"以欲智失败"，就因为贪功，光知往前，螳螂捕蝉，黄雀在后，不知后有一小儿执弓箭待雀，以致骑虎难下，没想到的结果！

既济，亨小，利贞，初吉终乱。

"既济"，各正性命，如此好，何以还"亨小""初吉终乱"？

处处既济，并非好事，"狡兔死，走狗烹"。既济可真不易，麻烦可大。怎么应付？既济兼未济，应此事既济，而彼事未济。方济之时，需要而有用。真有智慧，应制造有用的机会。到既济了，如日中天，亦将衰之始。

"非我不可"只能自己知，为人所知就快完了，话说出口就是麻烦，应守口如瓶、战战兢兢，凡事要经过大脑，同道中人才能说机密话。必防患于未然。

"利贞"，利艰贞。

"初吉终乱"，日中则昃，月盈则蚀，"无平不陂，无往不复"（《易经·泰卦》），一治一乱，乃理数之常。

"初吉"，刚开始打的江山；"终乱"，巅峰一过，就日落西山了！

孔明能借东风，应理数之常，懂得用天文。

既济之后，人心恃其既济，"般（pán，大也）乐怠敖"，未有不乱者！

《孟子·公孙丑上》："今国家闲暇，及是时，般乐怠敖，是自求祸也。"

我试验过，不对，要拨乱反正，要另辟天地。何以古人赞美汤武革命？革卦《彖传》："汤武革命，顺乎天而应乎人。"以此去想，好好弄，文化革新就会成功。第一个"革"的即熊十力，说"六经皆伪"，整个翻版。

熊十力于《原儒》序曰："审定六经真伪。悉举西汉以来二千余年间家法之墨守、今古文之聚讼、汉宋之嚣争，一概屏除弗顾。独从汉人所传来之六经，穷治其窜乱，严核其流变，求复孔子真面目，而儒学之统始定。"

熊《原儒》，我《原元》。学生成才，才是我的成功。我们不喜朱子，亦不影响其成就。人必须每天培智，不要看低自己。

《彖》曰：既济，亨，小者亨也。利贞，刚柔正而位当也。

既济之亨，"小者亨也"，不以善小而不为，小之将为大，盈亏之道。

"利贞"，贞有"固其正"之义，正固，仍须利于正，"虽曰天命，岂非人事哉"？

"刚柔正而位当"，一、三、五都是阳爻，二、四、六都是阴爻，是不是刚柔各得其位了？刚柔得用得好，各素其位，"天地位焉"。

"既济，定也"，定于正，刚柔正而位当也。知止，止于一，正。懂得正，不见异，不受引诱。

初吉，柔得中也；终止则乱，其道穷也。

既济，刚柔适中，气机调和之象，由此而能生长万物。万物之长养，赖"中和"之力也，故曰"致中和，天地位焉，万物育焉"。

中国符号：阴阳、刚柔、乾坤。阴阳相对，刚柔相对，"刚柔相推，而生变化"（《系辞传上·第二章》），互相调和得中，即"致中和"。能得中和则定，定则不见异思迁，而能有恒，恒乃"久于其道也"，"君子而时中"（《中庸》）。

看看历史，能留下的有几人？民国学人，衮衮诸公，而今安在哉？

人之所以能立，就是有思想。美其名为博学之士，但无思想家。宣统帝聪明，但没赶上时代。

不恒其德，不能始终如一，故有始无终，乃"初吉终乱"。

"其道穷也"，怠事胜敬事则凶，"主敬立人极"，"恭己正南面而已矣"。其道穷，人道以理而穷；盛极必衰，天道以数而穷。

《象》曰：水在火上，既济。君子以思患而豫防之。

水火之象，水润下，火炎上，危急之象。"水在火上"，水在上，终必润下；火在下，终必炎上，因势而穷也。

道穷了，到这个时候要想什么？"君子以思患而豫防之"，思患之所在而豫防之，思则不殆，豫则不疑；事豫则立，计划详细。

来子注："思以心言，豫以事言。思患者，虑乎其后；豫防者，图之于先。"外面愈乱，得思患深而豫防密，否则予人可乘之机。

仔细玩《易》，确为智海。自讼，不必等别人责备。自试，"上下无常，非为邪也；进退无恒，非离群也"（《易经·乾卦·文言》）。想改运，得反其道而行，发愤图强。每天应问自己：今天做什么？怎么办？

初九。曳（御，控制）**其轮，濡其尾，无咎。**

"初九"处既济之始，在离火之下，阳刚躁动；"曳其轮"，控制不前，内圣功夫；"濡其尾"，过河，尾巴湿了，不要强渡，外王功夫。内圣外王功夫都控制好，不轻举妄动，才无咎，非吉。

守位，不躁进，不求极，人生谈何容易，能如此，才能保住既得利益。一个人绝不可以轻举妄动，必须谋定而后动，否则后悔莫及！

"博我以文"，启智；"约我以礼"，督导行为，"以约失之者，鲜矣"。

是谋，还是梦？是志，还是妄想？不能把妄想当成志。谋，是有略、有纲。

要懂得利用既得的东西，此即既济之道。必须懂每一爻怎么用。

守位、不躁进（不是不求进，进为其本能）、不求极，不轻举妄动。什么都不缺，才得思患。

性既是善，何以还要修？"曳其轮"，曳，御，控制，内圣功夫，一举一动都恰到好处。什么都有了，也必有进德修业的功夫。"君子进德修业，欲及时也"（《易经·乾卦·文言》），可以进则进，可以止则止，成"圣之时者"。不要以为字面明白就懂了，会用吗？

我讲得随俗，写的可不是。读我的书，得先读《原元》，用心深细，岂是普通人能懂的，我岂是盲目崇拜熊十力？可惜熊十力《大易新疏》没成！

学会用脑，不然行为完全像动物，就懂得利害而已。你有智慧，人家才来和你谈。失败后有能力爬起来，才算能耐。"好汉跌倒，好汉爬"，惊天动地。

轮子的本能是往前走，但不知怎么走才对。"曳其轮"，是人在控制车轮走得快或慢，所以用绳子"曳"之。不是不使它发挥本能，是由人控制其快慢。我天天自试，必有智慧用上。

看环境之变，以六变控制天下事，此即"御天"。今天办事必看环境，时乘六变以控制天下事。

"濡其尾"，识时，不渡河，"义无咎也"，此为传统之解。培智，环境不好不动，外王之业。

一爻一世界，一爻一乾坤。

"大哉乾元，万物资始"，"乾知大始"，乾以"知"来大始；"坤作成物"，坤以"作"成物；"乾以易知"，"易"为知之父；"坤以简能"，"简"为能之母；"易则易知，简则易从；易知则有亲，易从则有功；可亲则可久，有功则可大；可久则贤人之德，可大则贤人之业。易简而天下之理得矣，天下之理得，而成位乎其中矣"，不懂"易简"，做事不会成功。要练习知道东西的层次。

《中庸》："喜怒哀乐之未发，谓之中；发而皆中节，谓之和。中也者，天下之大本也；和也者，天下之达道也。致中和，天地位焉，万物育焉。""天地位，万物育"，成功了，"大人者，与天地合其德"。将《易经》之体，变成《中庸》之用，故"大易"与《中庸》相表里。《中庸》有许多地方是解释《易经》的，许多注解完全不明白。要读明白，真得千锤百炼，看一种思维经过多少层次。

读书要如此下功夫，不是会背书就懂。不会用脑，不要自称是奉元书院的学生。

智慧不是一天得来的，下二三十年功夫，要如何比得上下十几年功夫、千锤百炼的东西。

"知"与"易"的关系如何？何以天下易简之理得，"成位乎其中"，就成功了？不但成功，还"与天地合其德"，可以御天。天生万物，人能役物，使天下无废物。这些都是精神力量。

苏轼一辈子屡屡得罪权贵，被贬至海南岛讲学，而且不止一次，最后开自己玩笑说："人皆养子望聪明，我被聪明误一生。惟愿孩儿愚且鲁，无灾无难到公卿。"何以他一直能干到底？因为良知就是生命。

练达智慧，目的是要任事。为什么而活？天天学什么？有哪句话启发人的智慧？有的教授看概论讲课，根本没看原典。以他的程度，中国任何一本书都看不懂。

奉元，元是种子，用肥料培元。有智慧、有肥料，培养得当，绝对有用。以肥料培祖宗之元，绝对结时代之果。中国人要强大了，一千年都不会软弱，要为人类谋福利。

要努力，一无所得岂不可怜？不明白，就要研究。愈研究，愈明白。

《象》曰：曳其轮，义无咎也。

"曳其轮"，知其所止，不使达于极，超速，控制其动。

"义无咎",进德修业,欲及时也,"言不必信,行不必果,惟义所在"(《孟子·离娄下》)。御万物,放诸四海而皆准。

"曳其轮",控制好,不失中——内圣功夫。"濡其尾",如果环境不允许,绝不勉强——外王功夫。内圣外王功夫都控制好,才无咎,而非吉。人生谈何容易,能如此,才能保住既得的利益。

学无止境,今天不再考据训诂,时代已经不同了。今后研究思想,视各人的智慧。我说"夏学",不谈今古文,每个团体都有其宗旨,自己不明白,就别胡扯。

接受中国人的东西,融化在个人的智慧中。中国东西自元而来,现在要原元。将过去的东西当作堆肥,用以培元,再开出今天所用的花并结果,即"盘皇另辟天",天地之始也。此乃我们的立场,但不一定每个目标皆达到。要接着讲,不要照着讲。我天天所讲,乃是开门的钥匙。

现实的感触:想有力量就得有团体,组织就是力量。

要了解价值,自己没价值了还不知,人家以为你走错路,不是说有钱就有用。

懂得怎么做,是智慧问题。我好坏主意都会出,天天想,想得多微妙!人要知己知彼,才能百战百胜。

如在有用时不能做点贡献,那书岂不是白读了?要造时,时势能造英雄,英雄也能造时势。现在多重要,还当儿戏?

六二。妇丧其茀(古代挽发定冠的簪子),**勿逐,七日得。**

"茀",古代挽发定冠的簪子。"妇丧其茀",失去掩体,不能往前进,处于孤军奋斗中,甚为危险。

"六二"在明之中，柔而中正，与"九五"相应与，"刚柔正而位正当也"。然承乘皆刚，挟于二阳之间，难以前进。处于既济之时，不是不能突破，而是要另觅掩体，必须变，"穷则变，变则通"。

"七日得"，达变以求中也，任何环境皆有中。只要变，指日可待。"终止则乱，其道穷也。"有所变，才有所得。怎么用上？

《象》曰：七日得，以中道也。

当进则进，当退则退。

王弼注："夫以中道执乎贞正，而见侵者，众之所助也。处既济之时，不容邪道者也。时既明峻，众又助之，窃之者逃窜而莫之归矣。量斯势也，不过七日，不须己逐，而自得也。"时一变，就有得到的希望，故"丧其茀，勿逐"。此爻以王弼解得好。

程颐注："中正之道，虽不为时用，然无终不行之理，故丧茀七日当复得，谓自守其中，异时必行也。不失其中，则正矣。"解得不好。

来子注："变乾居一，前坎居六，离为日，七日之象也……"此解愈解愈难懂。

六爻，"始壮究，始壮究"，生生不息，到第七爻必变，因时变了，"七日来复"，"复其见天地之心乎"。"道有变动，故曰爻"，"爻者，言乎变者也"，要懂爻义，才有用，承乘应与。

好好用心，代代相承。谁有脑子谁成就。

九三。高宗伐鬼方，三年克之，小人勿用。

"九三"阳居刚位，为进爻，处既济之时，在离明之终，坎险在上。"高宗伐鬼方"，三年乃克也。"小人勿用"，不能以小人用事，必判断其智慧，而后用其言。

既济之时，天下太平，怠忽般乐，佞幸小人得势。处既济，岂是易事？

《象》曰：三年克之，惫（病）也。

用兵，时久师老，劳民伤财，财匮力困，"惫也"，焉可轻易用兵？

"兵者，国之大事，死生之地，存亡之道，不可不察也"（《孙子兵法·始计》），用兵之难，怎可轻信小人之言？

我这一代的人无不爱国，没有过一天太平日子，故特别喜欢国家强大。

君贤，臣才敢谏。唐太宗生魏徵的气，长孙皇后马上向他贺喜，真比刀快，将其心中的气放了。如说错一句"早看他不是好人"，则将死多少人。人都喜欢听对自己有利的话，故上位者常任用小人。听劝谏，太难太难！

想成事先修德，扩充自己的度量。到处说人坏话，人就相信你？到哪儿，说话都要特加小心。

"君子居之，何陋之有？"没有德就发挥不了作用。穷朋友也能处，富朋友就完了。既济，过富日子可不容易！

六四。繻有衣袽，终日戒。

"六四"阴居阴位，当位，近君，居坎之初，在既济之中，终日戒惧，如临深渊，如履薄冰。

王弼注："繻，宜曰濡。衣袽，所以塞舟漏也……夫有隙之弃舟而得济者，有衣袽也。邻于不亲而得全者，终日戒也。"

"衣锦尚䌹，恶其文之著也。"（《中庸》）"锦"，《释名》："锦，金也。作之用功重，其价如金，故其制字帛与金也。"一寸锦一寸金。绫、罗、绸、缎为织物统称。

织锦，是中国技术水准最高的丝织物，用彩色的金缕线，经提花、织造工艺织出图案的织物。现今市场上统称之绫罗绸缎，大别之，绫罗属于薄者，绸缎属于厚者。薄者中提花为绫，平织为罗；厚者中提花为绸，素底为缎。细分之，绫罗绸缎中，又各因组织结构之差异，名称更为复杂而繁多。厚者曰绢，薄者曰绫，厚而有光泽者曰缎，轻软而有疏孔者曰罗。以厚缯为地，用五色彩线织成者曰锦，抽引茧绪纺而织成者曰䌷，䌷之粗者曰绁，锦绣之文者曰纹。

"终日戒"，每日在心中警戒，小心。

《象》曰：终日戒，有所疑也。

"有所疑"，祸福有一定轨迹，上智之士才知祸福之变。

"六四"柔处退位，处既济之中，"终日戒"，慎不害也。

女孩更应好好读书，要有像样的家庭，父母不标准，孩子绝对不标准。

引书时，一定要对照书本，也许有笔下误。做事要细心，绝不可掉以轻心。

易经日讲

九五。东邻杀牛，不如西邻之禴祭，实受其福。

"九五"居坎险之中，太极端，坎中满，月满、日中之时，处既济之时，虽居尊位，然居坎险中，穷时必须懂得变，"穷则变，变则通，通则久"，既济变未济，既济兼未济，豫解无穷。

"禴祭"，四时之祭最薄者。孔子封过王，祭孔用太牢，全牛。

《礼记·坊记》："敬则用祭器。故君子不以菲废礼，不以美没礼。故食礼，主人亲馈，则客祭，主人不亲馈，则客不祭。故君子苟无礼，虽美不食焉。《易》曰：'东邻杀牛，不如西邻之禴祭，实受其福。'"

《象》曰：东邻杀牛，不如西邻之（应为"知"）**时也；实受其福，吉大来也。**

祭在合时，不在丰盛。

此何时也？要知时。知时，时至而不失之，故吉大来，"实受其福"。

上六。濡（浸湿）**其首，厉。**

"上六"处既济之终，居坎之极，"濡其首"，如小狐狸涉险渡水，惨遭灭顶，危险！

《象》曰：濡其首厉，何可久也？

太过志得意满，不知已临"既济"尽头了，时局将转为

"不济"。

不知深渊在前，而暴虎冯河，所以有灭顶之象，危险而艰辛。

元，初，一。初与一，两者有何不同？刚想画，一动念，即初。一念，初，皆系于初，哪儿来，哪儿去。

好好看《序卦传》，六十四卦有序，一卦接一卦，一爻接一爻，多会想！有自己的思想，即是思想家。要为自己活，可不能白白活。奉元，第一步得把"元"悟通，本立而道生。

宋美龄 102 岁，说话还那么清楚。我如活到 102 岁，必将"大易"与《春秋》用白话写明白。我对"大易"与《春秋》的研究非形而上学。

一个人有志以后才有方向。有些人就争利，为一根骨头争得失去人形。

你们再不努力，下一代将成什么样子？向左右邻居讲，讲做人道理，从浅入深，至少使他们懂得怎么做人。

要学会用脑，把古人的书当作肥料，用以培元，以开时花，结时果。是中国书都得看，要广搜博览。

我五十年无大成就，最后无可奈何，退而求其次，将气出在写几本书上，但必须实用，人人看得懂，不说鬼话。

我们重视思想，一步步怎么运用，经过多少层次。一步比一步紧，最后成了，如螺丝钉般慢慢扭转。

要懂得用智慧，将智慧用于实际上。

《大学》"止于至善"，多少注解所讲的都用不上，不知怎么做。至善，乃善之至，没有什么比得上，是老大。我找到《易经·乾卦·文言》"元者，善之长也"，故善为元，意义深刻。

止于至善，即止于元。孔子"变一为元"，故止于一，即正。

大哉、至哉、至善，均有"至高无上"之意，如大儿子（长子），给人提示，《易》"元者，善之长也"，可以相印证。

父母在一起就要生，生的小孩什么也不明白，就懂得哭、吃，即蒙。蒙要上学，向第一个老师即启蒙师磕头。"蒙以养正，圣功也"，从蒙时就要养正，养本身的正，培之，不使之跑掉。有此功夫，结果"成圣功"了。这不是普通的成功，而是高得不得了的圣功。此正，不是教的（外来的），而是养的（与生俱来的）。

正是什么？性命也。"各正性命。保合太和，乃利贞"，把性命变成正，有作用，即养性命。止于至善，即止于性命，止于正。做事，顺着人性做即道，率性之谓道。如此讲，马上就能用。此正的作用大，"子帅以正，孰敢不正"，"必也正名乎"。

"蒙以养正，圣功也"，是《易经》的第一个圣训。既然养正了，平常得居（守）正；此事太重要，故曰"大居正"，《春秋》讲大居正。

止于一了，变一为元，为最高境界。养正，圣功→居正，一统。用一统天下，非统一，"王者孰谓？谓文王也"，"远人不服，则修文德以来之"。

孔子志在《春秋》，大居正、大一统。《春秋》与"大易"相表里，一为用一为体。《春秋》与"大易"这两部书，都是"元"的成就，所以要奉元，开始叫"天德黉舍"，成其天德，以达到王道、大同。

知中国人的思想，才知中国人的责任。夏→诸夏→华夏。

止于一，大一统；宇宙间大一统、太平世，大同。

《大学》《中庸》，学大、用中，完全不是空话。

以蒋庆《公羊学引论》作为入门。要懂得读书的技巧，才能得出结论。

"大易"与《春秋》是一个，中国人的责任——日月所照，霜露所坠，舟车所至，人力所通。将来真可为世界各国的弱小民族谋幸福，可用自己的所长，教其耕田种地养蚕。精神的表现，有始有卒，干到底就是圣人。精神一到，何事不成？把其他民族当兄弟看，民胞物与，同元共生，可以共存共荣，此即大志、大事业。不分种族，在有智慧，如南非曼德拉。

一个"私"字害尽天下苍生！一个错误，贻下无穷的后患。

孔子何以志在《春秋》？社会不应用武力，应用一统。一、元，生生不息、终始。资始，要经知、易，乾知大始，乾以易知。生完又生，叫明，大明终始。始，叫易；生，叫简，易则易知，简则易从。阴阳合德，刚柔有体，生生不息。由始到生，几十年即断绝，必使之终而又始，生生不息，其机即"明"。

《乾坤衍》将乾坤衍得相当好，就熊十力一人说明白了。看《易经》是什么？我们老祖宗何以那时就有如此致密的头脑？思之思之，鬼神通之，所以我整天坐着猛想。平日打坐，坐在板子上。没有秘诀，就精与一，不贰，不想入非非。

没有比做人再难的，做学问也是做人的一部分。我就佩服王弼有才华，必须有功夫。一，心无旁骛；精，思之思之，鬼神通之。

不分男女都有大师，一个人必得自己设计。我一辈子没有说过我喜吃什么，得有多大的修养！必用许多方法约束自己，才能心无旁骛。头脑清楚，何不做自己喜欢的事？

  我半夜喜欢喝茶就喝茶，不必听训。人生太不容易了，有些人就没有真想通。想通了，万事皆休！麻烦都是自己制造的。天下本无事，庸人自扰之。

未济卦第六十四

（火水未济　离上坎下）

火水未济，水火不相交，六爻皆失位，未济，事之未成。

《序卦》："物不可穷也，故受之以未济终焉。"

《易》到既济，都当位了，但仍"以未济终焉"，告诉人不必自满、知足，以未济终篇，物极必反，否极泰来。既济兼未济，刚柔交错，天文也，既济、未济二卦，互综相错相交。

"以未济终焉"，因为"穷则变，变则通，通则久"，穷变通久，永远生生不息。物极必反，否极泰来。

刘逢禄《何氏释例》曰："《易》一阴一阳，乾变坤化，归于乾元用九，而天下治，要其终于未济，志商亡也……'无平不陂，无往不复'，圣人以此见天地之心也。"

《易经》最伟大的卦是未济,而非既济。《易》以未济终焉,天下事没有哪个能达到一百分,还必须继续干。未济了,要如何?复其见天地之心乎!复奉元统(始)。

《杂卦》:"未济,男之穷也。"

何以穷?其道穷也。"穷则变,变则通,通则久","一阖一辟谓之变,往来不穷谓之通"(《系辞传上·第十一章》),"变而通之以尽利"(《系辞传上·第十二章》),"变通者,趣时者也"(《系辞传下·第一章》),"不可为典要,唯变所适"。

未济,"豫解无穷",豫,先时,还为后人留下无穷智慧,才能生生不息。

《春秋公羊传何氏解诂》哀公十四年"西狩获麟",何休注:"孔子仰推天命,俯察时变,却(仰也)观未来,豫解无穷。"

中国人伟大处在专讲"生"。元,是生之体,父母。责任在奉元,以养成万物,因它生了。中国思想就重视生、仁,故将植物生命之机称为仁。讲中国文化绝不能丢掉大体。天生万物,继天行事,要养成万物。

未济,亨。小狐汔济,濡其尾,无攸利。

不济,亨,时到,自能亨,渡过一切难关。强求没有用,徒劳而无功。

"汔济","汔",《说文》:"水涸也。"水涸,而后能济。

"濡其尾",小狐狸过河时,把尾巴竖起,心中生疑,转来转去，未济，未能出险中。

"无攸利"，狐疑自扰之，不识时，不识位。智者不惑，好狐疑乃下愚之士。

人都有时运当头的时候，要把握时，否则时过境迁，或先时而行，皆劳而无功。值得重视。应随时警醒，要渡过难关，取决于人的智慧，没有过不来的山崖，历尽艰险，终达目的。

《象》曰：未济，亨，柔得中也。

未济，也有亨道，必须把济之道看得很重，才能亨。

"柔得中"，指"六五"，以柔得中的功夫，是最难的功夫。柔中，才能除己之乱、除世之乱。

小狐汔济，未出中也。

处未济之时，水涸乃能济，未能出险之中。

要识时、知势，如不识其机、不知其权，又勇于任事，只是受累不讨好。

濡其尾，无攸利，不续终也。

小狐虽能渡，而无余力，将济而心生疑，不敢作决定，既犹豫又狐疑，所以不能成功。要决定的事却狐疑，遇事犹豫，决事狐疑，结果不能渡，不能续终，险难犹不能济。

"不续终"，不能永终。要"知终终之"，"故乾乾因其时而惕，虽危无咎矣"（《易经·乾卦·文言》）。

虽不当位，刚柔应也。

养正，既济定于正，但得变化，既济兼未济，故以未济终焉。未济，各正性命，但不当位，阳居阴位，阴居阳位。戒之处何在？刚柔应也。六爻虽不当位，但刚柔皆相应，如能合德，还能协力出险。"未济"是无穷，必懂"刚柔应"，两性相应。相应与，天下事无一人能成功。

人做事，硬碰硬，那可不行，得刚柔应也，要以柔应刚。刚柔相应，阴阳合德。天时不如地利，地利不如人和。有地位者成独夫，"高而无民，下而无辅"，没有同志，难以成功。

《象》曰：火在水上，未济。君子以慎辨物居方。

"火在水上"，火炎上，水润下，水火不相交，未济。当未济之时，不可以轻举妄动，否则容易遇险。

"辨物居方"，辨物之方，因各方有各方之物，一方水土一方人。"慎辨物居方"，知之明，处之当，物各居其所，不相紊乱。处事必须有伦有序、有规有则。

每天必"辨物居方"，物，包含人、事、物，有了目标，要居方。懂"应"与"节"，必"慎辨物居方"，知其异，统其同，以息水火之争。

"天下恶乎定？""定于一"，"天下莫不与之"。知止，止于一了，故能定于一。"孰能一之？""不嗜杀人者能一之。""孰能与之？""天下莫不与也。"（《孟子·梁惠王上》）

《易经》没懂，"四书"也讲不通。经书得好好另外整理，依经解经，得有根据。

一爻一乾坤、一宇宙、一历数,"天之历数在尔躬",宇宙为一大宇宙,人为一小宇宙。"率性之谓道",诸子百家皆自率性来的,顺着性来发挥。何以老跟着人家跑?要用现代的话写《易经》。

有孔门《论语》。今天要另辟天地,奉元要写今日之《论语》,毓门之《论语》,与生活有关。今日之《论语》,是研究时(实)学之《论语》。

从秦始皇到清朝,钦定之学,人之为道而远人,是伪学,是人为的!必须加以清理。"学校钦定之枉,道正率性之元",以此二原则整理夏学。熊十力跑第一棒,我们承认熊十力,书院挂熊十力的像。

初六。濡其尾,吝。

"初六"居坎险之初,处不济之始,质柔无应,不得济也。"濡其尾",沾湿了尾巴,欲济而不能,吝。

开始任事时,量力而行,知己知彼。必须念兹在兹,才能达到境界。

《象》曰:濡其尾,亦不知极(终)也。

爻辞,就才、力而言;《小象》,则就智而言。
"不知极也",不续终也,因不识事之机,光知道任事。
未能审时度势,妄图冒进,不但于事无补,反而遭受更大的伤害。

九二。曳其轮,贞吉。

"曳其轮",牵引车轮,不贸然前进。"贞吉",正固才吉。

"九二"在未济之时，居坎险之中，历艰险时应量力而行，"暴虎冯河，死而无悔者，吾不与也"（《论语·述而》）。

《象》曰：九二贞吉，中以行正也。

"贞吉"，贞，正固，守正固则吉，《大学》所谓"知止，而后有定静安虑得"（原文为：知止而后有定，定而后能静，静而后能安，安而后能虑，虑而后能得）。

"九二"阳居阴位，位虽不正，然居柔得中，"中以行正也"。得中道，才能吉。遇事要稳、狠、准，不可贸然行事。

六三。未济，征凶，利涉大川。

三为进爻，乘险而上进，但才柔失位，"未济，征凶"。当"乾乾因其时而惕"，在危险的环境中，不要慌，必有脱险之道。乘"九二"之刚，得阳刚之士相助，"利涉大川"。

《象》曰：未济征凶，位不当也。

不济，"征凶"，以柔居刚，"位不当也"。志可取，然穷于时。

自己能力不足，处非其时，如贸然前进，则有灭顶之患，征凶。

九四。贞吉，悔亡。

"九四"阳刚，处已出坎险、未济已过中之时，有可济之道，勉而行之，"贞吉，悔亡"。

人贵乎自知，没有心理负担才轻松，心广体胖，因不妄求，就没有求不得之苦。

震用伐鬼方，三年有赏于大国。

来子注："未济与既济相综，未济九四即既济九三，古爻辞同……综卦之妙至此。"既济"九三""高宗伐鬼方，三年克之"，未济"九四""震用伐鬼方，三年有赏于大国"。鬼方重现，而高宗没了。

"九四"处文明（上离）之初，始出险难（下坎），在不遑宁处时，可施展其才。刚健之才出而征伐，三年功成，"志行也"，故行大国之赏。

《象》曰：贞吉悔亡，志行也。

四多惧，又不当位，本当有悔，但勉而行之，正固而行，与时偕行，则吉而悔亡。

"志行"，来子注："履之九四，否之九四，睽之九四，皆言志行，以四多惧故也。"来子之贡献在于比对印证。孔子"韦编三绝"，就是因为勤于前后相对印证。

多惧而志行，能出其险。如不正固，则净为人做嫁衣裳，白忙一辈子。

六五。贞吉，无悔。

"六五"以柔居刚，虽不当位，但中虚应刚，与"九二""刚柔应也"。以柔居尊位，处文明之盛，坚贞而济，则吉，无所悔。

君子之光，有孚，吉。

"六五"为文明之主，虚中应刚，有孚，故吉，天下乃有德者居之。

天下乃有德者居之，必须自己有所表现，人家才与你诚意相孚，"苟不至德，至道不凝焉"。

《象》曰：君子之光，其晖（日光之盛）吉也。

"六五"柔君，承、乘、应、与皆刚，虚心礼贤下士，求教于人，如日之盛，得君子相助为明。

"六五"，承乘应与皆刚。

上九。有孚（信）于饮酒，无咎。

"上九"亢极，居明之上，处未济之终，然非得济之位，当顺天命，饮酒自乐，没有罪咎。

自喝酒，可看出一个人的酒品、酒德。孔德成会喝酒，但喝多少都不乱，特别像其祖先，喝完酒，还可以处理事。有修养的人，什么时候都不失德。

濡其首，有孚失是。

"濡其首"，若是纵乐，喝酒喝到把头埋进酒缸里。许多人喝酒时不正是如此？"有孚失是"失是，失了有孚，失了分寸，行为不能恰到好处、有所节制，"亦不知节也"。人说没有酒德、酒品。

"有孚失是"之"是"，同"《易》有太极，是生两仪"之"是"，与"在明明德"之"在"字，同样重要，肯定特别重要。

杭辛斋："《易》有太极"之下，继之曰"是生两仪"，此"是"

字又是极重要之字，不容忽略读过者也。而学者均以虚字目之，向之注《易》者，亦从未有诠释及之者，更何怪注释之无有是处哉！乾初爻之文言曰"不见是而无闷……"，未济上九之《象》曰"有孚失是"……何故以此两"是"字为三百八十四爻之初、终，为全《易》之首尾？是岂无故而适相巧合哉？盖此两"是"字，即"是生两仪"之"是"，于文曰正为是，立表日中，则"天地定位，东西分焉"，东为阳仪，则西为阴仪，故曰"是生两仪"。（见杭辛斋《学易笔谈》二集卷一）

酒呛到肺中，十分钟就死了，死了的人没有感觉，而活着的人受不了。有酒德，就不会那么乐以忘形；德很重要，是活泼的东西。喝酒守分寸，即酒德。人生，欲之关特别难过，人皆乐以忘形、无法无天。喝酒不是坏事，但失掉酒德，就危险！

《象》曰：饮酒濡首，亦不知节也。

喝酒喝到把头埋到酒缸中，失常，"亦不知节也"，不能有所节制。这就告诉我们：要知节，你不知节就坏了。

"未济"是无穷，要懂"刚柔应"。何以失败？因为不知节。相应与，天下事无一人能成功；失败，乃不知节也。

人活着，想一切都好，必得知节，节饮食，节嗜欲，节言语。知节，就能成功。人格好，守节，苏武出使时持节，不是只有女人才要守节。

不是没有，什么都有，但得节制，贪得过火，失节也。成与败，不过隔一口气，成功固然光彩，转眼间即失败。

节俭永远是美德，《易经》讲千言万语，最后一个字，"节"

也。

节饮食，吃七分饱。称"这人很有礼节"，懂"节"字，绝不过度，立身、行道、养生均在此字内。祖宗留下丰富的智慧，应好好领悟。

看看中国人的知节，最了不起的节，就是二十四个节气，"节用以礼"（《荀子·富国》），二十四节气，二十个礼节。一年十二个月，二十四节气，两周节一次，半个月反省一次。衡量自己：节否？敢面对良知否？

杜甫诗云："好雨知时节，当春乃发生。随风潜入夜，润物细无声。"老百姓生活就靠二十四个节气，因知时节，就生生不息。节气，到那一节气干什么事都是一定的，百姓都知道该干什么。差一天，甘薯就只长叶，不结甘薯了。就差一天，因为不知节，失节也。

有的人虽知节，但一耽误就失节了。古时外交官出使持节，苏武在匈奴多年，他手里拿的即"节"。守节就在这个，男女都必守。什么叫不道德？破坏节操，那是最不道德的，因为那是终身不能弥补的。

"穷则变，变则通，通则久。"在中国，不但没有末世，还要久，穷变通久。但必得知节，"亦不知节也"，失节就完了！这就叫《易经》。

《序卦》云："有过物者必济，故受之以既济。"既济每爻当位，当位就是既济。既济但"道穷了"，穷了就得变，穷、变、通、久，"物不可穷也，故受之以未济终焉"。未济靠什么？刚柔应也。未济每爻都阴阳失序，不当位，阳爻在阴位，阴爻在阳位。既济接着未济，六十四卦以未济终，终而复始，生生不息也。

读书，要论道，并非死背。《易经》何以有用？懂一卦，就能应事。

人的心理见地，表现于言行，因为"诚于中，形于外"，所以要持性和情，控制性中之情，不失纲常之德，因人都有伦序，乃不可违之道，此皆操之在己。

遇事，要三思而后行，即不冲动，特别深沉。没有深沉，就没有修养。应求表里如一，故君子必慎其独也。"言语，君子之枢机；枢机之发，荣辱之主也。"人可以控制吉凶，趋吉避凶，所以"五十以学《易》，可以无大过矣"。

人生如战场，要斗智，法宝即深沉，要深谋远虑，以智慧成就事业。人生在世就是与时间竞赛，能做事的时间仅短短数十载，要"持其志"，志即心之所主，不要将妄想当成志，而失了自己的分寸。要持志、知节。

自己要成才，"人之视己，如见其肺肝然"，骗不了别人！

生死，天命，不必考虑。

"为往圣继绝学"必得有大智，必须持之以恒。要另辟天地。

人生最宝贵的是性智。节，有所节，才能成功。我过一辈子学生生活，什么都给你做好，那就活不长了。安详返回极乐，过两天再来。幸福不在于有多少钱。人皆有所嗜，但必须节嗜。正味，是外面买不到的。

我在曲阜，坐着想孔子。到哪儿都要观察，想古人的环境，许多事要从背景去想。北方，人死了，绝不可埋在河边。孔子死后埋在河边，其墓形制"挟子抱孙"，可见孔家到第三代还没有受重视，是后来的帝王要利用他。

面然大士旁边有四大金刚，心慈面恶，坏人都被吓住了。

鬼不怕漂亮的观音，为了度鬼，观音才变成鬼头。

面然大士，是瑜伽施食法门中"鬼王"的代表，也是观音菩萨的化身。阿难陀尊者在结夏安居打坐的时候，看到一个青面獠牙的人逼近他的身边。原来是观世音菩萨故意示现恶形，让阿难体悟人生无常——哪怕是很年轻、很庄严的人，终究逃不过无常的境界。

读《三国演义》，要知其利弊。我母亲自小训练我，知哪类人是哪类人。

学完，要会演算。做什么都得有习题。要加点劲，快快赶上。有过，马上就复，不要到远了再复，"不远之复，以修身也"（《易经·复卦》）。

将古书当作肥料，用以培养自己的智慧。人之所以不同，就在于功夫不同。读书必须用心，否则怎么开启智慧？《金刚经》是给上乘智慧者说法，其他经则对愚盲说法，净用威胁语气。

真悟通了，没有驾驭不了的对象，功夫就在一个"曲"字。曲得，委曲求全。"事父母几谏"，微谏，第一次不听，没关系；"又敬不违，劳而不怨"（《论语·里仁》），不倦，最后达到目的。

读书，要以实际事分析；学完数学，得演算演算。遇事，三件事看准了，就有信心，得自试。每个层次都得详细深思，才知道怎么用。

哪种人不可以做朋友？僭，欺师灭祖，越分；贼，不属于自己的，苟苟且且拿来，都是贼。要懂得该怎么做人，也要懂得别人是怎么骗人的。做事，不要净你欺我诈的，天下事无空过，好坏都有实际的影响。

看《易经·序卦》，何等严谨！一事，有六十四个步骤。一件，即变、易。每一步骤，又分为六爻，即六个步骤。能如此考虑事，何事不成？

知"无所不用其极，无入而不自得"了，才算明白《大学》《中庸》，真比子书还狠，且是与生俱来的，不必学，认识自己以后，即能达此二境界。

打坏主意者，叫他"如其意"，同时必"著其恶"（《春秋公羊传》）。《春秋》"隐为桓立"，隐立为君，乃是权变。

人性到底是否嗜杀？动物皆弱肉强食，人性亦如此。荀子讲"性恶"，完全不够分量，因没有再发掘人性的恶是什么，没说透彻，即导之以礼，故其学没能用世。

《荀子·性恶》："人之性恶，其善者伪也。今人之性，生而有好利焉，顺是，故争夺生而辞让亡焉；生而有疾恶焉，顺是，故残贼生而忠信亡焉；生而有耳目之欲，有好声色焉，顺是，故淫乱生而礼义文理亡焉。然则从人之性，顺人之情，必出于争夺，合于犯分乱理，而归于暴。故必将有师法之化，礼义之道，然后出于辞让，合于文理，而归于治。"

商鞅学说，表现人性的残酷，故用世。

《商君书·禁使》："故至治，夫妻交友不能相为弃恶盖非，而不害于亲，民人不能相为隐。上与吏也，事合而利异者也。今夫驺虞，以相监不可，事合而利同者也。若使马焉能言，则驺虞无所逃其恶矣，利异也。利合而恶同者，父不能以问子，君不能以问臣。吏之与吏，利合而恶同也。夫事合而利异者，先王之所以为端也。民之蔽主，而不害于盖，贤者不能益，不肖者不能损。故遗贤去智，治之数也。"

《商君书·定分》："夫不待法令绳墨而无不正者，千万之一也，故圣人以千万治天下。故夫智者而后能知之，不可以为法，民不尽智。贤者而后知之，不可以为法，民不尽贤。故圣人为法，必使之明白易知。名正，愚智遍能知之。为置法官，置主法之吏，以为天下师，令万民无陷于险危。故圣人立天下而无刑死者，非不刑杀也，法令明白易知，为置法官吏为之师以道之知。万民皆知所避就，避祸就福，而皆以自治也。故明主因治而治之，故天下大治也。"

有些古人告诉人家不要好色，自家却有三个姨太太。何不将其导入正轨？何以要说假话以掩饰？应本着人性去发挥，要懂如何正视问题。

民主，当按每个人的良知，做利害的结合。人皆好吃、好穿，应自喜欢中满足人性，如不让吃，反而会偷偷吃。喜吃，应让他吃，吃饱了就不吃。吃时，亦必问人："吃不吃？"此为道德。如此活，就很愉快。自人性发光作盐，真能尽性，不要套路。

伯夷、叔齐反对"以暴易暴"，成"圣之清者"，然后世历代仍"以暴易暴"。应研究你暴，我必制暴。若大家都不忍，当无暴君。

易经日讲

自树立思想，拯救此一民族，必须有志、有智。思想必有本有源，自人性立说。《关雎》真自人性来，代代有佳人，怎能不好述？

"天命之谓性"，人有性智，但后觉者易受外诱之私，必经"文智"，即先人之智。故必须下"明明德"工夫，以文智启发，恢复性智。

"实与而文不与"（《春秋公羊传》），《春秋》之义。做事，一有变动，必须追本溯源，不完全人云亦云。

诛其可诛，赏其可赏，此《春秋》之决事。

行权，乃"自贬损以行权"（《春秋公羊传》），人生即牺牲。权，不可以随便用，非求"绝处逢生"，不可轻用。

行权，也得有道道，必有方法、术。

孔子《春秋》之制，由中也。

孔子遗嘱："制《春秋》之义，以俟后圣。以君子之为，亦有乐乎此也。"

《春秋公羊传·哀公十四年》："君子曷为为《春秋》？拨乱世，反诸正，莫近诸《春秋》。则未知其为是与？其诸君子乐道尧舜之道与？末不亦乐乎尧舜之知君子也。制《春秋》之义，以俟后圣。以君子之为，亦有乐乎此也。"

一事没成功，有远因近因，知道了，才知第二步要怎么做，不会有失，故曰"以性智解套"。"以欲智失败"，因为贪功。

奉元书院的学生必具备两个条件：有德、有脑。

要练达，不能等着吃亏。话不在多少，人千万不能失策。

一句话，叫你终生难忘！学智慧，有魄力，才能为社会谋幸福。

谈判如同谈恋爱，第一次见面都不说真话。"才者在职"，而非看听话与否。天天谈，十年也未必成，如好好训练人才，三年绝对有成。得有才，再充实之。有才可随机应变，脑子必得活。

宗教能使人定于一，乃"可以前知"（《中庸》：至诚之道，可以前知）。佛：戒、定、慧。儒：定、静、安、虑、得。我坐车时念咒，心不烦，意不乱。练定住，而不是嘴说，必须脚踏实地行，才能受用。

文质、天地、阴阳，皆符号，表示不守一而终。文质，为两种境界，当变必变，文不通，用质；质不通，用文。穷则变，变则通，通则久。"王者以制，一商一夏，一质一文"（《春秋繁露·三代改制质文》），故王者必有一质一文，用两套办法应世。一质一文，给人的启示大，可以得出很多办法。文质皆有失，救之才能彬彬，"文质彬彬，然后君子"，此为结论。

有守有为，非死守规矩不放，当以时务为准，到急时必变，这个不通，用那个，以两套办法应世，乃据天地之道，两仪、阴阳。法天，包含地，故以天地为质文。指两个原则，不一条道跑到黑，任何一个好办法，最后必有毛病。

质文、三教（忠、敬、文），皆随时应世，"终而复始，穷则反本"（《春秋繁露·三代改制质文》）。

有毛病，必立教以救弊。《春秋纬元命包》曰："三王有失，故立三教以相变：夏人之立教以忠，其失野，救野莫如敬；殷人之立教以敬，其失鬼，救鬼莫若文；周人之立教以文，其失荡，救荡莫若忠。如此循环，周而复始，穷则相承。"忠，其病野。朴实，乃"知无不言，言无不尽"，故"救野莫若敬"，"敬事而信"(《论语·学而》)，有章法，谨慎小心，中规中矩。

"王者必一质一文何？以承天地，顺阴阳"(《白虎通·三正》)，社会上就"承、顺"。事必有远因，接着为承。统，道统、政统，不能全变，有系统就顺。既不能没有承，也不能绝后。相承，有本有源，接着即承。穷则相承，承接；不同，穷则变，乃能新。承与变，两回事。

孔子治天下，无法一步到达太平世，乃分三步：据乱世、升平世、太平世。三个办法：贬天子、退诸侯、讨大夫。

必须有智慧，得老谋深算。

岁末，次年过日子的规划即应拟好，量入为出。自小事就应有计划，每天行动都有计划，什么都不浪费，都在计划之内。

骑马，前无笼头，马脖子后用绳系一圈，满族人、蒙古族人骑马，依此绳一下子就上马，自己支配马，技术之巧！一根绳子就可使马听你的，但第一步得听马的。

让人家听你的，得有套功夫，德与能，此即驭人之术。跟从你者，可为你尽忠，为你而死，"未能同日生，但愿同日死"怎么办到的？什么境界能结生死盟？

每匹马均不同，如不了解马的习性，又如何训马？人之生也善，但也因"习"而相远。驾驭许多习性不同的人，向同一目标奋斗，多么难！许多习性不同的人，如何向一目标奋斗？好好琢磨，好好为自己谋幸福。必须有自救之道，要自求多福。

做事业，私心放一旁。生病了，得了解生什么病、应吃什么药。小孩刚出生，赤子。做母亲得多么无我，得有多强大的爱与耐力。如果没有主见，就靠一个"耐"字诀。

了解人的习性后，顺习气以归性，才能统一步调。放弃自私才能合作。改变一个人谈何容易？这段话读完，不可以当作文章，应用在事上，朋友间接触时实习实习。不必说，在你的环境下，使习气改变些，自试，辅仁。说起来容易，但改变一个人，太难！太难！知人多么难！要特别努力求，求仁得仁，求学，有求必应。

不情投意合者，不喜欢亦不得罪之。愚者才感情用事，智者必"择而后交"，必找志同道合者。

马有朴马，野马，没受过训的。人的习性也不同，用理智裁判，不要自我陶醉。

怎么接触一般人并将之训练成有用的人？

喂人，练习知人、耐力。了解对方多不容易！喂人，必先了解对方，随后再使他听你的。从习性返回人的本性，性相近也。所以，千千万万人可为一个目标奋斗。慢慢悟！悟，吾心。

做事，上下左右四方都要兼顾。"圣人不能生时，时至而不失之"，问题在哪儿，就从哪儿解。

真了解"通"的境界，心也通了。有通，有不通。一时之忠、一事之忠，但非通忠。"美女"不等于"女美"。要悟，非能言传。

以水为鉴。鉴之德，"迎而不将"。

《庄子·应帝王》："至人之用心若镜，不将不迎，应而不藏，故能胜物而不伤。"

一部《金刚经》，就是鉴之德，"不应住色生心，不应住声、香、味、触、法生心，应无所住而生其心"，不着相。鉴，多少人照镜子都没痕迹。要知道怎么用脑。

孔子诛少正卯,"夺然后义,杀然后仁,上下易位然后贞"(《荀子·臣道》),贞,正固之道。《春秋》"贬天子、退诸侯、讨大夫",是思想的精华。

一个人不要失去立场,不要带任何色彩,以"民利"为色彩。形单影只没有力量,必须相辅以成事。

不整齐,能使之齐,如孙武之训练女兵。"齐之以礼",礼中含法,故曰人伦。"齐之以刑"就坏了,民免刑但无耻。礼,同中求异;乐,异中求同。

邪曲,得顺着那个邪曲,把它改成不邪曲,"把那东西好好顺一顺"。矫则不同,矫枉要过正,怎么做?顺枉、矫枉,两者功夫、方法完全不同。任何一句话都能用上,才算真正懂,真明白才是学问。

正,为标准;枉,没有正。矫枉,必得过于正,一松手就弹回到这个正。必须算好,最后扶正。依此类推。

好好锻炼脑子。每个人的标准不同,"正"完全不一样。

不同能一,乃小同。大同,不用人力,就奉元了。大,形而上的;小,万物。

用人特别重要,百事非才莫举,了解别人,先造就自己,看自己属于哪一类。要成才必须多学习,不但要学书本上的东西,还要以时事为师。昨天发生的,今天体悟,多么快!以史为师,太远了!

孔子生活的时代单纯,无法对应今世。今应以正为本,可以正一切。孔子《论语》适应的是那个时代,今天有今天的《论语》,今天环境更为充实。

注入式的教育，都没有用。好好琢磨，将相本无种。知天命之所在者，绝不立于危墙之下，可见教育的重要。

每天必须看点书，读哪本书，必抓住其主旨。真能懂一篇，也就有用了。

儒家讲"苟日新，日日新，又日新"。什么环境产生什么思想。"周虽旧邦，其命维新"，"因而不失其亲，亦可宗也"。什么东西都有一定的步骤，天下事绝没有白捡的，必须脚踏实地做学问。

人生就一次，哪有来生？要有理智。中国人没有绝望，《易经》终于未济，豫解无穷，生生不息。生命力从哪儿来？我什么事都看得清楚。但有些人什么也不懂，连爱也是盲目的，要看《浮生六记》。

· 读懂中华文化　构建中国心灵 ·
────── 华夏道善人与经典文库 ──────

易经日讲（上中下）	爱新觉罗·毓鋆
老子日讲	爱新觉罗·毓鋆
庄子日讲	爱新觉罗·毓鋆
易传日讲	爱新觉罗·毓鋆
人物志日讲	爱新觉罗·毓鋆
孙子兵法日讲	爱新觉罗·毓鋆
荀子日讲	爱新觉罗·毓鋆
庄子的读法	吴怡
碧岩录的读法	吴怡
坛经的读法	吴怡
中国哲学史	吴怡
周易本义细讲	吴怡
人物志全译全解	刘君祖
系辞传全译全解	刘君祖
春秋繁露的读法（上下）	刘君祖
论语大义（上下）	辛意云
大学的读法（上下）	林世奇
礼记的读法	林素玟
诗经的读法	刘龙勋
孟子的读法	袁保新
红楼梦的读法	叶思芬
易经与中医学	黄绍祖
细说黄帝内经	徐芹庭
用得上的大学智慧	文运
道德经的修心课	文运
心经的修心课	文运